1

La nuit du Port-au-Foin

Mon séjour à la manécanterie de Saint-Eustache ne m'a pas laissé que des mauvais souvenirs ; pas que des bons non plus, cela va de soi. Si je mets les uns et les autres en balance, il en résulte un équilibre qui me laisse incapable de trancher. Quoi qu'il en soit, je me suis retrouvé un matin sur le pavé avec, dans l'oreille, non un *Salve Regina* mais la voix aigre du maître écolâtre qui me disait :

— Mon garçon, nous sommes désolés de nous séparer de toi, mais, ta voix ayant commencé de muer, tu n'as plus ta place dans notre chorale. Avec ton pécule et ton instruction, tu trouveras facilement à assumer un travail qui te salira un peu les mains mais ne te gâtera pas l'esprit, au contraire. Dieu te garde...

On n'avait rien à me reprocher quant à la discipline et à mes talents, mais, je pouvais en faire chaque jour la navrante constatation, ma voix, naguère pure comme du cristal et qui me faisait attribuer le privilège de solos angéliques, prenait une étrange tessiture. Ce drame inéluctable, je le pressentais avec un sentiment d'angoisse contre lequel mes gargarismes à la guimauve demeuraient impuissants. Poussé par un destin fatal, je m'engageais sur le chemin d'une adolescence qui, en m'excluant d'une communauté protectrice, m'ouvrait les portes d'un monde qui me répugnait à l'avance.

Je quittais Saint-Eustache avec une consolation et un espoir : le pécule que m'avait annoncé le maître et une lettre de recommandation d'un diacre, à l'intention d'un imprimeur, Josse Badé.

Le maître de la manécanterie avait ajouté :

— Dans les premiers temps, tu pourras revenir coucher dans notre dortoir et manger à notre table, avant que maître Badé ne subvienne à ton entretien. Cette paroisse est ta maison.

Trop fier pour avouer que je ne savais où me rendre pour trouver un logis, je déclinai sottement cette offre. Le maître me caressa la tête et me dit :

— Sois prudent, Nicolas ! Tu trouveras sur ta route des tentations, des pièges, des dangers de toutes sortes dont ton corps et ton âme risquent de pâtir. Surtout, n'oublie jamais tes prières...

Mon bagage noué à un bâton, je quittai Saint-Eustache et descendis vers la Seine par la rue de la Tonnellerie, en traversant le tumulte et l'agitation des Halles baignées dans les odeurs puissantes des éventaires. C'était le chemin que nous suivions d'ordinaire, mes compagnons et moi, pour nos promenades en groupe. Nous poussions jusqu'à Saint-Germain-l'Auxerrois et passions au retour par l'hôtel de Bourbon et la rue des Poulies. Une heure à peine nous suffisait pour dissiper sur notre habit et dans nos poumons l'odeur de l'encens et du moisi.

Ce matin-là, pour la première fois de ma vie, j'éprouvais un étrange sentiment de liberté. Un air nouveau effleurait ma peau, pénétrait ma tête, me donnait une ivresse moins puissante mais plus subtile que le vin que nous buvions en cachette dans les caves du presbytère. Les quelques écus que j'avais glissés dans ma ceinture de cuir me rassuraient et m'inquiétaient à la fois, comme si mon destin, outre le viatique destiné à l'imprimeur, tenait à ce pécule et que sa perte ou son mauvais usage pût m'entraîner dans un monde séculier plein de traquenards, où je risquais de me perdre corps et biens.

Quel était mon âge ? Avais-je douze ou treize ans ? Je ne

puis le préciser ni prouver quoi que ce soit quant au lieu et à la date de ma naissance, orphelin de père et de mère que je suis. Mon ignorance du monde risquait de m'être fatale au moindre faux pas. Dieu merci, ma santé ne suscitait aucune inquiétude et ma croissance se terminait sans donner lieu à la moindre alerte. J'avais coupé aux épidémies de variole et de vérole. Les quelques châtiments que m'avaient occasionnés ma turbulence et ma fierté m'avaient endurci le corps et préparé l'esprit aux épreuves de l'adolescence, sans faire naître en moi un esprit de revanche.

De mes parents, je ne savais pour ainsi dire rien : quelques images floues balayaient ma tête ; j'essayais vainement de m'y accrocher pour remonter le temps. Tout ce que j'avais pu apprendre, c'est que mon père exerçait ses dons de maquignon sur les foires aux chevaux et que ma mère vendait sur le marché Saint-Laurent les légumes venus par carriole ou coche d'eau des campagnes voisines. L'épidémie de choléra qui m'avait épargné les emporta à quelques jours d'intervalle.

Orphelin en bas âge, je fus placé à l'hospice des Enfants-Rouges, dans le quartier du Temple. Sous la menace permanente des verges et du cachot, je fus initié aux mystères de la foi, à la morale des Évangiles, à l'écriture et au chant. Une rude école et des maîtres impitoyables. Sensible que j'étais à l'injustice, j'étais sujet à des accès de révolte qui me livrèrent cul nu aux verges, plus souvent qu'à mon tour.

En quelques années, j'appris aux Enfants-Rouges des rudiments de latin et de grec qui, *grosso modo*, me permettaient de déchiffrer Virgile et Plutarque, sans attacher à cet exercice la moindre ambition. Je n'avais alors d'autre souci que de survivre, et d'ailleurs cette institution n'avait pas vocation à m'ouvrir les chemins de l'Université.

Ma voix agréable et juste ayant attiré l'attention de notre professeur de chant, je fus proposé à la manécanterie de Saint-Eustache, une des plus célèbres de la capitale. J'y restai jusqu'au jour où, trahi par la voix, j'en fus exclu.

Ce matin de printemps, la Seine roulait encore quelques lambeaux de brume, entre des norias d'embarcations chargées de bois, de charbon, de futailles, au milieu des cris et des chansons des mariniers et des débardeurs. Sur la rive opposée du fleuve, entre la tour de Nesle et la pointe de la Cité, des façades austères apparaissaient dans un timide soleil qui avait gardé les couleurs de l'aube.

Je me trouvais, en moins d'une heure d'errance, aux frontières d'un monde inconnu, immense, moins hostile que chargé d'un mystère qu'aucune volonté ne m'incitait à élucider.

Ce que je connaissais alors de Paris pouvait se circonscrire à la dimension d'un quartier, autour des Enfants-Rouges et de Saint-Eustache. Je ne ressentais aucune attirance pour le monde qui s'offrait à moi, nulle envie de courir chez mon imprimeur pour lui présenter mon viatique et me réfugier sous son aile, comme un oisillon tombé du nid.

Assis sur un coin d'herbe dominant l'abreuvoir du Port-au-Blé avec, au-dessus de moi, la muraille puissante de l'hôtel de Bourbon, je défis ma ceinture et comptai ma fortune en prenant soin de n'être pas observé. Pour la première fois de ma chétive existence, je me trouvais en possession de quelque argent dont je puisse disposer à ma guise. Manier ces quelques écus, les faire tinter, ne me causait d'autre émotion que celle d'un jeu : je les comptai, les recomptai, en fis une pile entre mes jambes, à même l'herbe.

Sur le coup de midi, je me retrouvai par hasard rue des Écoles. Tenté par l'odeur, j'achetai quelques oublies, ces gaufres roulées, légères comme des feuilles d'arbre, dont le nom me faisait rêver. Je donnai l'une de mes pièces ; la marchande m'en rendit trois, comme dans le miracle des pains. Je grignotai mes oublies en marchant le long du fleuve, en direction du Louvre. Comme cet en-cas ne me pesait guère à l'estomac, je me restaurai dans une auberge d'une tranche de pain bis, de harengs grillés et d'une cruche de vin.

Le spectacle de l'animation qui régnait aux approches du Louvre me laissa pantois. Assis, les jambes pendantes, sur le mur dominant le fossé, près du pont-levis, je passai quelques heures à assister au trafic incessant qu'avalait la gueule monstrueuse du Grand Châtelet. Des véhicules de toutes sortes, des cavaliers, des piétons s'y engouffraient en colonnes compactes et bruyantes. Je demeurai interloqué, me demandant comment cette bâtisse pouvait contenir un tel afflux, et ce que tous ces gens venaient y faire.

Le crépuscule me trouva dans les parages du Port-au-Foin, en aval du Louvre.

La proximité de la nuit étouffait peu à peu la rumeur uniforme qui avait succédé au tumulte du jour. Des cubes de foin monumentaux, roux et dorés, parsemaient l'espace entre l'église Saint-Nicolas (mon patron) et la grève où se pressaient, flanc contre flanc, des barques plates chargées de foin ou de paille. Sur un endroit dégagé, quelques groupes de marchands et de débardeurs allaient et venaient, s'arrêtaient pour discuter avec animation, dans le soir encore tiède, entre Saint-Thomas et la tour du Coin d'où partait une chaîne qui allait condamner pour la nuit la navigation sur le fleuve.

Des odeurs puissantes montaient de cet amoncellement végétal : celles d'une campagne que je n'avais pas connue, mon existence n'ayant jamais débordé hors des murs de la capitale. Des arbres et des fleurs, je ne savais que ceux de jardinets enclos de murs ; d'animaux, je me souvenais n'avoir vu que le spectacle que les bouchers nous en offraient au cours de nos promenades, et qu'ils saignaient à même la chaussée. L'odeur qui se dégageait de ces monceaux de foin me parlait d'un univers dont je n'avais observé les limites et les profondeurs que du haut du clocher de Saint-Eustache.

Un dernier soleil accrochait un étendard de lumière fanée à la tour de Nesle, sur la rive gauche de la Seine, lorsque, soudain, je pris conscience de ne savoir où passer cette première nuit de liberté. Les clartés des auberges riveraines paraissaient me faire signe, mais je répugnais à m'y aventurer, crainte d'y voir fondre mon pécule et d'y risquer des aventures déplaisantes. Retourner à Saint-Eustache pour y demander asile ne me tentait pas davantage, mais pour d'autres raisons tenant à un stupide sentiment de fierté : je tenais à montrer à ceux qui m'avaient jeté au pavé que je pouvais me tirer d'affaire sans leur secours. Quant à maître Josse Badé, j'avais bien le temps d'aller m'enfermer chez lui...

J'avisai une grande barque échouée à quelques brasses du rivage, couverte à mi-corps d'une toile rapetassée et me dis que je trouverais là l'asile provisoire que je cherchais, sans avoir à débourser un denier. La nuit s'annonçant tiède et paisible, je n'aurais à redouter ni le froid ni de mauvaises compagnies.

Je m'y glissai à travers la pénombre, entassai quelques brassées de foin gâté pour m'en faire une couche convenable et, mon bagage sous la nuque, recroquevillé comme un chat, je m'endormis aussitôt.

Une secousse à l'épaule, la clarté d'une lanterne de corne, une voix brutale m'éveillèrent en sursaut. Je crus m'évanouir en voyant une forme humaine se pencher vers moi, tandis qu'un pied me martelait la cuisse.

— Nom de Dieu, gamin, faut pas te gêner ! Qu'est-ce que tu fiches chez moi ? Lève-toi et file !

Je bredouillai :

— Pardonnez-moi, monsieur, je croyais...

— Tu croyais... tu croyais... Eh bien, moi, je crois que tu as un fichu toupet ! Je te répète que tu es chez moi, sacrebleu ! et que ma cambuse n'est pas un asile de nuit pour des vagabonds de ton espèce. Allez, ouste !

Mortifié, je me levai, repris mon baluchon et me confondis en excuses. La voix s'adoucit.

— À ce que je vois, tu n'as pas encore de poil au museau. Ton âge ?

— Douze... treize... je ne sais plus.

— Tu as de la famille ?

— J'en avais une. Je suis orphelin.

— Et tu sors d'où ?

— De la manécanterie de Saint-Eustache. Je chantais dans les offices. On m'en a chassé parce que ma voix est en train de muer. C'est ma première nuit dehors. Je ne savais pas où dormir. Alors...

— ... alors tu as pris ma cambuse pour une auberge. Des auberges, tu en as tout le long de la Seine. Si tu as des sous...

— J'en ai. Un peu.

Il s'éclaircit bruyamment la voix, cracha dehors et s'assit en face de moi.

— Ouais... Alors, on peut peut-être s'arranger. Je te fais un prix d'ami pour cette nuit, mais, demain, tu files, sacrebleu ! Compris ?

— Merci, monsieur.

— Ne m'appelle pas *monsieur* ! Tu me prends pour un bourgeois ? Mon nom est Petit-Jean, « le Canardier » pour mes clients et mes collègues. Et toi ?

— Nicolas Chabert, monsieur... Petit-Jean.

Il me demanda si j'avais faim et, sans attendre ma réponse, me proposa de partager son médianoche qui, dit-il, serait compris dans l'écot. Persuadé d'avoir affaire à un honnête homme, je ne me fis pas prier et ne discutai pas du prix qu'il me demanderait. Il alluma un feu entre trois pierres, disposa sur un gril le contenu de sa musette : une belle tranche de lard puis quelques poissons de rivière. Sans cesser d'éventer le feu, il s'arrosa le gosier de quelques lampées de vin et, en se torchant les lèvres, me tendit la bouteille.

— Du vin de Suresnes, et du bon... À ta mané... je ne sais plus quoi, on devait pas t'en donner à boire, pas vrai ?

J'en avalai une gorgée, puis une autre. Il m'arracha la bouteille des mains.

— Eh là, mon gars ! Doucement, sinon je mettrai la bouteille sur ton compte.

La nuit était douce et calme, et notre balthazar traînait en longueur à la lumière de la lanterne. Une patrouille du guet passa sur le quai avec un bruit de bottes. Petit-Jean, en fumant sa pipe, voulait tout savoir de son pensionnaire. Je lui donnai satisfaction, ce qui se résumait à peu de chose.

Il se leva lourdement et me dit en s'étirant :

— Et maintenant, gamin, au lit ! Je te préviens : je ronfle.

Il se gratta vigoureusement la barbe, tapa le fourneau de sa pipe contre sa botte égueulée, siffla ce qui restait de vin, rota avec une sorte de majesté, rangea dans un coin de la cambuse ce qu'il appela sa *boutique* : une caisse volumineuse à courroie de cuir. Avant de s'écrouler sur le foin, il bredouilla :

— Nicolas, n'oublie pas de souffler la loupiote.

Le maître imprimeur Josse Badé n'était pas un inconnu pour Petit-Jean. Il me proposa de me conduire au quartier Saint-Jacques, où était installé son atelier. Le trajet nous demanda moins d'une demi-heure. Il me dit, en s'harnachant de sa caisse :

— Tu dois te demander ce que je porte dans ma *boutique*. Des canards...

— Des canards ?

— Oui, innocent ! mais pas ceux qui font coin-coin. Des petits livres brochés qui racontent sur cinq à six feuilles des histoires vraies. J'en fais le colportage à travers Paris, mais, attention ! avec l'autorisation du lieutenant civil du Châtelet. Petit-Jean, toujours en règle avec la loi ! C'est mon principe et mon honneur. Il s'agit d'un privilège, oui, jeune homme, un *privilège*. Nous sommes cinquante dans Paris. Pas un de plus. C'est le règlement.

Il fit passer sa caisse sur son ventre, l'ouvrit, glissa un canard dans la bordure de son chapeau et se mit à déclamer, avec une superbe cambrure des reins, comme sur la scène de l'hôtel de Bourgogne :

— Approchez, mes amis ! Petit-Jean, maître de l'angoisse, vous offre de quoi vous faire transpirer des sueurs de damnés. Écoutez, braves gens, les voix profondes du mystère ! L'histoire sanguinaire, cruelle et émerveillable d'une femme de Cahors en Quercy, qui massacra son mari et ses deux enfants... La sentence et exécution du sire de Chantepie, rompu vif sur la roue pour avoir voulu faire mourir par une étrange machine le marquis d'Allègre... Le supplice d'un frère et d'une sœur décapités en Grève pour inceste et adultère...

Il reprit en changeant de ton :

— Voilà, petit, l'objet de mon négoce. Je vends des sueurs froides aux bourgeois, je leur fais peur et ils paient pour ça ! J'ai le gros de mes pratiques entre la Grève et le Pont-au-Change. J'aurais pas besoin de m'égosiller, mais j'aime ça. Les clients me tombent dessus comme des mouches. Les clientes surtout... Il leur faut chaque jour leur dose de drames épouvantables. Elles me réclament toujours de la nouveauté, mais je ne peux pas inventer des crimes et faire couler le sang comme d'une fontaine !

Je lui demandai en chemin où il se procurait sa marchandise. Il énuméra quelques noms d'imprimeurs, mais Josse Badé en était absent : il était spécialisé dans la publication d'œuvres destinées à un public érudit, des traductions de l'Antiquité notamment.

— Je connais un peu maître Badé, me dit-il. Tu ne seras pas malheureux chez lui. C'est un brave homme. Il ne traite pas ses ouvriers comme des esclaves. Je pourrai t'accompagner, si ça te dit ; quand tu seras libre...

Il eut un rire jovial en me tapant sur l'épaule.

Libre, je l'étais, bien entendu. Libre comme l'air, avec une sorte de gourmandise qui me venait d'en connaître plus sur cette Amérique que Paris était pour moi. J'avais, par chance, trouvé mon chaperon. Ce n'était pas un précepteur de grande maison, mais je n'allais pas faire la fine bouche.

Comme ce vieil homme peinait et soufflait à déambuler à travers la foule des quartiers populeux, je le soulageai de sa *boutique* qui lui donnait l'allure d'un canard boiteux. Il se montra sensible à cette attention.

La matinée passa pour moi comme un courant d'air, chargée de lourdes odeurs de foule, d'éventaires, de crottin, de rumeurs et de bruits assourdissants auxquels mon ouïe, plus familière des cantiques et du silence de la nef, s'habituait mal. À plusieurs reprises, je dus me réfugier dans des églises, des jardins ou des cours de bâtiments publics pour échapper à ces flux malodorants et bruyants.

— Rassure-toi, me dit Petit-Jean. Après quelques jours de ce régime, tu te sentiras un vrai Parisien.

À la fin de la matinée, après avoir affronté, au Pont-au-Change, une grosse affluence, qui lui avait presque vidé sa caisse, il m'entraîna dans une auberge où il avait ses habitudes, rue Pierre-aux-Poissons, un lieu où l'on trouvait plus de filles de joie que de marquises.

— Puisque tu as des sous, me dit-il en s'installant à la table commune, c'est le moment de prendre ta bourse par les oreilles, comme on dit.

Il parcourut du regard la clientèle qui commençait à mener grand bruit, et ajouta à voix basse :

— Tu tireras discrètement les pièces de ta ceinture. Il y a autour de nous des gueux qui seraient mieux à leur place aux galères. J'en connais, sacrebleu ! qui perdent la boule et sortent le couteau dès qu'ils voient briller un écu.

Il ajouta en posant une main sur la mienne :

— Tu vas pas te ruiner, petit, d'autant que, pour le festin et la nuit à l'auberge du Port-au-Foin, je passe l'éponge. Tu as de la chance. Les braves types comme moi, ça court pas les rues...

Maître Josse Badé déplia ma lettre de recommandation. Ses bésicles en suspens à la pointe de son museau de musaraigne, il la lut, m'examina, parut jauger à la fois ma tenue, ma corpulence et mon allure, avec de légers grognements qui, me semblait-il, ne présageaient rien de bien favorable.

Je me trompais.

— Nicolas... soupira-t-il. Nicolas Chabert... Je consens à te prendre à mon service, au vu de tes bonnes références, parce que les messieurs du chapitre de Saint-Eustache acceptent de régler tes frais d'apprentissage et que tu connais le latin.

— ... et même un peu de grec, ajoutai-je avec fierté.

— Ce qui ne gâte rien, mon garçon. Je t'en félicite. Tu commenceras demain, si cela te convient. Tu auras ta place à ma table à midi, mais tu devras trouver par tes propres moyens le gîte et le couvert pour le soir.

— Je connais une bonne adresse, dit Petit-Jean : l'Auberge du Port-au-Foin. Ce n'est pas un coupe-gorge, monsieur, et Nicolas est mon protégé.

Investi d'un patron et d'un mentor, je me sentais rassuré.

Le Canardier était comme illuminé par la bombance faite à mes frais et les pintes de vin de Bourgogne que je ne lui avais pas mesurées.

L'atelier d'imprimerie, installé dans une sorte de cloître ou de salle capitulaire de vastes dimensions, aux arcatures légères, ouvrait par des fenêtres à meneaux sur un jardinet au milieu duquel une volière répandait ramages et plumages. Maître Josse Badé arborait avec une certaine ostentation une tenue qui contrastait avec celle de ses ouvriers : une robe de camelot gris qui lui donnait l'allure d'un conseiller du parlement et une toque ronde et plissée ornée d'une grosse médaille de saint. Une barbe rigide, d'un gris cendreux, lui montait jusqu'aux yeux.

— Prends le temps de te promener dans l'atelier et d'observer, me dit-il. Les choses sérieuses sont pour demain. Il faudra être ici à sept heures...

Lorsque le Canardier eut pris congé de moi pour aller vendre le reliquat de ses histoires horrifiques, je mis à profit le temps qui me restait pour butiner quelques impressions, dans le chant des oiseaux et sous le regard curieux des ouvriers. L'odeur du papier humide et de l'encre était nouvelle pour moi. La préparation des feuilles destinées à la presse retint peu mon attention : cela ressemblait trop à une lessive, à un travail de femme. Pas davantage le brochage. Pas du tout l'empaquetage des ouvrages, un travail confié à de jeunes ouvriers, pour la plupart des adolescents comme moi. En revanche, le travail des typographes m'intéressa. Assis sur des bancs, avec, devant eux, des casses inclinées, divisées en casseaux, ils picoraient du bout des doigts, sur un rythme rapide, quasi automatique, les caractères de plomb qu'ils alignaient dans un composteur.

Le peu de temps que je restai là, je tentai de me familiariser avec les gestes et les termes du métier. À chaque pas que je faisais, les arcanes de l'imprimerie perdaient de leur mystère. Le passage du texte au plomb et du plomb au livre imprimé, de la matière à la pensée, tenait du prodige. De la presse, assez comparable à celles que l'on utilise pour les vendanges, en moins fruste, naissait le livre.

Celui sur lequel l'atelier travaillait était une traduction de la *Vie des hommes illustres*, de Plutarque. Déjà, les premiers tomes s'entassaient, prêts à prendre leur vol, comme des colombes, vers les boutiques des marchands, les cabinets de lecture, les collèges, les bibliothèques d'érudits, mais sûrement pas dans la boîte à horreurs du Canardier. J'en ouvris un exemplaire au hasard et le feuilletai. J'y aurais passé des heures si maître Josse Badé n'avait interrompu ma lecture.

— Alors, mon garçon, t'es-tu fait une idée ? Quel est le travail qui te tente ?

Je répondis sans hésitation :

— Celui de la casse, maître. La typographie.

— Je m'en doutais. Tu as fait le choix qui te convient. C'est aussi, je ne te le cache pas, la partie la plus délicate et qui demande l'apprentissage le plus long. Tu devras t'y attacher sérieusement et me faire honneur. Cette maison a de la branche. Elle appartient aux Badé de père en fils depuis un siècle et a compté le maître imprimeur le plus célèbre de Paris au siècle dernier : Ascensius. On lui doit la publication de plus de quatre cents ouvrages, d'Érasme et de Politien notamment. Je t'en montrerai quelques-uns. Ce sont des reliques...

Il ajouta en caressant une couverture :

— Si tu aimes Plutarque, garde ce volume. Tu me remercieras plus tard. Maintenant, décampe et tâche d'être à l'heure demain. Je n'aime pas les retardataires...

Je comptais sur mon compagnon pour me réveiller au petit matin. Il respecta la consigne et m'accompagna même jusqu'à l'atelier en m'indiquant le trajet le plus court et les rues à éviter pour les mauvaises rencontres. Il me confia en chemin que je pouvais compter sur lui pour m'héberger et me donner à souper, contre une modeste contribution. Cette cohabitation pouvait durer des mois, voire des années. Je lui témoignai ma gratitude.

— C'est de bon cœur, me dit-il, et ça m'est agréable. Il m'arrive d'avoir à disputer ma cambuse à des vauriens. Ta présence me rassure. Je me fais vieux, tu comprends ? Alors, un peu de compagnie...

Mon travail me plaisait. S'il n'exigeait aucune dépense d'énergie, il demandait une attention constante. J'appris à *lever la lettre*, à repérer d'un seul coup d'œil l'encoche des caractères, à lire la composition à l'envers aussi bien qu'à l'endroit. J'appréciais la lecture appliquée des textes anciens et m'en imprégnais jusqu'à l'ivresse.

Je prenais mes dîners en famille, avec d'autres apprentis, et goûtais là les délices d'une vie familiale qui m'était inconnue. La table était généreuse sans être prodigue, sobre sans être spartiate. La pièce où nous prenions nos repas avait la dimension d'une salle de gardes ; elle était flanquée d'une énorme cheminée où l'épouse du maître, sa fille et une servante cuisinaient nos repas.

Après un an d'apprentissage, je pouvais rivaliser avec le vétéran qui m'avait pris en main. Il y avait peu à reprendre à mon travail, et maître Josse Badé m'en faisait compliment. Sans trop le manifester, mes compagnons me jalousaient un peu. Pour éprouver ma patience, ils me jouaient des tours, ironisaient sur mon zèle, alors que je me bornais à faire de mon mieux.

Le goût pour la lecture, que j'avais contracté à Saint-Eustache, dans la bibliothèque canonicale, m'y aidait. Le maître mit ma connaissance du latin à l'épreuve en me confiant la composition des quatre premiers livres des *Histoires* de Tacite, que lui avait commandés le lycée de Clermont. Je m'acquittai avec honneur de cette tâche longue et ardue. Le maître me cita en exemple aux autres apprentis, ce qui me valut plus de jalousie que de compliments. Les généreuses étrennes du maître, à la fin de l'année, me mirent en mesure d'affronter des épreuves plus redoutables encore.

Ma voie semblait tracée. Je pouvais même envisager, sans exagérer mes mérites et mes ambitions, d'entrer dans la famille du maître en épousant, quelques années plus tard, sa fille aînée, Clémence. Nous avions à peu près le même âge ; elle me manifestait des attentions qui ne laissaient guère de doute sur ses sentiments. De la terrasse du jardin, où elle se livrait à des travaux d'aiguille, elle m'adressait des sourires auxquels je répondais.

Ce manège dura deux ans, jusqu'à ce jour de février où l'envie me prit d'aller passer une soirée dans un théâtre du Marais...

La décision que je pris ce soir-là, pour anodine qu'elle fût en apparence, allait décider de la suite de ma vie et l'engager dans une nouvelle voie.

Elle intervint à la suite d'un entretien de simple courtoisie que j'eus avec Dorine, une comédienne de la troupe de Mondory, directeur du théâtre du Marais, concurrent moins huppé que celui de l'hôtel de Bourgogne.

Ce jour-là, qui était celui de notre rencontre, je venais de rejoindre Petit-Jean rue Regraterie, derrière l'Hôtel-Dieu, à la tombée du jour, en sortant de l'atelier. Campé sous un porche, à l'abri de la pluie, il vantait les sinistres exploits de je ne sais quel monstre à une demoiselle dont je ne vis que le museau rose dépassant de la capuche de son manteau.

Elle semblait hésiter à délier sa bourse, feuilletait un *canard*, en lisait quelques lignes, le reposait, en choisissait un autre... Un manège qui commençait visiblement à excéder mon Canardier.

— Que cherchez-vous, mademoiselle ? demandai-je. Si je puis guider votre choix...

— Mon choix, me dit-elle, me porte vers le théâtre, et je n'en vois pas trace dans cet éventaire d'horreurs.

— Pourtant, tout y est théâtre ! De la comédie et de la tragédie, du sang et des larmes. Vous avez là matière à cent pièces, avec, qui plus est, des personnages et des situations réels. Tenez, prenons au hasard : *Histoire épouvantable de deux magiciens qui ont été étranglés par le diable, dans Paris, durant la semaine sainte...* Quel spectacle cela ferait ! Et là...

Elle me prit la brochure des mains, la reposa dans la caisse.

— Non, monsieur, soupira-t-elle. Cela ne convient pas à mes goûts. Pour le théâtre que j'aime, le rire ou les larmes conviennent, pas le sang. J'ai entendu parler de la comédie d'un nommé Poquelin, qu'on appelle aussi Molière, et du titre de sa première œuvre : *L'étourdi*, mais je ne la trouve nulle part.

— Vous perdez votre temps ! bougonna Petit-Jean. C'est pas dans ma *boutique* que vous la trouverez. Peut-être mon jeune ami pourra vous dire où l'acheter, si elle a été publiée.

Elle tourna vers moi un visage constellé d'une rosée de pluie.

— Ainsi donc, monsieur, vous vous intéressez au théâtre ?

— Nicolas, répliqua Petit-Jean, s'intéresse à tout ce qui s'écrit et se joue. C'est un puits de science. Demandez-lui donc de vous réciter un poème de Virgile, en latin.

Je ne lui fis pas l'hommage d'une poésie mais lui appris que je tenais une partie de mon érudition de mon travail de typographe. Elle me révéla qu'elle était comédienne, ce que j'aurais dû deviner, que son nom de théâtre était Dorine, et qu'elle jouait dans une comédie de Tristan L'Hermite : *Marianne*, au théâtre de Mondory.

— Venez donc me voir jouer, un de ces soirs, monsieur. Il faudra être indulgent. Je suis une débutante et n'ai qu'un petit rôle.

— Je viendrai, dis-je.

Fichue aventure que celle dans laquelle je m'étais étourdiment fourvoyé ! Mon projet de répondre à l'invitation de la demoiselle me fascinait autant qu'elle m'indisposait. Petit-Jean m'y encourageait d'un air narquois, comme s'il voyait dans cette rencontre l'amorce d'une aventure galante.

— Eh bien, mon gaillard, c'est un beau lièvre que tu as levé. Sacrebleu, ne laisse pas échapper ta chance !

Maître Josse Badé, à qui je confiai mon intention, se montra plus réservé.

— Le théâtre, mon garçon, le théâtre... Cet art ne m'inspire guère confiance, d'autant que ce Tristan L'Hermite est un drôle, à ce qu'on dit. Mais si cela te chante, je ne puis te décourager. J'ai assisté, une seule fois dans ma vie à une comédie. C'était à l'hôtel de Bourgogne. J'en garde un mauvais souvenir : d'odieuses galanteries sur la scène et un désordre navrant dans la salle...

Je persistai dans ma résolution, poussé par le désir de revoir la jolie demoiselle en manteau de pluie et de me faire une opinion sur son talent, mais aussi parce que le monde du théâtre m'était inconnu et que je suis curieux de nature

— Vous ne pouvez, me dit Mme Badé, vous rendre a ce spectacle dans votre tenue ordinaire. Je vais vous prêter un habit convenable.

Elle retira d'un coffre de vieilleries des chausses de page, une fraise jaunie et un pourpoint passé de mode depuis le Vert-Galant. Si j'avais accepté de revêtir cette tenue, j'aurais eu une ribambelle de gamins à mes trousses. J'y renonçai et recouvris ma tenue quotidienne d'un manteau que me prêta mon maître. Il me donna quartier libre pour l'après-midi.

Ma première impression, à peine avais-je payé mon billet, fut une grosse déception.

J'avais imaginé une salle à la dimension d'un forum ou d'un amphithéâtre ; je me trouvai dans un local exigu, puant et bruyant, avec des puces et je ne sais quelles autres vermines qui me grimpaient le long des jambes. Comme j'étais en avance, je parvins sans peine à me glisser au bas de la scène. Le public y semblait moins agité que dans le fond où s'était agglomérée une jeunesse turbulente.

Que dire du spectacle auquel j'assistai ? *Marianne* est une honnête tragédie, ponctuée de quelques belles envolées qui tranchaient sur un pathos insupportable. Le cœur me battit fort lorsque je vis surgir Dorine. Elle tenait un rôle subalterne, mais qui lui allait en perfection.

L'ennui commençait à s'emparer de moi à la fin du troisième acte, et je regrettais l'argent de mon billet, quand, dominant la voix des acteurs et le concert montant de la foule, un énergumène s'écria dans mon dos :

— Cette pièce est un outrage à la tragédie et les acteurs indignes de jouer sur le Pont-Neuf. Tirez le rideau et remboursez !

Je m'apprêtais à imposer silence au fâcheux qui brandissait sa canne, quand un autre spectateur le fit à ma place. Je l'entendis lancer d'une voix ferme :

— Monsieur, il se peut que cette tragédie et ses acteurs ne vous conviennent pas. Auquel cas, veuillez vous retirer !

— Monsieur, répondit l'autre, j'ai payé ma place, et boirai la coupe jusqu'à la lie en me réservant de dire ce que j'en pense.

— Monsieur, j'ai payé ma place, tout comme vous, et j'entends ne pas être troublé par vos diatribes stupides. Cessez de nous importuner ou quittez cette salle !

— Sortez vous-même si vous l'osez, et nous réglerons nos comptes dans la rue !

D'autres spectateurs se mêlèrent au débat sans que les acteurs, habitués à ce genre de tumulte, interrompissent leur jeu. Il y eut quelques bousculades, des cris, des insultes et des jurons. Les deux antagonistes s'étant pris au collet se secouaient comme des marionnettes et en venaient aux coups. Je vis avec stupeur le spectateur qui avait interrompu l'énergumène perdre son chapeau et s'effondrer sous un rude coup de canne qui lui ouvrit le front, tandis que, non sans mal, je m'efforçais de maîtriser le forcené.

Je parvins à saisir l'arme, la brisai sur mon genou et en jetai les débris, tandis que d'autres spectateurs tentaient de maîtriser l'agresseur. Penché sur le blessé qui gisait sur le parquet, du sang au visage, je lui demandai s'il souffrait et s'il fallait appeler un médecin.

— N'en faites rien, me répondit-il d'une voix faible, j'en réchapperai. Aidez-moi seulement à me relever, je vous prie.

Il s'appuya à mon bras pour quitter la salle, accompagné par les vociférations du public et les lamentations pathétiques de Marianne. Mon héros, sorte de bourgeois de modeste apparence et de petite taille, portait sa perruque de travers et ses lunettes pendantes par une branche à une oreille. Un filet de sang glissait de son front pour se perdre dans ses moustaches. Il réclama son chapeau. Je le retrouvai et le lui rapportai. Il me remercia et me dit :

— Veuillez faire signe à un coche, jeune homme. Je vous attends sur cette borne.

Mon blessé donna pour adresse au cocher l'hôtel de Troyes, dans le faubourg Saint-Michel, et me pria de l'accompagner, en s'excusant de me priver de la fin de la tragédie. Le trajet était long et l'affluence de cette fin d'après-midi intense. Il me dit en chemin :

— J'espère, jeune homme, que je n'abuse pas de votre temps. Je vous sais un gré infini de m'avoir sauvé de ce maroufle. Sans vous, il m'aurait achevé.

— Je n'ai fait, monsieur, que ce que quiconque, à ma place...

— Point du tout ! Vous avez risqué votre vie pour m'éviter le pire. Combien, de ceux qui m'entouraient, auraient aimé que la tragédie descende dans la salle ! Je n'oublierai pas votre geste courageux.

Il se présenta : Cabart de Villermont. Je lui révélai mon identité en ajoutant que j'étais employé chez Josse Badé. Il me demanda ce que je pensais de la pièce ; je lui répondis que je la trouvais *amphigourique*. Le mot le fit sourire. C'est ainsi qu'il la jugeait lui-même, ajoutant qu'il préférait l'œuvre poétique de Tristan L'Hermite : *Les plaintes d'Acante* et *Les Amours*, avant d'ajouter :

— Pardonnez-moi si je vous ennuie avec mon bavardage.

— Vous ne m'ennuyez pas, monsieur. Je lis moi-même beaucoup, en raison de mon travail, mais aussi par goût, avec une préférence pour les Anciens : Plutarque, Lucien, Virgile...

Il fit claquer sa main sur mon genou.

— Si jeune et déjà passionné par la lecture des Anciens... Vous me surprenez, décidément.

Il émit une légère plainte en essuyant sa plaie avec son mouchoir. Je lui demandai s'il souffrait beaucoup et lui proposai de nouveau de faire appel à un médecin.

— Nous sommes presque arrivés, dit-il. Mon médecin sera prévenu et viendra me faire un petit *travail d'aiguille* sur le front. Ce butor du théâtre n'y est pas allé de main morte.

Il ajouta ces paroles énigmatiques :

— Inutile, jeune homme, d'aller chercher l'aventure chez les sauvages d'Amérique, alors qu'à Paris elle est au coin de la rue.

Comme nous nous engagions dans l'avenue qui menait à son domicile, il me dit :

— L'hôtel de Troyes va vous paraître immense pour le célibataire que je suis. Je le partage avec un ami, le poète Paul Scarron, un infirme qui vit dans son propre appartement avec Céleste, sa gouvernante, et son épouse, Françoise, petite-fille de cet autre poète, Agrippa d'Aubigné, qui donnait furieusement, au temps du roi Henri, dans la religion réformée.

Le nom de ce dernier poète ne me disait rien. Je me gardai de l'avouer, d'autant que nous arrivions devant cet hôtel de belle allure mais négligé : les persiennes s'écaillaient et le jardin paraissait à l'abandon. Deux femmes et un valet s'empressèrent autour du blessé avec des gémissements et des cris, comme s'il eût été à l'agonie, alors qu'il protestait, disant que sa blessure n'avait rien de grave mais qu'on fasse tout de même appeler son médecin.

— Nicolas, me dit-il en souriant, faites-moi le plaisir de boire un verre en ma compagnie. Mon sauveur ne peut m'abandonner, à peine suis-je certain de survivre.

Il me présenta, alors que nous l'aidions à escalader le perron, l'épouse de Scarron, Françoise, et Céleste, femme autoritaire, à forte poitrine, qu'il avait fait sortir du couvent pour en faire sa gouvernante et sa concubine, ainsi que je l'appris par la suite.

Les lamentos reprirent de plus belle lorsque le blessé, allongé sur le petit lit de camp qui lui servait de couche, perdit connaissance. J'apaisai les deux femmes de mon mieux, assurant que cette faiblesse était naturelle, après les émotions qu'il avait traversées et que je leur exposai. Il suffisait, dans l'attente du médecin que le valet était allé quérir, de lui mouiller le visage et d'arrêter l'effusion de sang.

M. de Cabart revint à lui dans les secondes qui suivirent et demanda son *sauveur*. Je pris la main qu'il me tendait. Il ajouta :

— Céleste, servez à M. Nicolas une coupe de ce nectar que vous savez si bien préparer.

— Grenade, monsieur, ou Basse-Terre ?

— Grenade.

Dans la minute qui suivit, alors que le médecin se préparait au *travail d'aiguille* dont avait parlé le blessé, Céleste déposa sur un guéridon, à portée de ma main, une coupe remplie d'un élixir aux couleurs chatoyantes, fort chargé en alcool et en parfums subtils, avec un arrière-goût de chocolat.

Comme la nuit tombait, qu'on soupait tôt à l'Auberge du Port-au-Foin et que Petit-Jean n'aimait pas attendre, je pris congé, en bredouillant un remerciement pour le Grenade.

— C'était de bon cœur ! répondit M. de Cabart. Revenez donc prendre de mes nouvelles, mon ami. Nous bavarderons. Plutarque... la *Vie des hommes illustres*... J'aimerais que vous m'en parliez. Cela me rappellera mes années de collège...

Lorsque je relatai mon odyssée à mon maître, ses traits se figèrent.

— Je t'avais mis en garde, me dit-il, contre les dangers de la capitale. Ainsi, tu t'es porté au secours de M. de Cabart ? J'ai entendu parler de lui par Toussaint Quinet, l'éditeur de Paul Scarron. Curieux personnage, la tête farcie de projets de voyage... Esprit chimérique mais cultivé... Assez fréquentable, à la rigueur. Je n'en dirais pas autant du personnage avec lequel il partage l'hôtel de Troyes, ce triste sire, cet infirme libidineux : Paul Scarron. L'as-tu rencontré ?

— Je n'en ai pas eu le temps, maître.

— Eh bien, il faudra t'en abstenir ! Il me déplairait que tu reviennes dans cette maison. C'est un repaire de mauvaises gens sans religion. Pour tout dire, des libertins. Tu risquerais d'y gâter cette innocence qui me plaît en toi.

Je surpris une grimace sur le visage de Clémence. Elle essuyait des larmes avec un pan de son tablier.

Je promis à mon maître tout ce qu'il me demandait, en me promettant de ne pas tenir ma parole.

Si ma mémoire ne me trahit pas, c'est l'année 1656 que mon ami Petit-Jean, dit le Canardier, tenancier de l'Auberge du Port-au-Foin, prit congé de ce monde qui ne lui avait apporté que peine et misère.

Son rêve de trouver pour nous deux un logement convenable s'effondra le jour où il fut renversé, dans la foule, à l'entrée de la planche Mibray, ce vieux pont de bois vermoulu où débouchent les rues Saint-Martin et des Arcis, par une voiture de maraîcher qui ne daigna pas arrêter sa course. En rampant dans la boue, il parvint à rassembler ses *canards* et à se faire reconduire par un coche au Port-au-Foin. Je l'y retrouvai, le soir venu, les jambes brisées, la barbe gluante de sang, à demi inconscient.

Accroché à moi comme s'il allait se noyer, il approcha son visage du mien car, depuis quelque temps, il voyait mal, ce qui avait occasionné son accident, et me dit :

— Petit, reste près de moi. Si tu me quittes, je suis foutu. Faut que tu prennes ma suite. Ma *boutique* n'a pas trop souffert de mon accident et j'ai retrouvé presque tous mes *canards*. Suffira de les faire sécher. Tu sais où t'en procurer de nouveaux : chez la veuve Ducarroy, à l'enseigne de la Trinité, rue des Carmes, et chez Antoine Vitré, au collège Saint-Michel. Ils te feront crédit, ils...

En sombrant opportunément dans l'inconscience, il m'évita de lui donner une réponse qui l'eût peiné.

Mes années d'apprentissage achevées, je gagnais assez bien ma vie chez mon imprimeur et n'espérais aucunement prendre la suite du Canardier. En revanche, un problème se posait à ma conscience : laisser mon vieux compagnon seul dans sa cambuse, l'exposer à être détroussé ou pis, m'était inconcevable.

Lorsqu'il revint à lui, je lui criai dans l'oreille, car il devenait sourd en même temps qu'il perdait la vue :

— Petit-Jean, tu ne peux rester seul, et moi je ne peux jouer les garde-malade. Je vais te conduire à l'Hôtel-Dieu. Tu y resteras le temps que tu guérisses.

Avec toute l'énergie qui restait en lui, il protesta : j'étais le pire des ingrats, je voulais me débarrasser de lui, il maudissait le fils de pute que j'étais, sacrebleu !

— L'Hôtel-Dieu, on sait où ça mène : au cimetière !

Il fallait bien, pourtant, en passer par là. Grâce à mon maître, donateur généreux, j'obtins une place le jour même. Il fallut employer la force pour transporter le malade et l'obliger à s'allonger sur un lit déjà occupé par trois infirmes. Il hurlait des malédictions d'une telle violence que j'en avais le cœur serré.

Je ne manquai pas, chaque jour, de lui rendre visite pour lui apporter quelque gâterie, et le trouvai chaque fois plus mal en point que la veille, mais moins agressif à mon égard. Les religieuses qui le soignaient ne me laissèrent aucun espoir. Il avait passé la cinquantaine. Un vieillard.

Il mourut une semaine après son admission. On l'enterra dans les heures qui suivirent, pour libérer une place, si bien que je ne le revis pas, à l'heure ordinaire de ma visite.

À quelques jours de là, après avoir obtenu un hébergement chez mon maître, en attendant de me procurer un logis modeste, je trouvai la cambuse occupée par un quarteron de vauriens. Ils se concertèrent du regard quand je leur fis comprendre qu'ils occupaient mon domicile. Ils eurent le front de me demander mon titre de propriété. Quand je réclamai le modeste bien du défunt : sa caisse aux *canards* et ses nippes, ils me rirent au nez : tout s'était envolé. Je me retirai en voyant des lames de couteau briller dans la pénombre.

À la faveur de la nuit, je revins sur les lieux et, profitant de ce que ces gueux fussent endormis, j'entassai quelques brassées de foin sec sous la cambuse et battis le briquet. Aux ronflements des dormeurs succédèrent des cris d'effroi et une fuite éperdue, comme celle de gros rats. Assis sur le bord du quai, j'assistai au sinistre avec l'amère satisfaction que dut éprouver Attila aux champs Catalauniques, en assistant à l'incendie volontaire de ses chariots devant l'armée d'Aetius.

Chez mon maître, on ne parlait plus, pas même par allusion, de mon mariage avec Clémence.

Il est vrai que nous étions encore bien jeunes, l'un et l'autre, et que les timides prémices de nos rapports n'avaient pas tenu leurs promesses : elle était pressée de m'enfermer dans l'orbite familiale et je tenais, au sortir de ma réclusion aux Enfants-Rouges et à Saint-Eustache, à profiter de ma liberté.

Mes atermoiements avaient une autre cause : Dorine. Nos relations allaient durer seulement quelques mois, mais animées d'une passion intense, au point de me faire renoncer aux projets de mariage de mon maître.

À quelques jours de l'incident du Marais, un dimanche, en fin d'après-midi, je vins attendre Dorine à la sortie du théâtre. Elle ne montra pas plus de surprise que si nous étions convenus d'un rendez-vous. Nous fîmes une brève promenade rue de Paradis, entre les hôtels de Barbette et de Clisson. À part la mort de Petit-Jean, que je lui annonçai et qui la laissa indifférente, je n'avais guère de quoi alimenter notre conversation. En revanche, ce qu'elle me révéla de son métier de comédienne et de ses ambitions me mit sous le charme.

Je l'invitai à boire un vin d'Espagne dans un cabaret si animé que nous avions du mal à entendre nos voix. En contemplant son visage rond et lisse comme une pomme, marqué d'un soupçon de couperose qui lui tenait lieu de fard, je voyais se profiler une idylle dans le style du Syracusain Théocrite, que j'avais lue dans la bibliothèque de maître Josse Badé. Prompte à anticiper, mon imagination l'intégrait à ma vie, m'ouvrait des perspectives radieuses, sans attacher à cette image des promesses charnelles.

Elle me demanda où je logeais. Je lui parlai de la cambuse du Port-au-Foin, ce qui l'amusa, et de mon nouveau logis, proche de l'imprimerie, où je m'étais installé depuis quelques jours. Elle me confia qu'elle habitait chez une vieille tante, dans la rue Simon-le-Franc, qui ouvrait sur celle de Saint-Martin. Elle me demanda mon âge, ce qui paraissait lui importer, mais s'abstint de me livrer le sien, ce qui me laissa indifférent.

Au moment de nous quitter, elle me tendit un billet pour le théâtre de Mondory, où l'on allait donner une pièce de Corneille : *Le menteur*. Le personnage principal serait incarné par Julien Bedeau, dit Jodelet, un des acteurs favoris du public du Marais. Elle lui donnerait la réplique dans le rôle de Clarice, ce qui constituait pour elle une promotion.

J'assistai à cette comédie sans y prendre d'autre plaisir que la présence de Dorine, qui tirait fort bien son épingle du jeu. Je me gargarisais de ma chance : cette comédienne que le public ovationnait, malgré quelques huées malsonnantes venues des vauriens du fond, était mon amie. J'en tirais quelque vanité.

Quelques jours plus tard, à la sortie du théâtre, je l'invitai à souper dans une auberge proche de son logis. Alors que nous attaquions une géline aux champignons, arrosée d'un vin du Sancerrois, elle me dit, en clignant des paupières :

— Ne le prenez pas en mauvaise part, Nicolas, mais, si vous tenez à sortir en ma présence, il faudra vous vêtir mieux. Vous avez l'allure d'un regrattier, d'un saute-ruisseau ou d'un valet d'auberge... Les gens nous regardent et se moquent de nous. Vous faites pitié avec vos nippes ravaudées par la fille de la maison, dont vous m'avez parlé. Il faudra vous habiller convenablement, ou alors...

Rouge de confusion et de colère, j'avalai la semonce sans répliquer. Ce « ou alors » sonnait dans ma tête comme un tocsin.

— Ne m'en veuillez pas de ma franchise, mon petit Nicolas, dit-elle en posant sa main sur la mienne. Si vous voulez, je vous accompagnerai chez le fripier.

Je cédai à sa proposition et lui laissai passivement le soin de me vêtir comme un fils de bourgeois. Au moment de régler la note, je blêmis en tâtant ma bourse. Elle haussa les épaules et régla rubis sur l'ongle. Je protestai. Elle me prit par le bras.

— Mon ami, me dit-elle, il n'y a pas lieu de vous sentir humilié. Je gagne convenablement ma vie et ma tante est généreuse avec moi.

Elle me demanda, en contrepartie, un service qui ne me coûtait guère et même me ravissait : venir l'attendre à la fin des spectacles de nuit, pour la raccompagner chez elle.

Elle m'expliqua que sa sécurité en dépendait. Décidé à purger la capitale des prostituées qui pullulaient, notamment dans le quartier du Marais, notre jeune roi, Louis XIV, avait confié à sa police le soin d'effectuer des rafles de filles destinées au Canada.

Je m'acquittai régulièrement de cette mission agréable, sauf les soirs de relâche. Ces sorties répétées jetèrent le trouble dans ma famille adoptive. Je dus mettre cartes sur table : qu'on me laisse utiliser à ma guise mon temps de liberté, ou qu'on me donne mon congé. Maître Josse Badé se soumit, non sans m'accabler de conseils.

Dorine n'allait pas tarder à me récompenser de mon assiduité.

Un soir où la tante était invitée à une partie de cartes dans le salon de la célèbre courtisane Ninon de Lenclos, elle me convia à visiter sa chambre. J'acceptai, le cœur battant et le rose aux joues. À ce jour, mes exploits érotiques s'étaient bornés aux pollutions nocturnes auxquelles sacrifient tous les garçons de mon âge, et à quelques étreintes décevantes dans un bordel de la rue Tire-Boudin où l'un de mes compagnons de travail m'avait entraîné.

Précédée d'un porche et d'une cour occupée, à ma grande surprise, par trois calèches à blason, la demeure de la tante avait belle allure. Pour y pénétrer, nous n'empruntâmes pas l'escalier à double volée menant à l'entrée principale, mais une porte du pignon, donnant sur un jardin baigné de lune, et ouvrant sur un corridor qui soufflait une haleine de cave. Dorine me prit par la main pour me faire monter à tâtons au premier étage où elle avait sa chambre. Elle me chargea d'allumer le chandelier à trois bobèches, tandis qu'elle se retirait dans le cabinet attenant.

— Quels sont ces bruits au-dessus de nous ? demandai-je.

— Mes cousines, ces folles ! Quand leur mère est de sortie, elles en profitent. Elles ne sont que trois mais font du bruit comme une escouade de dragons. Rassurez-vous : elles ne viendront pas nous importuner.

En chemise et caleçon, je l'attendis au bord du lit. La chambre était de modestes dimensions mais proprette, avec des rideaux grenat à la fenêtre et un lit aussi vaste que ceux de l'Hôtel-Dieu. Des brochures s'entassaient sur les sièges et le guéridon : des textes de Molière, de La Calprenède, de Paul Scarron... Des odeurs légères me troublaient.

Le rideau séparant le cabinet de toilette de la chambre se souleva, et Dorine m'apparut dans sa nudité resplendissante. Son corps d'un bel ivoire semblait capter la lumière des chandelles, au point que le décor où elle baignait sombra dans la nuit et que je ne vis qu'elle.

Elle sauta à pieds joints sur le lit, s'y allongea et m'invita à la rejoindre.

— Il faudra être indulgent avec moi, lui dis-je. Je vais sans doute vous paraître gauche.

— Cela signifie... que c'est la première fois ?

Je hochai gravement la tête, peu contrit de ce demi-mensonge, mes précédentes expériences ne pouvant se présenter comme un acte d'amour.

Elle éclata d'un rire nerveux.

— C'est un riche cadeau que vous me faites là, mon petit Nicolas. Je vous promets d'être indulgente. Voyons... voyons...

Elle m'invita à ôter mes impédiments qu'elle jeta au milieu de la chambre, constata mes généreuses dispositions puis commença, avec des feulements de chatte, à faire courir ses mains et ses lèvres sur ma peau.

Je puis dire que je me tirai à mon avantage de cette fausse initiation. Dorine, elle, n'en était pas à ses premières armes. J'en pris bientôt conscience et n'y attachai guère d'importance. Seule comptait l'heure présente, et elle avait pris l'aspect d'une fille experte, qui allait au-devant de tous mes désirs.

Une rosée de bonheur sur le visage et le corps, elle soupira :

— Eh bien, voilà un novice qui promet. Tu m'as bien fait l'amour, mon petit coq.

— Puis-je donc espérer vous revoir, mademoiselle ? répliquai-je sur un ton badin.

Elle égrena un chapelet de rires sur ma poitrine et me poussa hors du lit.

— Je le souhaite, dit-elle, mais tu ne devras pas te montrer trop exigeant. Mon métier de comédienne me prend beaucoup de temps, en répétitions et en visites, en plus des séances. Et maintenant, mon chéri, tu t'habilles et tu files. Il ne me plairait pas que ma tante te trouvât sur le retour. Quant à moi, je vais monter mettre de l'ordre dans la chambre des cousines. Ces gamines sont insupportables !

2

La maison de l'infirme

À Paris, durant cette année 1656, il n'était bruit que de deux événements qui changeaient de ceux de la Fronde, dont les échos s'étouffaient dans le lointain, et de ceux de la guerre, qui nous était épargnée.

La Cour du jeune roi Louis reçut la visite de la reine de Suède, Christine. L'année précédente, à la suite d'une tempête de palais qui l'avait dépouillée de son trône, elle avait abjuré le luthérianisme pour se proclamer catholique. Son errance sur le continent l'avait conduite auprès du roi Louis, qui la fascinait.

À ce que j'en lus dans les gazettes, cette virago fort laide, d'allure putassière, fumait la pipe comme un dragon, buvait sec et affirmait en toutes circonstances son goût pour le sexe fort. Elle allait se distinguer une fois de plus, l'année suivante, en faisant assassiner à Rome son favori, le grand écuyer Monaldeschi, qu'elle avait surpris en galante compagnie.

Dans l'entourage de Paul Scarron, où, de temps à autre, j'allais retrouver M. de Cabart, qui s'était pris de sympathie pour moi, on ne se privait pas de gausser sur les excentricités de cette souveraine sans couronne, disant qu'elle ajoutait à ses vices des exploits de tribade, allant jusqu'à inciter des courtisanes à satisfaire ses mauvais penchants.

Par la même voie, j'appris que notre souverain venait d'avoir dix-huit ans (mon âge à une ou deux années de plus ou de moins), et commençait à faire peser son autorité sur la Cour et le royaume.

Il s'était pris de passion pour une des nièces du cardinal de Mazarin, la petite Marie Mancini, qui avait deux ans de moins que lui. Cette idylle donnait lieu à des commentaires et à des critiques. On voyait se dessiner derrière elle l'ombre du Cardinal, dépossédé de ses pouvoirs depuis la majorité du souverain, et que l'on soupçonnait de pousser sa nièce vers le trône.

La tribu des Mancini, cinq filles et un garçon, avait envahi la Cour vague après vague, trois ans auparavant. Elle avait élu domicile au Louvre où sa présence turbulente avait causé quelque trouble. Ce n'étaient que saltarelles et passacailles, altercations avec les dames de la Cour, entreprises audacieuses avec les gentilshommes. Les Mazarinettes ou les Manchine, comme on les appelait, avaient fait du château un théâtre où elles s'adonnaient à une comédie permanente, à la mode italienne.

Ce n'est pas au Louvre, me révéla M. de Cabart, que l'attention de Louis se fixa sur Marie Mancini, mais en un lieu plus agréable, moins fréquenté et plus propice aux idylles, le château de Vincennes, que le Cardinal appelait sa « maison des champs » : en fait, un véritable palais, aménagé avec le meilleur goût d'une partie de ses trésors. Le triste château du Louvre, à côté, avait l'allure d'un mausolée.

— J'ignore, me dit M. de Cabart, ce qui, en Marie, a séduit Sa Majesté, de préférence à l'une de ses sœurs, Hortense par exemple, qui lui est supérieure par la beauté. J'ai aperçu Marie lors d'une messe à Notre-Dame. Elle n'a rien pour inspirer la passion. Elle est petite, maigrichonne, noiraude. Sa mère dit qu'elle ressemble à un pruneau. Sans doute a-t-elle d'autres qualités : l'esprit, la culture... Je ne sais. Toujours est-il que, dans le marécage de la Cour, les grenouilles s'en donnent à cœur joie !

Je devais apprendre peu après que la première élue de Louis n'avait pas été Marie mais sa sœur aînée, Olympe qui, en plus de son charme, opérait sur les hommes une étrange séduction. Louis l'invita à danser dans un ballet ; elle le provoqua à l'amour. Ce fut une aventure piquante mais sans lendemain. Louis se lassa vite des familiarités et des ambitions de cette ardente Italienne qui n'avait commis qu'une erreur : ne pas se laisser désirer et conquérir. Il l'écarta pour diriger ses regards vers cette fleur délicate et discrète : Marie. Il en résulta de gros orages dans la tribu des Manchine.

Je me plaisais dans l'appartement occupé, à l'hôtel de Troyes, par celui que je peux appeler mon ami : M. de Cabart de Villemont.

Meublé sommairement et sans goût particulier, il était encombré de tables, tablettes, vitrines et guéridons envahis de livres de voyage offerts à ma curiosité. Une sphère armillaire de grande valeur, œuvre d'Erasmus Habermel, en occupait le centre, pareille à un gros œuf déposé là par un oiseau monstrueux.

Épris de voyages et d'aventures, M. de Cabart avait, durant des années, écumé les marchands de livres de la capitale et s'était constitué une bibliothèque qui enfermait, dans le mouchoir de poche qu'était son appartement, tout ce que notre planète compte de curiosités. S'il n'avait pas repris le bateau depuis des lustres, c'est en raison de son âge, de sa santé déclinante et de ses moyens, qui étaient limités. Il partageait avec son ami Scarron un brouet de nostalgie.

Scarron... La première fois que je me trouvai en présence de cet infirme, j'en restai béant de stupeur. Il avait l'apparence d'un cul-de-jatte, d'un amas de chair difforme, étriqué, posé sur les jambes mortes repliées sous lui. Il aimait dire, en se moquant de son aspect : « Je ressemble à un Z », ou « Je suis circonflexe ».

Il était de bonne famille, le septième enfant sur huit, dont trois seulement survécurent, d'un conseiller du parlement de Paris. Dans son adolescence, il avait pris le petit collet, en vue d'une carrière dans l'Église, mais, semble-t-il, sans la moindre vocation. Le sort allait en décider autrement. Une chute dans l'eau glacée d'une rivière allait en faire une créature digne de la cour des Miracles. Il ne parlait pas, grinçait comme une vieille porte, mais les mots qui sortaient de sa bouche édentée révélaient le plus bel esprit du siècle.

— Paul Scarron, ajouta M. de Cabart, a connu son heure de gloire sous la Fronde, avec sa *Mazarinade*, un pamphlet qui vilipendait le Cardinal et sa maîtresse, la reine Anne d'Autriche, mère de notre roi. La fin de cette tourmente l'a trouvé dépourvu. Aujourd'hui est pour lui le temps des vaches maigres. Il travaille au second tome de son *Roman comique*, à des pièces de théâtre, à des œuvrettes satiriques qu'on chante sur le Pont-Neuf. La mort seule pourrait le délivrer de sa passion : l'écriture.

Pour lui donner les soins permanents que nécessitait son état, deux femmes lui étaient nécessaires : Céleste de Harville-Palaiseau, son ancienne maîtresse, grande fille toute en os, blême comme une chandelle mais qui lui était dévouée corps et âme, et Françoise d'Aubigné, jeune femme rayonnante de beauté, de santé et d'esprit, son épouse.

— Tu dois te demander, ajouta M. de Cabart, comment Françoise a pu se trouver mariée à ce nabot. On a vu là un mystère. Cela ne l'est plus pour moi. L'initiative de cette union vient de la tante de Françoise, Mme de Neuillant, qui a vu là pour sa nièce désargentée et sans relations une porte ouverte sur la bonne société parisienne. C'était cela ou le couvent où Françoise refusait de se laisser enfermer.

Dans sa jeunesse, Françoise avait suivi ses parents aux Antilles, en l'île Marie-Galante, où M. d'Aubigné avait été nommé au poste de gouverneur. À peine débarqué, la place étant déjà prise, il avait repris la mer, abandonnant sa femme et sa fille. Françoise avait vécu une vie de pauvreté et d'indolence, au milieu de ses esclaves et de ses perroquets.

De retour en France quelques années plus tard, Françoise, que l'on nommait « Bignette » ou la « Belle Indienne », fut confiée à sa tante, Mme de Neuillant, pour garder les oies, avant d'être placée chez les ursulines de Niort, puis chez celles de Saint-Jacques, à Paris.

M. de Cabart était présent lorsque Mme de Neuillant présenta sa nièce à Paul Scarron.

— Je n'oublierai jamais le spectacle de cette fille éclatante de beauté face à ce déchet humain qu'on lui réservait comme mari. Elle a fondu en larmes. D'émotion, bien sûr, au dire de la pourvoyeuse. Paul s'est contenté de bougonner : « Elle est bien jeune : je pourrais être son père... » Pourtant il a décidé de l'épouser, malgré les vingt-cinq ans qui les séparent.

On imagine sans peine les orages qui durent survenir entre cette « réduction de la misère humaine » qu'était Scarron et la radieuse créature venue des Îles, qu'était Françoise. Scarron ne tarissait pas d'éloges sur le dévouement et la délicatesse de sa Bignette, qui le changeaient des manières plus rudes de Céleste.

Il venait à l'hôtel de Troyes toutes sortes de gens : poètes burlesques et libertins, chansonniers, érudits, gentilshommes attirés par l'esprit de l'écrivain. Le bouche-à-oreille fit de Françoise tantôt un ange gardien d'une vertu inexpugnable, tantôt une épouse insatisfaite et un cœur à prendre.

Elle avait fait de l'hôtel de Troyes, par sa gentillesse, son esprit et son charme une *ruelle* comparable à celles de Ninon de Lenclos et de Mlle de Scudéry, avec, en plus, un air de liberté.

La belle Ninon, toujours séduisante malgré la quarantaine, et facilement séduite, se considérait comme une amie du ménage et une habituée du salon de Françoise. Elle retrouvait là de beaux esprits, une insolence envers la Cour et d'anciens amants qui faisaient passer sur son cœur un souffle de nostalgie.

— Le bruit court, murmura M. de Cabart, que Ninon et Françoise nourrissent d'autres sentiments que l'amitié. Il est vrai qu'elles partagent souvent le même lit. On en a informé Paul. Il n'a fait qu'en rire...

Je ne fus pas surpris d'apprendre qu'il s'agissait d'un mariage blanc. Il était difficile d'imaginer des ébats amoureux entre l'infirme et son épouse, entre ce monstre et cet ange. Ils avaient pourtant des moments d'intimité où ils devaient se livrer à je ne sais quels jeux pervers.

Un vendredi saint, M. de Cabart me fit convier à un festin profane à l'hôtel de Troyes, chez les Scarron, en me recommandant d'apporter mon écot, sous la forme qui me conviendrait.

Il ne manquait rien à cette table, de tout ce qui pouvait insulter à la religion, mais, comme je n'avais pas la foi chevillée au cœur, cela me divertit. Ni Françoise ni Céleste ne se montrèrent : elles se contentaient, à l'office, des harengs du carême.

Au fil de ces agapes sacrilèges, j'allai de surprise en surprise.

L'assistance était pour le moins contrastée : les gens d'esprit, les écrivains, les fines gueules côtoyaient les habituels parasites, honnis par les deux femmes mais tolérés par Scarron. D'une liberté outrancière, la conversation mêlait les ragots les plus ignobles venus des bas-fonds de la Cour à des histoires de moines paillards et de nonnes en folie dignes de l'Arétin, dont Scarron se délectait.

Jamais je n'aurais pu imaginer, habitué que j'étais aux repas austères de mon imprimeur, qu'une telle assemblée pût se tenir à deux pas d'un couvent et d'une église, au nez et à la barbe de la police royale. À diverses reprises, au cours de ces agapes, je réprimai l'envie de me lever et de prétexter une indisposition pour me retirer. J'étais sur le point de m'y résoudre lorsqu'un convive se leva pour entonner un couplet salace qui m'est resté en mémoire et qui donne le ton de cette fête iconoclaste :

La duchesse de Sancerre
Porte sur elle un vit en verre
Et sa sœur d'Olonne un timon
Qui sert de hochet à son con...

Il m'arriva, en d'autres circonstances, d'assister à des entretiens entre mon ami et Scarron.

Ils portaient essentiellement sur la géographie et les voyages.

Je fus surpris d'apprendre que l'infirme envisageait de partir pour la Guyane. Il promenait ses mains griffues sur les cartes marines et terrestres avec des grimaces, un fil de bave à la commissure des lèvres.

Il était fasciné par ces territoires d'outre-mer au point d'avoir investi une partie de sa fortune dans des compagnies de commerce. Il allait de déboire en déboire sans pour autant renoncer à son projet. Cela tournait à l'obsession sénile.

— Ne soyez pas choqué, mon ami, me disait M. de Cabart. Ce projet de voyage n'a rien d'irréalisable. En dépit des apparences, Paul est en bonne santé et la pension royale que lui vaut ce qu'on appelle la « maladie de la reine » lui permet ce caprice. Mais voilà : Françoise s'y oppose. S'il part, elle demandera le divorce.

Paul Scarron mûrissait un autre caprice moins redoutable : l'alchimie.

Il avait aménagé dans son appartement une cave où il se faisait porter par un valet. Il y passait des heures en compagnie de quelques charlatans, avec l'espoir d'y découvrir un *or potable* qui n'existait que dans son imagination.

Les écus de la reine fondaient comme grêlons. Pour comble d'embarras, le frère de Françoise, Charles d'Aubigné, enseigne au Régiment d'infanterie du Cardinal, menait un train d'enfer, buvant, jouant et s'endettant. Lorsque les créanciers se faisaient trop insistants, il implorait la générosité de sa sœur.

Un jour de détresse, Françoise me confia ses ennuis.

— Je suis aux abois. Charles a un usurier à ses basques, qui se refuse à le lâcher. Je n'ai plus un sou vaillant et la pension de la reine n'est qu'un souvenir.

— Si j'avais de la fortune, lui dis-je, je la déposerais à vos pieds.

— Scarron compte, pour nous tirer d'affaire, sur la pièce qu'il est en train d'écrire. Il va la dédier à Mademoiselle, la nièce du roi, et tâcher d'en obtenir une faveur sonnante et trébuchante. Il est loin de l'avoir terminée. Son athanor lui prend la moitié de son temps.

— Je ne vois qu'une solution : le cloîtrer dans son cabinet pour l'obliger à terminer cette comédie.

Françoise suivit mon conseil. Non seulement le pauvre galérien, enfermé à double tour, et non sans criailleries, acheva sa pièce, mais il rédigea plusieurs chapitres de son *Roman comique*, qu'il me chargea de porter à son imprimeur, Toussaint Quinet. La dédicace de la comédie ne rapporta que cinquante écus, mais qui permirent à la maisonnée de reprendre son train.

Françoise m'en remercia à sa manière, qui ne lui coûtait guère mais me fut sensible : elle m'embrassa sur les lèvres, répandit sur moi une onde d'eau de Naples et murmura dans le rire léger qu'elle fit crépiter près de mon oreille :

— Nicolas, vous êtes ma Providence. Si je puis vous être agréable en quoi que ce soit...

— Madame, lui répondis-je, au comble de l'émotion, votre satisfaction sera ma seule récompense.

Je n'en pensais pas moins. M. de Cabart, à qui je confiai cet entretien, me reprocha ma réserve. Selon lui, j'aurais dû saisir la perche qui m'était tendue. Je m'y fusse résolu volontiers si je ne m'étais fait de Françoise l'image d'un ange gardien pétri de dévouement et d'une pureté de mœurs qui, à ce que m'en dit mon ami, était illusoire.

— Françoise n'est pas la créature céleste que tu imagines, Nicolas. Je connais quelques gentilshommes auxquels, à ce qu'on dit, elle a accordé ses faveurs. Jeune, ravissante, en proie aux désirs de son âge, qui pourrait le lui reprocher ? Notre Belle Indienne a le sang aussi chaud que celui de Céleste est glacé. Scarron ne se fait guère d'illusion : il trouve normal que son épouse aille chercher ailleurs ce qu'il ne peut lui procurer que par je ne sais quels artifices pervers.

À quelques jours de cet entretien qui me bouleversa, M. de Cabart me parla de mes relations avec Dorine. Là encore, il allait jeter le trouble dans mon esprit et dans mon cœur.

— Tout va pour le mieux entre nous, lui dis-je. Pas le moindre nuage à l'horizon, au point que je songe à me mettre en ménage avec elle.

Il se voila la face en soupirant :

— Mon petit Nicolas, que Dieu t'en garde...

— Et pourquoi donc, monsieur ?

Il quitta son siège comme pour échapper aux conséquences de sa réaction, tournicota autour de mon fauteuil en lâchant des grognements et des fragments de phrase indistincts, puis, se rasseyant en face de moi, il me dit d'un ton paternel, une main posée sur mon genou :

— Nicolas, tu le sais, j'ai pour toi l'affection du père que je pourrais être. C'est pourquoi je me permets de te mettre en garde contre une erreur qui peut te valoir bien des désagréments. Primo, si tu veux mon avis, Dorine est une comédienne passable. Elle ne parviendra à jouer les premiers rôles qu'au prix de quelques faveurs accordées à Mondory ou aux auteurs.

— Mais enfin, monsieur, qu'est-ce à dire ? Expliquez-vous mieux, je vous prie.

— Ne prends pas la mouche, mon garçon ! Je te le répète : je te parle uniquement pour ton bien. Secundo : que Dorine te donne du plaisir, je ne puis que m'en réjouir. Tu dois pourtant savoir que tu n'es pas le seul à bénéficier de ses faveurs...

— Par exemple ! m'écriai-je en me levant. Comment osez-vous...

— Rassieds-toi, je t'en prie. En un mot comme en cent, ta Dorine est une prostituée. Je ne te l'aurais pas révélé si je n'en avais eu la certitude. La *tante* chez qui tu retrouves ta bien-aimée est une maquerelle connue de tout Paris, les cousines des putains et la belle maison à perron un bordel.

Je m'apprêtais à le prendre au collet quand, prévenant ma réaction, il ajouta :

— Veux-tu des preuves à ce que j'avance ? Je puis t'en donner, et dignes de foi. Mon pauvre garçon, tu t'es laissé berner. Ce que j'ignore, ce sont les raisons pour lesquelles

Dorine s'est attachée à toi. Peut-être est-ce parce que tu lui fais l'amour mieux que quiconque et qu'elle t'aime...

Immobile au creux de mon fauteuil, comme écrasé, je gardai le silence en me disant que je faisais un cauchemar et qu'il allait se dissiper. M. de Cabart se leva, alla remplir deux verres de porto, m'en tendit un que j'avalai d'un trait en mouillant mon pourpoint. Assis sur l'accoudoir, il ajouta :

— Me pardonneras-tu cette révélation ? Si je t'ai imposé cette épreuve, c'est pour t'en éviter de pires.

Ce n'est pas à lui que j'en voulais, mais à Dorine. Je me dis que j'allais, sans plus attendre, lui envoyer au visage l'annonce de notre rupture. Il me faudrait du courage mais il ne me ferait pas défaut. En quittant l'hôtel de Troyes, les jambes flageolantes, je me sentais gagné, autant que par le chagrin, par un sentiment d'acrimonie profonde et violente. « C'en est fini, m'écriais-je en faisant se retourner les passants, de garçailler avec cette *guenipe* de rempart ! » J'allais lui servir son paquet, l'humilier comme je venais de l'être. Je m'adossai à un mur et versai des larmes amères.

Le lendemain soir, je me présentai au rendez-vous chez Dorine à l'heure dite.

Elle m'attendait, nue dans le lit, comme à son habitude. À l'étage, les cousines menaient leur sarabande. Les calèches rangées dans la cour ne ressemblaient en rien à des voitures de livraison, ce qui aurait dû, depuis longtemps, me donner l'éveil. Dorine me dit en me tendant les bras :

— Qu'as-tu, mon chéri ? Pourquoi cette mine triste ?

Je prétextai un excès de travail et un début de grippe. Elle me prit la main, m'attira vers elle en me disant qu'elle allait me faire oublier mes ennuis et ma maladie. Je lui fis l'amour à la hussarde, en la meurtrissant de gestes brutaux qui lui arrachaient des plaintes et des gémissements de plaisir.

— Tu es devenu fou ! bougonna-t-elle. Regarde ma peau : elle est toute rouge...

— Je n'en ai pas fini, répliquai-je. Courage, ma belle !

Je lui servis le grand jeu de l'Arétin, un florilège des positions les plus audacieuses. Être traitée comme une putassière ne semblait pas lui déplaire. Lorsque j'en eus fini, je me rhabillai en silence et jetai quelques pièces sur le guéridon.

— Que signifie ? dit-elle.

— Rien que de normal, ma chère ! J'ignore les tarifs que tu pratiques, mais tu y trouveras ton compte.

J'attendais une réaction violente et ne reçus qu'une effusion de larmes. J'en conçus une joie perfide.

— Eh bien, fis-je, adieu !

Elle se leva brusquement, et, alors que j'avais la main sur la poignée de la porte, m'obligea à me retourner et, le visage baigné de vraies larmes, elle me dit qu'il fallait « que nous parlions ».

— Parler ? dis-je. Et de quoi ? Une fille de joie, je la paie et je pars.

Encore imprégnée de la sueur odorante de nos étreintes sauvages, elle s'accrocha à moi et me gifla. Je répliquai de même. Face à face, mains levées, nous devions ressembler à deux fauves, toutes griffes dehors.

— Nicolas, ajouta-t-elle en laissant retomber sa main. Il y a longtemps que je voulais t'en faire l'aveu, mais je ne pouvais m'y résoudre, de peur de te perdre. Oui : je suis une *libertine.*

Libertine... L'euphémisme m'arracha un rire.

— Tu veux dire une putain !

Elle me prit le bras, m'attira vers le lit où elle me fit asseoir.

— Puisque le sort en est jeté, me dit-elle d'une voix un peu rauque, il faut que nous parlions. Comment pouvais-tu penser qu'avec mon maigre salaire de comédienne et les bienfaits de ma *tante*, il m'était possible de mener le train que tu connais ? Toutes les comédiennes ont recours à ce procédé ou à un protecteur pour échapper à la misère. Pauvre innocent ! comment as-tu pu si longtemps l'ignorer ? Je suis une *putain*, puisque tu tiens à ce terme offensant. Et alors ? t'ai-je jamais manqué ? Que peux-tu me reprocher ? N'as-tu pas passé des moments agréables en ma compagnie ? Aurais-tu préféré épouser la fille de Josse Badé, te laisser enfermer dans ce cocon familial et t'y étioler pour le restant de tes jours ?

— Ce que je te reproche, Dorine, c'est de m'avoir abusé. M'aurais-tu révélé d'emblée ta condition, j'en aurais sûrement souffert, mais j'en aurais peut-être pris mon parti. Que tu aies menti m'est insupportable. Il est trop tard. Nous ne nous reverrons plus. Adieu !

— Non, Nicolas, ça ne peut pas finir ainsi ! Nous risquons, toi et moi, de trop souffrir de cette rupture brutale. Maintenant que tu connais la vérité, rien ne nous empêche de poursuivre comme devant.

J'évitai, en me levant, de lui annoncer ma volonté de prendre le temps de la réflexion, ce qui eût pu lui donner quelque illusion que j'aurais eu mauvaise grâce à décevoir. Il y avait en moi trop de rancœur pour que je me décide sur-le-champ.

Je repris mon chapeau et m'en fus sans me retourner.

3

Les Mazarinettes

Si notre jeune roi avait, depuis sa prime enfance, jeté sa gourme et connu les premiers frissons de la chair, ç'avait été à son corps défendant.

La première femme de chambre de la reine, Mme de Beauvais, qu'on appelait « la Borgnesse » parce qu'il lui manquait un œil, et Cateau, je ne sais pourquoi, lui avait fait des galanteries au sortir du bain, alors qu'il ne portait pas encore les chausses à cul. Le garçonnet prit tant de plaisir à cette mignardise que, peu de temps après, ayant jeté sa robe aux orties, il alla conter fleurette à la fille d'un jardinier des Tuileries, comme son aïeul, le roi Henri, le fit à Nérac.

Pour modeste qu'il fût, sinon ignoré, ce premier exploit galant fit s'épanouir en lui un goût inné pour les plaisirs les plus simples et les plus délicats de l'existence. Révérence gardée, si notre monarque ne fut pas le ruffian dont on lui a fait la réputation, du moins en avait-il l'étoffe.

Lorsque la tribu exubérante des Mancini, à l'instigation du Cardinal, débarqua au Louvre, Louis sentit se réveiller ses instincts de chasseur de biches. Il avait déjà porté quelques belles pièces à son tableau, mais ces exploits relevaient d'un jeu agréable plus que d'une passion. C'était un divertissement, comme d'aller voir les demoiselles pisser derrière les buissons des Tuileries ou de jeter des pétards sous les robes des douairières. Il n'avait l'esprit lent que pour les affaires qui l'importunaient. Pour la *chosette*, comme disait Scarron, il l'avait toujours en éveil.

Il tenait ces dispositions prometteuses, me révéla Ninon de Lenclos, de ce que sa mère, la régente Anne d'Autriche, ne manifestait guère d'affection à ce fils, pas plus qu'elle n'en avait témoigné à son mari, le roi Louis XIII. Dans ce domaine intime, le Cardinal s'était substitué à eux. La *Mazarinade* de Scarron, dont je possède un recueil, ne laisse guère de doute sur ces relations secrètes, en des termes que je ne puis rapporter.

Loin de prendre ombrage des élans amoureux de son fils et sans les encourager, la reine mère laissait faire. Elle préférait voir ce garnement fouiller sous les jupes des filles plutôt que dans les chausses des pages et s'adonner à ce *vice italien* qu'elle jugeait dégradant. Précaution superflue : Louis s'est toujours détourné de ces déviations.

Lorsque Louis trouva sur son chemin la cohorte de celles qu'on appelait « les Mazarinettes » – les nièces du Cardinal – Louis était encore tout brûlant des étreintes d'une superbe hétaïre, la duchesse de Chevreuse. Cette grande chasseresse avait eu à son actif des proies aussi prestigieuses que l'amiral de Coligny, assassiné la nuit de la Saint-Barthélemy, et le duc de Nemours qui, Dieu merci, était bien vivant. Amie et confidente de la reine mère, cette frondeuse impénitente ne se fit pas scrupule, alors qu'elle abordait d'un pied léger la soixantaine, de livrer le fruit de son expérience à l'adolescent royal. La reine mère confia au poète de Cour, Benserade, futur auteur de livrets de ballets pour Lulli, le soin de trousser, à l'intention de cette grande dame généreuse, une remontrance en forme de poème, que je ne puis résister au plaisir de citer de mémoire :

Chevreuse, gardez vos appas
Pour quelque autre conquête
Si vous êtes prête
Le roi ne l'est pas...

La précieuse qu'était Mme de Chevreuse apprécia la forme, sinon le fond de cette œuvrette, et rabaissa ses jupes.

S'il fallait parler de passion première pour le roi, le nom qui vient d'abord à mon esprit est celui de Marie Mancini. Louis aurait pu, comme je l'ai dit, faire un choix plus judicieux, mais l'amour est aveugle. Olympe était une Italienne plus piquante, sa sœur cadette, Hortense, une beauté plus épanouie. Il trouvait en Marie, semble-t-il, ce qu'il n'avait découvert nulle part ailleurs : une intimité délicate et sans nuage comme sans élans charnels, qu'il sut contenir.

Leurs relations tiennent en promenades et en confidences sur les bancs des Tuileries, autour du grand bassin de Fontainebleau, sous les remparts de Vincennes, main dans la main et yeux dans les yeux. Louis voyait se dessiner la couronne sur le front de sa bien-aimée, mais elle n'avait d'autre ambition que de plaire à ce jeune roi au visage agréable, à la moustache naissante, au regard à la fois tendre et pénétrant. En balayant les feuilles mortes de la pointe de ses escarpins, elle lui révéla les rapports tendus qu'elle avait entretenus avec sa mère, Girolama, morte depuis un an environ ; il lui découvrit les rigueurs de la reine mère. Leurs malheurs conjugués avaient le goût du bonheur.

Ignare et indifférent en matière de littérature, Louis se passionnait pour la guerre. Marie lui parla des romans de La Calprenède, de Madeleine de Scudéry et d'Honoré d'Urfé, lui récita des tirades de Corneille, fit chanter à son oreille les sonnets de Pétrarque à Laure de Noves, murmura quelques poèmes galants appris dans le secret du dortoir de la Visitation où elle avait séjourné avec ses sœurs avant leur présentation à la Cour. Son personnage prit de la hauteur et de l'intérêt aux yeux de Louis qui, lui, n'avait à exposer que les exploits guerriers du maréchal de Turenne.

Ces prémices amoureux éveillèrent l'attention de la Cour et des ambassades. On parla mariage, en regrettant que Sa Majesté n'eût pas fait un choix plus utile au pays. Présente à la

Cour, la reine Christine, que ce manège de novices amusait, dit au roi, au cours d'un repas, entre deux rasades :

— Sire, si j'étais à votre place, je n'hésiterais pas à épouser la personne que j'aime.

Tel n'était pas l'avis de la reine mère et du Cardinal. S'ils en venaient, eux aussi, à parler mariage, ce n'est pas à la petite Italienne qu'ils pensaient.

La guerre entre la France et l'Espagne durant depuis une vingtaine d'années avait jeté le peuple dans la misère et vidé les caisses de la nation. Il était temps d'y mettre un terme. Le regard de Mazarin se tourna vers la Cour d'Espagne, avec une intention avouée : négocier un mariage.

Le roi Philippe avait eu de la reine Élisabeth de France une fille, l'infante Marie-Thérèse. Entre sa *camera mayor* et sa duègne, elle attendait sans impatience, avec la plus parfaite soumission, que l'on décidât de son sort.

Convaincre Sa Majesté Très Catholique relevait d'une épreuve laborieuse. Chaque fois qu'on lui parlait de la France, ses moustaches en crocs se retroussaient et ses yeux jetaient des éclairs. Pour le circonvenir, le Cardinal et la reine mère eurent recours à un subterfuge : ils firent courir le bruit d'un mariage entre Louis et Marguerite de Savoie, petite-fille du roi Henri IV. Ce projet jeta le trouble dans la Cour de Philippe. L'Espagne était alors dans une situation pire que son adversaire et aspirait à une paix que ce mariage et cette alliance rendaient illusoire.

Pour mener à bien cette manœuvre, il convenait de donner à la Savoie, puis à l'Espagne, la certitude qu'aucune traverse ne risquait de contrarier cette union. Il n'y en avait qu'une, mais de taille : les amours du roi et de Marie Mancini. Ils n'avaient pas compris, ces innocents, que, dans le grand jeu de la diplomatie, l'amour compte moins qu'une guigne.

La petite Italienne avait à se garder non seulement de cette tempête qui risquait de la balayer comme un fétu, mais aussi des intrigues d'Olympe qui, mariée depuis peu au comte de

Soissons, n'en avait pas pour autant renoncé, par esprit de revanche plus que par jalousie de femme, à conquérir le roi.

On en était là, en cette année 1658, qui sentait l'orage, lorsque Louis fut appelé, en juin, à rejoindre à Dunkerque, occupée par les Anglais, le maréchal de Turenne. Il partit, la fleur aux lèvres, persuadé de revenir très vite jeter les étendards ennemis aux pieds de sa bien-aimée, comme le roi Henri le fit jadis pour la Belle Corisande. Il participa sans faillir à la bataille des Dunes et à la prise de Bergues contre le traître Condé, allié à don Juan d'Espagne, fils du roi Philippe et d'une actrice, Maria Calderón.

Il prenait quelque repos dans le fort de Mardyck, à une lieue de Dunkerque, quand, à la suite d'une infection due à la putréfaction des cadavres, il tomba malade d'une irruption de pourpre, qu'on appelle aussi « petite vérole », et resta une quinzaine entre la vie et la mort. On le soigna par des purgations et des saignées qui faillirent lui coûter la vie, au point qu'il reçut le viatique et que l'on ordonna, dans toutes les églises de France, des prières solennelles, avec exposition du saint sacrement.

La Cour commençant à s'affoler, le Cardinal n'eut rien de plus pressé que de mettre ses trésors à l'abri à Vincennes, avec une crainte majeure : voir ressurgir la pieuvre de la Fronde, et sa carrière s'achever par l'exil ou la mort.

Le roi survécut, un médecin de Soissons lui ayant fait absorber un vin émétique à base d'antimoine. En quelques jours, il put remonter à cheval.

Quelques années plus tard, j'appris que Marie avait vécu ces semaines dans une angoisse permanente et qu'on ne savait qu'inventer pour la consoler.

Alors que la guerre des Flandres se poursuivait contre l'Espagne avec des succès qui mettaient le roi Philippe au bord de l'apoplexie, Louis observa sa convalescence, une main dans celle de Marie. Ils retrouvèrent avec ravissement le bel automne de Fontainebleau, leurs promenades favorites, les concerts de violons à l'ermitage de Franchart. Oublieux de sa majesté royale, Louis découvrit qu'il était un homme et, pour Marie, un époux potentiel.

Olympe en crevait de jalousie et son époux, le comte de Soissons, cuvait son dépit : une liaison de son épouse avec le roi eût favorisé ses ambitions.

Olympe dit au Cardinal, son oncle :

— Je n'arrive pas à comprendre le comportement de Louis. Il ne peut être épris de ma sœur en raison de sa beauté, Dieu ne l'en ayant pas pourvue, ni de son esprit, car, sans me flatter, j'en ai plus qu'elle. Elle doit user, pour le séduire, de magie ou de quelque charme qui m'échappe. Monseigneur, je vous en conjure, faites cesser ce scandale !

Conseil superflu : le Cardinal y était tout disposé. Restait le plus ardu : convaincre le roi que la raison d'État prime les élans du cœur. Il eut avec la reine mère des conciliabules dont rien ne filtra, sinon que le roi n'eût consenti que du bout des lèvres au sacrifice de son Iphigénie, afin que les vents fussent favorables à la nef royale. On a supposé, à juste titre, qu'il avait une idée en tête : une fois marié avec l'infante, faire de Marie sa favorite.

De cette année 1658 date une anecdote que me conta Françoise Scarron, et qui me met le cœur en joie après des années.

La dernière des Mazarinettes, Marie Anne, une fillette de onze ans, avait rejoint la tribu avec, à l'horizon, la perspective d'un mariage avec le duc de Bouillon, Frédéric Maurice de La Tour d'Auvergne. Toute innocence, elle était dotée d'un caractère avenant, au contraire d'Olympe, ce qui la mettait en butte aux bouffonneries de quelques joyeux drilles. Avec la complicité de ses sœurs, on lui fit croire qu'elle était enceinte. Elle le crut, en se disant que la nature féminine comporte bien des mystères. Sa surprise fut à son comble lorsqu'un matin, elle fut réveillée par les vagissements d'un nouveau-né qu'on avait glissé dans son lit. Elle dit en pleurnichant :

— Je ne comprends pas. Aucun homme ne m'a touchée.

— Aucun, en êtes-vous certaine ?

— Aucun, je le jure, si ce n'est le roi. Il m'a embrassée...

Ce qui subsistait en elle de naïveté, elle le perdit lorsqu'on la glissa dans le lit de ce ruffian de Maurice de La Tour d'Auvergne. Elle avait alors quinze ans.

C'est à cette époque, si ma mémoire est fidèle, que les époux Scarron quittèrent l'hôtel de Troyes, devenu trop onéreux, pour un appartement plus modeste, dans le Marais. M. de Cabart suivit ses amis, avec sa bibliothèque et ses nostalgies.

La santé de l'infirme déclinait à vue d'œil. Il peinait à écrire, malgré les idées qui se bousculaient dans sa tête féconde, mais se plaisait encore à des jeux pervers avec la nouvelle servante, Nanon Balbien, dans le secret de son cabinet de travail.

À peine entré dans ce nouveau logis, au sortir de l'imprimerie, je me bouchai le nez. Chaque jour, un boucher livrait au malade un seau de tripaille accommodée aux aromates, comme jadis à Bourbon-l'Archambault ou à La Charité.

— Scarron sera heureux de vous revoir, me dit Françoise. Il vous attend. Je vous conseille de vous mettre un mouchoir sous le nez.

Elle me proposa celui qu'elle tira de sa ceinture et qui sentait l'eau de Naples.

— Te voilà enfin, sacripan ! me jeta l'infirme. Assieds-toi. Nous avons à parler.

Seuls émergeaient de l'infâme gadoue sa tête et son torse squelettique. Il s'y plongea jusqu'au cou, avec des gémissements de plaisir, comme une sultane dans son bain de lait. À chacun de ses mouvements, les effluves qui me montaient aux narines me donnaient la nausée.

— Mon petit Nicolas, me dit-il, il ne me reste plus longtemps à vivre. Ne proteste pas ! Je ne me suis jamais fait d'illusion, et aujourd'hui encore moins. Me voici au bout du chemin, avec la caboche encore farcie de projets auxquels je ne puis donner vie car mes mains me trahissent. Alors j'ai pensé que tu pourrais m'être d'un grand secours en me servant de scribe.

Je lui fis part de ma surprise : pourquoi ne faisait-il pas appel à son épouse, à Céleste, ou à M. de Cabart ? Il me répondit que Françoise avait trop d'occupations, avec les affaires du ménage *et ses amours*, que Céleste détestait ses écrits et que M. de Cabart n'avait la tête qu'à ses lectures.

— Je ne vois que toi, mon petit Nicolas. Tu es jeune, érudit et tu as une écriture de copiste. Mais si ! mais si !

Je lui rappelai que je m'étais engagé auprès de maître Josse Badé et ne pouvais manquer à ma parole. Il répliqua d'une voix grinçante :

— Qu'il aille au diable, l'animal ! Écoute, petit... Je ne te demande pas de me consacrer tout ton temps, mais une heure ou deux chaque soir. Tu ne travailleras pas *gratis pro Deo*. Je compte rémunérer convenablement ton travail. Mme Fouquet, l'épouse du surintendant des Finances, m'a promis son aide et je bénéficie toujours de la pension de la reine mère.

Je demandai à réfléchir. Le lendemain, je lui donnai mon accord.

Sans rouler sur l'or, le ménage Scarron vivait sur un pied convenable, sans trop tirer le diable par la queue. Le *roman comique* lui apportait un complément de revenu non négligeable.

Alors que je m'apprêtais à faire office de scribe, Scarron avait en train, après ses *Épîtres chagrines*, qu'il venait de terminer, deux comédies : *Le prince corsaire* et *La fausse apparence*. Il avait entamé la troisième partie de son *Roman comique*.

Il alla passer une partie de l'été dans la demeure champêtre de sa sœur, Francine, à Fontenay-aux-Roses. Je venais l'y retrouver par le coche, le dimanche et les jours fériés. Il m'accueillait avec des transports d'affection, comme si j'eusse été son propre fils, et Francine était aux petits soins pour moi. Nous passions des heures laborieuses sur la terrasse ombragée par une glycine, à donner forme aux idées qui lui traversaient l'esprit. Je ne lui ménageais pas mes critiques et mes suggestions et il m'en savait gré. Il avait un débit si rapide et si confus que je peinais à le suivre et à me retrouver dans ce fatras. Il bougonnait :

— Presse-toi, nom de Dieu ! L'infirme, c'est moi !

Nous prenions nos repas de midi dans la bonne chaleur de l'été, près d'une volière crépitante de chants d'oiseaux. Francine m'avait fait les yeux doux dès nos premières rencontres. Je ne la laissai pas longtemps dans l'incertitude de mes propres sentiments.

L'heure de la sieste venue, elle me prenait par la main pour me guider vers sa chambre qui ouvrait sur le jardin par une haute fenêtre tendue de rideaux à fleurs. Sa quarantaine était encore alerte, imprégnée d'un charme suranné malgré son physique ingrat et un entrain dont je me lassai vite. Pour pallier mes réserves et mes défaillances, cette coquine s'adjoignit les services d'une servante jeune et gironde, qui se prêta sans façon à nos ébats. Je retrouvai dans ce jeu à trois mes appétits et ma vigueur, malgré la malpropreté et les odeurs d'étable de la donzelle.

Scarron ne profitait pas longtemps de sa sieste. Lorsque sa canne heurtait la cloison et que sa voix aigrelette me rappelait à l'ordre, je devais interrompre mes ébats pour me remettre au travail.

Ces séjours aux champs firent le plus grand bien à notre infirme, de même qu'à ma bourse, car il se montrait généreux dès qu'il le pouvait. Retourner à Paris lui était une épreuve. Dans le coche qui nous ramenait, il ne cessait de bougonner contre cette obligation.

En chemin, il lui arrivait de me parler d'un certain M. de Villarceaux. Françoise s'était entichée, dans la ruelle de son amie, Ninon de Lenclos, de ce bellâtre fardé comme une marquise, bel esprit au demeurant et coqueluche des précieuses. Scarron ne se faisait guère d'illusion sur la vertu de son épouse : il se savait cocu et ne me le cachait pas, mais je devinais qu'il était gourmand de détails et attendait de moi des révélations que j'étais bien incapable de lui procurer.

Les rendez-vous des deux amants demeuraient secrets, mais on parlait à mots couverts d'une certaine *chambre jaune*, que Ninon mettait à leur disposition. Persuadée, à juste titre, de ma discrétion, elle me disait :

— Françoise est moins heureuse avec Villarceaux que je ne le croyais. Elle est obsédée par l'idée qu'elle commet le péché d'adultère. C'est un sujet de querelle entre eux. Il a beau lui démontrer que l'on n'est en état de péché qu'à condition d'avoir des rapports normaux avec son conjoint. S'il est défaillant, on n'a pas à redouter le châtiment du Ciel. Il lui fait en outre observer que ce mariage n'a été pour elle qu'un cache-misère, une manœuvre destinée à lui éviter le couvent et à lui ouvrir les portes de la bonne société, mais non celles du plaisir que toute femme est en droit de revendiquer. Françoise n'en a cure. Elle s'abîme en prières expiatoires et, lorsqu'elle parle de rompre, je m'efforce de lui montrer son erreur.

Je ne savais de ces amours que ce que Ninon voulait bien m'en révéler, mais aussi par le comportement de Françoise. De retour au logis, elle semblait irradier la passion qui la possédait. Son bonheur se traduisait par des effluves, une sorte de rayonnement qui émanaient de sa personne, une vénusté lumineuse.

J'en venais à regretter de n'avoir pas poussé mon avantage, alors que je la devinais prête à céder à ma première tentative de séduction, mais Dorine, à cette époque, suffisait à combler mes élans.

L'adolescent timide et gourmé qui s'était présenté par accident à l'hôtel de Troyes avait, sans me flatter, fait place à un homme jeune, robuste, bien fait, avec une opulente chevelure bouclée, une barbe discrète et des moustaches de mousquetaire.

Passé notre querelle, nos rendez-vous avaient repris avec une intensité nouvelle, deux à trois fois la semaine. J'avais eu du mal, au début, à maîtriser la jalousie et la rancœur qui me rongeaient. Au fort de nos ébats, je voyais se dessiner autour de nous des ombres de personnages que j'exécrais, mais elle me consolait tendrement des échecs que cela m'occasionnait. Elle avait fait de son existence deux parts qui ne pouvaient communiquer. J'avais la meilleure : celle qui mêle l'amour au plaisir. Ce qui restait en elle de pureté, c'est à moi qu'elle le dédiait. Sur la Carte du Tendre, j'étais, me disait-elle, son « oasis au milieu des marécages ». Ma présence lui apportait un air vierge de compromissions mercantiles, une lumière limpide, une de ces passions qu'elle avait respirées dans les comédies.

Elle reprenait parfois son projet de vie commune et honnête. J'atermoyais, sous un prétexte fallacieux : je tenais à un célibat synonyme de liberté. Plus tard, peut-être...

Elle protestait en me frappant la poitrine de ses petits poings :

— Plus tard ! Toujours ton *plus tard* ! Tu préfères attendre que je sois une douairière et toi un barbon ? Merci bien !

— L'amour n'a pas d'âge, répliquais-je. J'en ai en moi pour cent ans.

J'exagérais à peine...

4

Que el rey me espera...

Au risque d'alourdir mon récit, je ne saurais m'attarder sur les négociations abruptes qui allaient aboutir au mariage de Louis avec l'infante Marie-Thérèse. Elles ont duré des mois, tantôt dans les ambassades, tantôt dans la fameuse île des Faisans, aux environs de Bayonne, compromises par des problèmes d'étiquette et des susceptibilités mettant à rude épreuve la patience du Cardinal et de la reine mère.

La décision de Louis de demander à Mazarin la main de sa nièce s'était heurtée à un mur.

— Sire, en cela, perdez tout espoir. Il en coûterait trop au pays. Il aspire à la paix que seul peut lui procurer votre mariage avec l'infante. Comment pourriez-vous mettre en balance un bonheur égoïste et des milliers de nouvelles victimes, si ce conflit devait se prolonger ?

— Votre Éminence, avait répliqué Louis, ne tient-elle pour rien le bonheur de son roi et celui de sa nièce ?

— Et vous, sire, avez-vous oublié les sombres journées de la Fronde et notre exil humiliant ? Que ma nièce devienne reine, une nouvelle révolte viendra ébranler votre trône et nous contraindre, la reine et votre serviteur, à un exil définitif.

— Je ne suis plus l'enfant que vous faisiez sauter sur vos genoux. J'ai une armée, qui est encore la plus puissante d'Europe, et des généraux compétents. Turenne matera la nouvelle Fronde comme il l'a fait des Espagnols.

— Si vous persistiez dans votre décision de placer une amourette au-dessus du destin de la France, sachez que je poignarderais ma nièce plutôt que de la laisser vous épouser !

Les derniers propos du Cardinal, cette façon très italienne de présenter la situation, avaient jeté le trouble dans l'esprit du roi plus qu'il ne le laissa paraître. Il se sentait pourtant décidé à un nouveau bras de fer, quand, à quelques jours de cet entretien, alors qu'il revenait d'une chasse à Vincennes, il apprit que les Mazarinettes préparaient leur bagage et s'apprêtaient à prendre la route de La Rochelle.

Il se précipita dans la chambre de Marie, la trouva larmoyante au milieu de ses coffres et s'écria, rouge de colère :

— Je ne puis consentir à votre départ. Votre oncle devra répondre de cette trahison.

— Il n'y a pas de trahison, mon ami, soupira Marie. Son Éminence est le tuteur des orphelines que nous sommes, et nous lui devons obéissance, quoi qu'il m'en coûte.

— Vous vous faites aisément une raison, semble-t-il !

— Je dois, certes, renoncer à vous voir, mais rien ne nous empêchera de nous écrire, en attendant que Dieu nous réunisse de nouveau. Je ne pourrai vous oublier, dois-je vous le répéter ? On n'étouffe pas un amour tel que le nôtre comme on souffle une chandelle. Celui que je vous témoigne persistera toute ma vie.

Elle ajouta :

— Brisons là, je vous en conjure. Il me reste beaucoup à faire.

— Je vous accompagnerai.

— Jusqu'à Fontainebleau, oui. C'est là que nous nous ferons nos adieux. Ne m'en demandez pas davantage. Cela serait inutile et ne ferait qu'accroître mon chagrin.

Malgré la pluie de juin qui noyait la campagne sous un voile de brume, Louis accompagna le cortège du Cardinal, à cheval, près du carrosse où avait pris place la petite tribu des Mazarinettes. On s'arrêta aux portes du château où les voyageuses devaient passer la nuit.

— Sire, dit Marie, ne restez pas plus longtemps, si vous voulez être de retour à Paris avant la nuit. Je vous écrirai dès mon arrivée, et ensuite chaque jour. Cela, au moins, ne me sera pas interdit. Ferez-vous de même ?

Il promit de le faire. Elle sortit son mouchoir, essuya sur le visage du roi une rosée de pluie mêlée de quelques larmes.

— Partez, sire. Mon oncle nous regarde et semble impatient.

Elle se détacha de lui mais leurs mains restèrent liées. Il prit celles de Marie et les porta à ses lèvres.

Louis alla cacher son chagrin à Chantilly puis, de retour au Louvre, implora de sa mère la permission, en prenant la route de l'Espagne, de faire un crochet par La Rochelle pour une dernière rencontre avec Marie.

— Soit ! répondit la reine mère, mais je tiens à vous prévenir : à la moindre incartade vous me perdrez et vous risquerez de perdre votre royaume.

Marie n'avait fait qu'un bref séjour à La Rochelle avant d'être enfermée dans la sinistre forteresse de Brouage, située au bord de l'océan, que le Cardinal lui avait assignée comme lieu de son exil, afin d'éviter un scandale, à l'heure où l'ambassadeur de Madrid, Pimentel, négociait à Paris les préliminaires du mariage et de la paix qui allait s'ensuivre.

Le temps des regrets avait remplacé celui des promesses. Le courrier que les deux amoureux s'échangeaient par la poste des mousquetaires du roi aurait pu fournir la matière d'un gros volume. Je donnerais beaucoup pour en avoir connaissance, mais il a disparu à jamais, balayé feuille à feuille par le vent de l'histoire. Avant d'être remis aux intéressés il était communiqué à une créature du Cardinal, Mme de Venel, qui, à Brouage, faisait office de gouvernante.

Je n'ai guère de peine à imaginer la proscrite, accoudée aux remparts, face aux immensités de marécages peuplés d'oiseaux migrateurs, l'œil rivé au chemin par où arrivaient les émissaires.

L'été brûlait de tous ses feux lorsque, ayant quitté discrètement le cortège royal à Saint-Jean-d'Angély, accompagné d'une petite escorte, le roi prit la route de Brouage. Il chevaucha toute une nuit, ne s'arrêtant que pour laisser se reposer les chevaux.

Lorsque, au petit matin, il se présenta aux portes de la citadelle, Mme de Venel lui fit une profonde révérence sans se départir de sa mine de cerbère. Elle était seule, les filles venant de partir pour la pêche aux coquillages. Il se fit indiquer l'endroit où il pourrait les retrouver, remonta en selle et partit seul à travers marais salants et roselières, au risque de se perdre ou de s'enliser.

En le voyant paraître, Marie eut un hoquet de surprise et un sursaut de bonheur. Debout sur le sable humide, bras ballants, bouche bée, elle demanda à ses sœurs de poursuivre sans elle leur collecte.

— J'ai chevauché toute la nuit pour vous revoir, dit-il en la prenant dans ses bras. Je serais allé au bout du monde s'il l'avait fallu.

— Par quel miracle êtes-vous là ? Vous avez bravé la reine, mon oncle ? Vous...

— Rassurez-vous : ma mère m'a donné son accord. Quant au Cardinal, nous nous sommes gardés de l'en informer. Il est d'ailleurs trop occupé, à Bayonne, aux préliminaires du mariage.

Elle blêmit, se détourna.

— Eh bien, ma chérie, dit-il, qu'avez-vous ?

— Ce que j'ai, sire, vous le savez bien.

— Si c'est ce projet qui vous tourmente, sachez que rien n'est encore décidé.

— Si cela ne se fait pas avec l'Espagne, cela se fera avec la Savoie. De toute manière nous sommes condamnés à ne plus nous revoir. Alors, à quoi bon cette visite ? Elle ne fait qu'aggraver ma peine.

— Suivez-moi jusqu'à la forteresse, dit-il d'un air sombre. Nous parlerons à cheval, si vous voulez bien.

Elle se jucha entre lui et l'encolure. Il respirait sur elle le marécage et la mer, une odeur de grand vent et d'amour libre. Des canards et des hérons s'envolaient sur leur passage, au-dessus des salines éblouissantes de soleil. Louis s'était promis de lui parler ; il garda le silence tout le long du trajet. En mettant pied à terre, elle lui dit :

— Ne restez pas plus longtemps, sire. Quoi que nous disions, cela ne changerait rien. Allez donc vers celle qui vous attend. Et que Dieu vous garde.

Le chagrin du roi luttait en lui contre un sentiment de rancune. Marie, lui semblait-il, faisait trop facilement litière de leur passion. Était-ce faute de l'aimer comme elle le lui avait répété sur tous les tons ? Était-ce pour ne pas provoquer un incident diplomatique dont le pays aurait souffert ? Eût-elle fait montre de plus de détermination et lui de davantage d'autorité, peut-être le mariage prévu avec l'infante eût-il échoué. L'amour triomphant de la raison d'État, quelle victoire ! Il songeait à ce que lui avait dit Christine de Suède.

Quant à devenir la favorite du roi, Marie rejetait cette idée avec horreur.

Ce qui restait dans le cœur du roi de sentiment pour Marie, la reine mère et le Cardinal décidèrent de l'étouffer.

Ils firent en sorte qu'Olympe fût présente à Bayonne. Ni elle ni son époux ne firent la moindre objection. Ce n'était pas une folle passion pour le roi qui la guidait, pas plus que l'ambition, mais un esprit de vindicte : sa sœur l'avait supplantée ; elle souhaitait prendre sa revanche. L'orgueil des Mancini trouvait en elle un terrain favorable.

Ce qui subsistait dans le cœur de Louis de son amour pour Marie fondit sur le lit de braise où elle l'attira. En une nuit elle le subjugua et le délivra de ses dernières illusions. Lorsque la reine mère jugea que le remède avait produit l'effet attendu, elle donna congé à la belle Italienne.

À quelques mois de là, à la mi-février de l'année 1660, les négociations prénuptiales ayant abouti, non sans mal, Marie et ses deux sœurs, Hortense et Marie Anne, furent autorisées à reprendre leur place à la Cour.

Après avoir fait miroiter à ses yeux un prestigieux mariage avec le duc Charles de Lorraine, que le Cardinal avait négocié pour prix de son renoncement, c'est à un descendant de l'illustre famille des Colonna, Lorenzo Onofrio, prince de Paliano et de Castiglione, qu'on allait présenter Marie. Mariage sans amour, mariage pour rien. À peine célébré on voyait la rupture poindre à l'horizon.

Louis allait de surprise en stupéfaction.

Alors que la Cour de France paradait dans toute sa magnificence, celle d'Espagne avait piètre allure. Le roi Philippe portait un habit noir qui, de loin, lui donnait l'allure d'un corbeau. Près de lui, l'infante Marie-Thérèse rappelait, avec son costume brodé d'or, constellé de pierreries, cette vierge d'Andalousie, la Macarena, qu'on promène en procession ; elle ne se déplaçait qu'avec peine dans son énorme crinoline qui lui donnait, au moindre mouvement, l'apparence d'un arbre couvert de feuilles mortes, agité par le vent.

Elle n'était ni belle ni laide, cette petite infante : basse sur pattes, ronde de corps et de visage, une peau d'ivoire, des lèvres trop rouges et un peu fortes, des cheveux blonds légèrement cendrés. Insignifiante.

L'entrevue entre Philippe et sa sœur Anne, en l'île des Faisans, n'avait pas donné lieu à la moindre effusion. Ni sourire ni embrassade, une réserve superstitieuse de part et d'autre de la ligne imaginaire traversant la table des négociations. Un simple salut par une brève inclinaison de tête. Le corset du protocole serré à craquer. Ils ne s'étaient pas revus depuis quarante-cinq ans, et aucune fibre affectueuse ne vibrait en eux, d'autant que la guerre en avait fait des ennemis. Il ne leur restait que quelques années à vivre, mais ils avaient déjà une apparence de spectres : elle, obèse et rongée de rhumatismes ; lui dévoré par le mal de Naples contracté auprès d'une de ses favorites.

Brûlons les étapes pour en venir à la cérémonie nuptiale dont je n'eus les détails que par ouï-dire.

Elle se déroula à Saint-Jean-de-Luz, au début du mois de juin de cette année 1660. Privée de la présence de son père, désemparée, l'infante mourait d'inquiétude dans la demeure qu'elle partageait avec sa tante Anne, la reine mère, en l'absence protocolaire de toute présence masculine. Elle s'abîmait dans les bras de sa *camera mayor*, la Molina, en gémissant : *Ay... mi padre...*

Je tiens de Mme de Navailles, sa dame d'atours, la relation de la cérémonie en l'église Saint-Jean.

Pour la circonstance, Louis avait revêtu un habit de drap d'or orné de dentelle noire, sans le moindre colifichet. Il accéda au chœur, précédé du prince de Conti, Anne de Bourbon, frondeur repenti, qui avait épousé la demoiselle Martinozzi, une nièce que le Cardinal avait tirée de sa manche comme un magicien. L'infante venait ensuite, conduite par Philippe d'Orléans, Monsieur, frère du roi ; elle avait laissé dans sa garde-robe sa monstrueuse crinoline pour revêtir une toilette à la française : robe de velours violet, manteau semé de lys d'or, traîne longue de dix aunes tenue d'une main ferme par Mme de Navailles. Un diadème lui donnait la majesté dont son naturel était dépourvu.

Le cortège royal avait pénétré dans la basilique par une porte latérale que l'on allait, le soir même, maçonner afin que nul, plus jamais, ne pût l'emprunter. On avait édifié dans le chœur un autel monumental, fait d'une triple rangée de statues de saints en bois doré, surmontées d'un dais de velours viol et semé de lys d'argent.

Le souper réunissant le couple, la reine mère et les gens de la Cour eut lieu en public. Lorsque le roi, à la fin des agapes, prit la main de son épouse pour la conduire à la chambre nuptiale, elle se troubla, parut chercher autour d'elle une présence familière et bredouilla :

— *Es muy temprano, señor...* (Il est encore trop tôt.)

Pourtant, lorsque Louis l'eut abandonnée pour se rendre à sa toilette, elle dit à la Molina, en battant des mains, sa façon à elle de manifester son impatience ou sa joie :

— *Presto ! presto ! Que el rey me espera !* (Plus vite, le roi m'attend.)

La nuit nuptiale dut étouffer le protocole sous la courtepointe car, le lendemain, la jeune reine babillait comme une perruche en buvant son chocolat. Louis s'informa de la nature de ses propos. Une des suivantes l'informa que l'épousée ne regrettait plus d'avoir quitté son père, la Cour de Madrid, son pays même, et s'offrait sans restriction à l'époux qui l'avait traitée avec tant de délicatesse.

— Elle dit, ajouta la suivante, qu'elle souhaite que vous lui soyez toujours fidèle et ne la quittiez jamais.

— Eh bien, dit Louis, voilà d'excellentes dispositions ! Veuillez lui dire que je suis sensible à ses souhaits et que je ne la quitterai pas d'une brasse... du moins durant notre voyage vers Paris.

Rougissante de plaisir, l'ingénue battit des mains.

Le 15 juin, la Cour reprit la route de la capitale, accueillie dans chaque ville par des arcs de triomphe, des concerts, des spectacles et des festins, si bien que l'on n'atteignit Fontainebleau qu'un mois plus tard.

Passé Bordeaux, Louis se sentit du vague à l'âme. Alors que l'on approchait de Saint-Jean-d'Angély, il n'y tint plus. Marie ne lui ayant pas donné de nouvelles depuis des semaines, et pour cause, il souhaitait connaître les raisons de ce silence. Sa mère, à sa grande surprise, n'émit aucune objection : il allait simplement, lui dit-elle, faire ce voyage pour rien, l'oiselle ayant quitté le nid. S'il tenait malgré tout à son idée, elle se chargerait de fournir à la jeune reine, pour expliquer son absence, un prétexte plausible.

Accompagné d'une escorte de mousquetaires, Louis parvint, à la fin du jour, au pied de la forteresse, aussi avenante à cette heure qu'un mausolée. Les derniers vols de tadornes, de pluviers et de bécasseaux fusaient à son approche à travers les roselières des graux et les miroirs de sel, sur lesquels se couchait un gros soleil rouge.

L'étincelle métallique d'un mousquet scintilla dans un merlon et une voix brutale lui lança le « qui va là ? ». Louis dut se faire reconnaître pour avoir accès à la forteresse où sa venue déclencha un début de panique, Sa Majesté n'étant pas attendue.

— Contentez-vous, dit Louis, de préparer un souper et un lit pour moi et mes hommes. Je ne resterai que la nuit.

Il partit seul à travers des espaces de joncaille, sous un grand ciel mauve, face à l'océan qui dévorait ce qui restait du soleil à fleur d'horizon. Il poussa jusqu'à la grève, resta un moment assis sur le ventre d'une barque, à imaginer Marie et ses sœurs grattant le sable à la recherche des coquillages.

De retour à Brouage, il trouva table mise et prête la cellule qu'avait occupée Marie. Son repas pris, écrasé de fatigue, il s'apprêta pour la nuit. À la clarté d'une chandelle, il promena son regard sur les murs nus, maculés de salpêtre, comme pour y découvrir un message, et sur le mobilier sommaire où se lisait encore la trace de sa présence. Il ne restait, posé sur le dossier d'une chaise, qu'un ruban encroûté de sel, qu'il noua à sa ceinture.

L'hôtel de Beauvais était le meilleur poste d'observation dont on pût rêver pour assister à l'entrée du roi et de la reine dans leur capitale. Cette demeure élégante était occupée par la première femme de chambre de la reine mère, à qui avait échu l'honneur insigne de déniaiser Sa Majesté.

Dans l'impossibilité où elle était de se faire accompagner par le pauvre Scarron, Françoise me demanda de le suppléer, ce que j'acceptai de bon cœur. Je n'eus pas à demander mon congé pour la journée à maître Josse Badé : il avait, pour l'occasion, fermé boutique.

Le cortège royal devait pénétrer dans la capitale par la porte Saint-Antoine, pour accéder au Louvre.

Ce jour-là, le 26 août, des beaux quartiers aux îlots de la misère, Paris n'était qu'une fête. Le temps était lourd mais d'un azur profond. Tout ce que la ville comptait de musiciens et de saltimbanques avait pris place sur le trajet que devaient emprunter les souverains, la Cour et les notables. Les cloches carillonnaient de toutes parts. Des groupes accouraient par les rues adjacentes en chantant les couplets improvisés par des chansonniers. Sur les places où flottaient les drapeaux hérités de la Fronde, éclataient des fanfares. Alignés en cordons le long de la rue Saint-Antoine et au-delà, gardes royaux, soldats et mousquetaires bavardaient avec des filles en caressant leurs moustaches.

Les deux souverains et la Cour avaient passé la nuit à Vincennes pour prendre, au petit matin, la route de Paris au pas lent des attelages.

— Le cortège approche, me dit Françoise en me prenant le bras. Écoutez...

On pouvait entendre dans le lointain, au-delà de la Bastille, sourdre comme le ronflement d'un essaim d'abeilles, une rumeur faite de musique et de cris. Accrochée à mon bras, Françoise me laissait respirer le parfum montant de sa gorge découverte, celui que devait aimer M. de Villarceaux.

Nous avions trouvé place au premier étage, en compagnie de Mme de Beauvais, une matrone couperosée et volubile, M. de Montespan, personnage très sec, aux allures de cadet de Gascogne, et de son épouse, Athénaïs de Rochechouart de Mortemart. La reine mère se tenait au rez-de-chaussée, sur une estrade, entourée de la reine d'Angleterre, française d'origine, et de sa fille, Henriette, une gracieuse adolescente que l'on destinait au frère cadet du roi, Philippe d'Orléans : Monsieur. À l'étage supérieur, on avait installé, suite à je ne sais quelle intention perverse, Marie Mancini, et les autres nièces du Cardinal.

L'entrée des souverains aurait pu se comparer sans déchoir, par son faste et son ampleur, aux triomphes réservés aux empereurs de la Rome antique. Je renonce à décrire par le menu cette immense cavalcade de carrosses, de cavaliers et de piétons, où figurait tout ce que la capitale comptait de gentilshommes et de notables.

— Voici le roi ! s'écria M. de Montespan. C'est ce cavalier seul, qui précède le carrosse de la reine.

— Mon Dieu, soupira son épouse, qu'il est beau, et quelle majesté...

— Étincelant au soleil comme une idole..., murmura Françoise en s'accrochant de nouveau à mon bras.

Il faut dire que Louis prêtait à ce parallèle. Il maîtrisait en perfection sa monture, un bai brun d'Espagne à l'allure lente, coulée, sans un écart malgré la musique tonitruante, les décharges de mousquets et de pétards partant des sommets de la Bastille, et les ovations montant de la foule. Dans son costume tissé de fils d'or et d'argent, constellé de perles, sous son large chapeau empanaché de plumes blanches et rouges agrafées par un gros diamant, Louis donnait l'image d'un souverain d'Orient. Il passa si près de nous que je pus observer son visage aux traits réguliers, au nez un peu long, à la lèvre inférieure légèrement proéminente et un peu dédaigneuse, semblait-il, sous le simple trait à la mine de la moustache.

La reine Marie-Thérèse trônait dans un carrosse découvert, en forme de char, tiré à quatre chevaux danois caparaçonnés jusqu'aux canons de housses en brocarts d'argent et d'or, en chaîne et en trame.

Malgré les regards que, de temps à autre, le roi tournait vers elle, la pauvrette paraissait perdue dans ce tumulte.

Autour de moi, on s'extasiait sur sa tenue. Sa robe d'un noir profond, ornée de joyaux, contrastait avec la pâleur de son visage. Elle tenait accrochée de la main l'une des colonnes qui flanquaient le char, où s'entrelaçaient des fleurs de jasmin et des rameaux d'olivier. Derrière elle, un laquais la protégeait d'une large ombrelle.

— Eh bien, mesdames, dit le marquis de Montespan, que pensez-vous de notre jeune reine ?

— Je la trouve banale, murmura Mme de Beauvais d'un air pincé. Peu attirante, en vérité, et pas très *espagnole.* Elle a l'air d'une grosse chandelle prête à fondre.

— Vous êtes impitoyable, ma chère ! protesta Mme de Montespan. Je lui trouve, quant à moi, du charme, de l'innocence et du sérieux. Elle n'a rien d'aguichant, soit, mais si elle plaît au roi...

Nous nous refusâmes, Françoise et moi, aux commentaires, mais pour des raisons différentes. Si je me tus, ce fut pour ne pas paraître impertinent en livrant mon impression, qui n'était guère favorable, Françoise concentrait son attention sur un cavalier qui caracolait derrière le char royal, inclinait la tête en regardant dans notre direction et en portant la main à son chapeau. Elle éventait à petits coups sa gorge soudain palpitante, et point à cause de la chaleur. Je l'entendis balbutier :

— Mon Dieu... Villarceaux... si je m'attendais à le voir là...

Elle s'accrocha de nouveau à mon bras, me pria de trouver un coche de louage pour la ramener à son domicile. Elle était émue au point que, de tout le trajet, que nous dûmes faire à pied, malgré la canicule, elle ne dit mot. Arrivée à sa porte, elle m'embrassa.

— Mon petit Nicolas, me dit-elle, il faut me pardonner ce départ précipité. La santé de Scarron me donne du souci depuis quelques jours, et je ne puis le laisser longtemps sans ma présence.

Elle avait en tête d'autres soucis, et plus graves : M. de Villarceaux avait, depuis peu, amorcé une rupture avec elle et espacé leurs rendez-vous dans la *chambre jaune* de Ninon.

En me rendant, quelques heures plus tard, au rendez-vous dont Dorine et moi étions convenus, je me dis que l'histoire nous joue parfois des tours, à moins qu'il ne s'agisse du hasard. Elle avait, ce jour-là, rassemblé quelques femmes qui allaient marquer la vie sentimentale du roi : Mme de Beauvais, Marie Mancini, Mme de Montespan et Françoise Scarron qui, sur le tard, deviendrait son épouse morganatique. Il n'y manquait que Mlle de La Vallière et Mlle de Fontanges, le dernier amour de Sa Majesté.

En jouant des coudes à travers la foule pour me frayer un passage vers le lieu de mon rendez-vous, je maîtrisais mal un rire nerveux en constatant le caractère saugrenu de cet assemblage. Je l'ignorais encore, mais j'avais eu autour de moi quelques personnages de la longue aventure galante qui allait se développer au cours des années. Elle est tout entière, mais dispersée, dans ces mémoires, ces gazettes, ces opuscules qui constituent ma bibliothèque, dans le domicile campagnard où j'ai choisi de passer le restant de mes jours.

5

L'amour : années d'apprentissage

Cette année 1660 me fut défavorable à plus d'un titre. Deux êtres qui m'étaient chers allaient me quitter : Paul Scarron et Dorine.

L'infirme, de ses mains recroquevillées en forme de serres, s'accrochait encore à la vie, mais, à chacune des visites que je lui rendais, il semblait avoir descendu d'une marche la pente fatale. Grand amateur de célébrations orgiaques, il devait se forcer à avaler les bouillies grisâtres que lui présentaient ses trois femmes. Il les vomissait, s'écriant de sa voix grinçante qu'elles étaient trop chaudes ou trop froides, trop ou pas assez salées, en brandissant sa canne contre un ennemi invisible.

C'en était fini des réceptions, des soirées où s'épanchaient les plus brillants esprits du siècle, et même des séances de dictée. Il avait renoncé également aux séjours chez sa sœur car ce voyage le fatiguait.

Scarron ne souffrait d'aucune maladie précise, simplement de son âge et de son état. Jugés inopérants et peu ragoûtants, les bains de tripaille avaient été abandonnés. La seule thérapeutie qui lui fût sensible était la correction des épreuves de ses ouvrages et la lecture que lui faisait son épouse des gazettes et des livres nouveaux.

Un soir, Françoise me confia ses inquiétudes.

— Je crains que mon pauvre Scarron ne soit au bout du

rouleau. Je ne sais comment faire comprendre à ce mécréant qu'il doit remettre son âme à Dieu. Il a porté le petit collet dans sa jeunesse mais semble l'oublier, au point de ne tolérer la présence des prêtres que s'ils acceptent de partager ses goûts profanes pour la bonne chère et la paillardise. Comment lui proposer une confession et un retour vers le Créateur ? Quels mots employer pour ne pas le hérisser ? Nicolas, vous à qui notre malade confie volontiers ses états d'âme, voudriez-vous vous en charger ?

Cette corvée, quoi qu'il m'en coûtât, je ne pouvais m'y soustraire. Je ne pratiquais, comme Françoise, qu'une dévotion tiède. Scarron m'en soulagea, lors de ma première tentative, par ses bonnes dispositions.

— Approche, mon garçon, me dit-il. Plus près. Tu sais que j'ai du mal à m'exprimer et que je suis presque sourd. Tu me connais mieux que quiconque. Alors, je peux te le confier : mes jours sont comptés, peut-être mes heures. La mort est en moi. Elle m'envahit comme un squirre. Je sens ses crocs et ses griffes me ronger, la nuit surtout, au point que je suis surpris de me réveiller. Surpris et affligé, moi qui croyais en avoir fini avec cette chienne de vie...

Tenter de le rassurer sur sa longévité eût été illusoire. Je lui chantai à l'oreille le couplet que m'avait suggéré Françoise :

— Avez-vous songé à vous confesser, à recevoir le corps du Christ ?

Je m'attendais à une de ces charges contre les dévots, dont il nous abreuvait lors de nos agapes profanes. Il secoua mollement la tête, avec une grimace qui lui plissa le visage comme une vieille pomme.

— Tu sais mieux que personne, mon garçon, me dit-il, que j'ai banni la religion de ma vie, que j'en ai fait pour mes amis une image de carnaval. Mais, baste ! il faut bien sauver les apparences. Après tout, qu'on fasse ce que l'on voudra de la pauvre chiffe que je suis.

Il me parla avec un triste sourire des pamphlets qui présentaient sa mort prochaine comme le dernier acte d'une farce. Il les avait jetés dans la cheminée. Puis il me nomma le prêtre auquel il daignerait exposer sa confession.

J'ignore comment, pour mon vieil ami, se passa cette ultime épreuve. Lorsque je me présentai, le lendemain, je trouvai les trois femmes en larmes. Scarron s'était confessé et avait communié non sans quelques réticences, puis après avoir demandé un verre de vin, s'était assoupi pour ne plus se réveiller.

La semaine précédente, il avait eu une dernière satisfaction : la comédie qu'il m'avait dictée sur la terrasse de Fontenay, *Les hypocrites*, avait connu au Marais un succès flatteur. De cette pièce, Molière allait s'inspirer pour la meilleure de ses comédies : *Le Tartuffe*.

Scarron n'avait pas que des amis. Cyrano de Bergerac l'exécrait, lui reprochant un « idiome qui aboutissait à ne rien dire ». Boileau l'accusait de « faire parler au Parnasse le langage des Halles ». J'ignore comment la postérité le jugera. Son talent s'est trop longtemps vautré dans la provocation et l'ordure. Il s'est trop délecté à remuer la tourbe de la Cour et de la ville pour faire bonne figure dans le Parnasse des poètes patentés.

Sentant venir la mort, il m'avait dicté son épitaphe, un petit chef-d'œuvre d'humour funèbre, dont j'ai gardé la mémoire :

Celui qui maintenant dort
Fait plus de pitié que d'envie.
Il souffrit mille fois la mort
Avant que de perdre la vie.
Passant, ne fais ici de bruit
Prends garde qu'aucun ne l'éveille
Car voici la première nuit
Que le pauvre Scarron sommeille.

On lui fit des obsèques discrètes, à la tombée du jour, en l'église Saint-Gervais, le 7 du mois d'octobre.

Un autre événement tragique devait marquer pour moi la fin de cette même année.

Peu avant la mort du « pauvre Scarron », j'avais avec Dorine un de nos rendez-vous dans la chambrette que j'avais louée, après qu'elle eut donné congé à sa « tante ». Non seulement elle était absente, mais la pièce était chamboulée, comme fouillée par des argousins.

Malgré nos rapports tendus avec la voisine de palier, j'allai m'informer auprès d'elle de ce qui avait pu advenir. Elle prétendit n'avoir rien observé de fâcheux, sinon un remue-ménage auquel elle ne s'était pas mêlée. Elle était en proie à une telle gêne que je poussai plus avant ma curiosité. Elle finit par m'avouer, après que j'eus glissé un quart d'écu dans ses griffes, qu'un lieutenant de la Prévôté s'était présenté, accompagné de trois archers, pour se saisir de ma compagne. Elle n'en savait pas plus.

— Si vous voulez mon avis, me dit-elle, bon débarras ! Personne, dans cette honorable demeure, ne regrettera cette putain, à commencer par moi. Elle...

Ivre de fureur et de peine, je la pris à la gorge en m'écriant :

— C'est toi qui l'as dénoncée ! Avoue et je te laisse en paix, sinon...

— Ce n'est pas moi, je le jure ! glapit-elle.

Dans mon dos, une voix d'homme m'interpella.

— Laisse cette garce ! C'est bien elle qui a dénoncé ta compagne. Tout le monde pourrait te le dire dans cette maison. Si tu veux savoir où l'on a conduit ton amie, le mieux est de t'adresser à la Prévôté, le plus tôt que tu pourras. Il se peut qu'on lui offre sans tarder un voyage aux Amériques, aux frais de la Couronne.

Le lendemain, à la première heure, je m'absentai de mon travail pour me rendre à la Prévôté. Un scribe parcourut du doigt son grand registre et finit par trouver trace de Dorine.

— Votre protégée, me dit-il, a été conduite au dépôt avec d'autres prostituées. Vous ne pourrez pas la voir et il est impossible d'en sortir. Je vous déconseille de vous présenter : on vous prendrait pour son maquereau, et vous seriez embarqué illico.

D'ailleurs, à l'heure qu'il est, elle est sûrement en route pour Rochefort ou La Rochelle. Mille regrets, mon garçon.

Seul dans ma chambre, je dormis mal cette nuit-là. Des images de nos ébats me revenaient à la mémoire et m'obsédaient. Que Dorine fût une prostituée, comment nier cette évidence ? Pour moi, elle était autre chose : une maîtresse attentive, douce comme une sœur, jalouse des rencontres que je pouvais faire, ce dont je ne me privais pas, dans l'entourage de Scarron. Certains de ses propos me sonnaient dans la tête comme des répliques de comédie : « Un jour je renoncerai à me vendre... Si tu le souhaites, nous nous marierons... Je pourrai poursuivre ma carrière dans le théâtre ou travailler à domicile comme brodeuse... J'aimerais habiter une maison tranquille, dans les faubourgs... Je t'aime, Nicolas ! si tu savais comme je t'aime... »

Les grandes rafles de l'année 1657, qui avaient semé l'émoi dans le Marais, haut lieu de la prostitution, avaient repris de plus belle. Dans les gazettes, on parlait de ces malheureuses déportées, parfois des innocentes, de cette chiourme livrée aux coureurs de bois, aux pionniers, pour fonder une famille et faire souche dans la Nouvelle-France. Une fois embarquées, on ne parlait plus d'elles : elles étaient comme mortes.

J'allai me vider de mon tourment chez Françoise.

— Mon pauvre Nicolas, me dit-elle en me pressant contre sa poitrine, je vous plains sincèrement, car je sais que cette fille vous était chère. Reprenez-vous. Ce soir, ne restez pas seul. Je vous l'interdis ! Nous avons une partie de bassette. Vous n'aimez guère le jeu de cartes, mais cela vous changera les idées. Si vous le désirez, vous pourrez dormir chez moi.

Je restai souper mais ne pris que mon potage et un verre de vin. D'ailleurs, la chère était spartiate, car nous étions un vendredi. J'assistai à la partie de cartes sans y prendre part et tentai de lire, allongé dans le fauteuil où je finis par m'endormir.

Il était minuit passé lorsque la main de Françoise se posa sur mon épaule.

— Vous ne pouvez passer la nuit dans ce fauteuil, me dit-elle. Suivez-moi.

Elle m'aida à défaire mes vêtements et me fit allonger près d'elle. À travers mon demi-sommeil, je l'entendis gémir, collée à mon flanc.

— Vous avez vos ennuis, j'ai les miens. Qu'allons-nous devenir, vous sans votre maîtresse, moi sans mon époux ?

Je crois me souvenir qu'elle parla dans son sommeil du couvent où elle pensait se retirer. Au petit matin, elle m'éveilla alors que je dormais à poings fermés, afin que je fusse à l'heure à l'imprimerie.

Je craignais de ne pouvoir me concentrer sur le texte de Sénèque que maître Josse Badé m'avait confié : un dialogue intitulé *De la tranquillité de l'âme*. À peine m'étais-je saisi du composteur et avais-je commencé à picorer le garamond, je me sentis en parfaite harmonie avec ce texte, si bien que, par la pensée, je mêlais ma voix à cet entretien et y trouvai sérénité et réconfort. Comment expliquer cet état d'âme, sinon par la magie de l'écriture ? À peine exclu, et avec quelle violence, d'une liaison, j'entrevoyais déjà de m'engager dans d'autres aventures galantes. Il est vrai que j'étais jeune – moins de vingt ans ! – et dans la plénitude de tous mes moyens. Je me dis que ma sauvegarde était dans la recherche d'autres passions, et qu'elles glisseraient sur moi comme la pluie sur une plaque de marbre.

Dans l'atelier d'imprimerie, je n'entretenais pas les meilleurs rapports avec un de mes collègues, Joseph Maillard, adjoint au contremaître chargé de la presse à bras. J'avais espéré, sinon m'en faire un ami intime – nous n'avions guère d'affinités communes – du moins une fructueuse relation de métier. C'était un beau garçon, compétent dans sa partie, fort apprécié du maître et de la famille.

Pour Clémence, c'était le promis idéal. Il manœuvra sa barque avec une telle habileté qu'il n'eut aucun mal à se faire accepter. Un jour de mai, Mme Badé nous régala d'une belle noce, dans le jardin. Les deux jeunes époux paraissaient parfaitement s'entendre. Les choses se gâtèrent pourtant lorsque Joseph, imbu de sa nouvelle situation, prétendit régenter l'imprimerie à sa manière, qui n'était pas celle de son beau-père.

De plus, Joseph se montrait jaloux de moi, persuadé qu'il était que, si Clémence avait accepté de l'épouser, c'était à cause de la déception qu'elle avait ressentie de mon abandon, et qu'elle était encore éprise de moi. Lorsque, en sifflotant, il suspendait au cordeau les feuilles encore humides, il me suivait de l'œil, comme pour surprendre un échange de regards entre son épouse et moi. Cette méfiance, loin de m'inquiéter, m'amusait.

Il me dit un jour, d'un ton aigre :

— Tu crois que je n'ai pas surpris ton manège ? Tu es encore amoureux de Clémence, avoue-le !

Je protestai avec fermeté, mais sans me fâcher. S'il souffrait d'un sentiment de jalousie, je ne pouvais que m'en réjouir.

Avec le personnel, ce petit maître se comportait comme un tyran. Il avait persuadé son beau-père, dont la santé, avec l'âge, déclinait, de lui laisser les coudées franches, alors que l'atelier allait son train sans qu'il y eût rien à reprendre.

La situation prit une mauvaise tournure lorsque Joseph, de son propre chef, décida d'imprimer de ces publications que l'on se passait sous le manteau, ou que des colporteurs comme Petit-Jean vendaient sur les ponts. J'ai gardé quelques exemplaires de ces textes qui brassaient ordure et calomnie. Scarron avait inventé *La Mazarinade* ; cette littérature de ruisseau n'en était que le pâle reflet.

Maître Josse Badé le sermonna : il ne voulait voir sortir de sa presse que des œuvres *académiques*. Joseph rétorqua avec une magnifique assurance que l'imprimerie arrivait tout juste à joindre les deux bouts et que ces nouvelles publications lui apporteraient un sang neuf.

Il avait commencé à livrer des pamphlets impliquant quelques personnages de la Cour, lorsque nous reçûmes la visite d'un lieutenant de police. Il fit saisir ce qui restait de ces publications ordurières, apposa des scellés sur la presse à bras et conduisit maître Josse Badé au Châtelet, alors qu'il tenait à peine sur ses jambes.

Le malheureux ne survécut que quelques mois au déshonneur et à la ruine. Quant à Joseph, il partit avec Clémence pour Limoges, qui comptait quelques imprimeries de qualité, et où il avait de la famille.

Son Éminence le cardinal de Mazarin rendit à Dieu son âme pécheresse à quelques mois de ces événements, le 3 mars de l'année 1661. À deux années près, il était né avec le siècle. Digne successeur du cardinal de Richelieu, cet Italien s'était voué corps et âme à sa nouvelle patrie. Il l'avait sauvée de l'abîme où la poussait la Fronde et lui avait donné, par le mariage espagnol et la paix des Pyrénées, une nouvelle ère de prospérité.

Le puissant édifice de cette existence faite de fidélité et d'un travail incessant n'était pas sans lézardes. On reprochait au Cardinal, non sans raison, son népotisme et sa fortune : une trentaine de domaines, des bénéfices faramineux, une collection de joyaux et d'œuvres d'art... Il avait confondu les finances du royaume avec sa propre cassette. Les fournitures à l'armée, les pots-de-vin et toutes sortes de voleries en avaient fait un maître en matière de péculat. Seule la fortune du surintendant des Finances, Nicolas Fouquet, pouvait se comparer à la sienne.

Son népotisme n'était pas moins préjudiciable à sa réputation. Il avait peuplé la Cour de frères, de sœurs, de neveux et de nièces qui l'obligeaient à une constante vigilance pour étouffer les feux d'amour que cette engeance turbulente multipliait.

Je tiens d'une amie de Françoise, Marianne, sœur de Mme de La Mothe d'Argencourt, fille d'honneur de la reine mère et maîtresse épisodique du roi, des révélations sur la mort de Son Éminence.

Le Cardinal se trouvait à Vincennes, l'une de ses résidences favorites, quand il ressentit les premières approches de la mort. La goutte, dont il souffrait depuis des années, au point d'en avoir les genoux paralysés, était, selon ses médecins, « remontée à l'estomac », lui donnant des étouffements que l'on soignait par des clystères. Il n'avait plus de chair sur ses jambes et ne se déplaçait qu'allongé en litière. On évoquait à voix basse une collection d'autres maux : gravelle, hydropisie, abcès à la rate et au foie... Des cures à Barèges et à Dax, des bains de lait d'ânesse n'y firent rien.

À la fin du mois de février, il avait demandé à revenir dans son hôtel somptueux de la rue Neuve-des-Petits-Champs. Il avait fait le voyage sous une lumineuse pluie de printemps, dans sa litière capitonnée de maroquin et de velours de Gênes, aux vitres de cristal. Il avait fait venir ses coffres et ses malles, et murmurait, en plongeant ses mains dans les joyaux et en caressant les étoffes précieuses :

— Mon Dieu, quand je pense qu'il me faudra quitter tout cela...

Il le fallait : on n'emporte pas ses richesses au Purgatoire. Son médecin, Guénaud, lui avait donné deux mois de vie ; son agonie avait duré une semaine. Il s'était fait poudrer, farder et friser la moustache au petit fer. Entouré de la reine mère (sa *veuve*, disait-on), et de sa parentèle italienne, il avait murmuré :

— Ma famille, ma pauvre famille... Pardonnez-moi si je vous laisse dans le dénuement.

On avait entendu cette peste d'Olympe murmurer :

— Dieu merci, il va enfin se décider à crever...

Le défunt avait légué sa fortune au roi qui, pudiquement, n'avait accepté que les fameux diamants, les *Mazarins*, laissant à son ministre, Colbert, le soin d'encaisser cette manne providentielle et de la verser, en totalité ou en partie, dans la cassette royale.

Au moment de passer de vie à trépas, il avait murmuré entre deux hoquets :

— Ce sont les médecins qui m'ont tué... Sainte Vierge, ayez pitié de moi...

La joie déferla sur la capitale en apprenant la mort du Cardinal, que l'on rendait responsable de la guerre et de la misère. Poètes de rue et chansonniers s'en donnèrent à cœur joie, faisant un écho insolent aux *De profundis*.

Réduit au chômage, je ne restai pas longtemps à végéter dans cette condition. Mes relations avec Paul Scarron me permirent d'entrer au service de son imprimeur, maître Toussaint Quinet, pour un travail de correction qui me convenait parfaitement.

Gratifié d'un salaire convenable, je louai un modeste appartement rue des Vieilles-Poulies, au-dessus de l'étable d'une vacherie dont l'odeur me rappelait celle de la cambuse du Port-au-Foin.

La mort de l'écrivain n'avait pas interrompu mes visites à celle que l'on appelait la « veuve Scarron ». Elle se retrouvait sans famille ni fortune, son époux ne lui ayant laissé que des dettes.

— Je vais devoir quitter cette demeure, me dit-elle. Le loyer est désormais au-dessus de mes moyens. Une de mes amies, la maréchale d'Aumont, possède, à la Petite-Charité, un appartement où je vais installer mes pénates.

— Vous, Françoise, dans un couvent ?

— Un couvent, oui, mais rassurez-vous, mon ami, je n'ai pas l'intention, à vingt-six ans, de prendre le voile. Ce logis ne sera pour moi qu'un pis-aller, un refuge où je pourrai recevoir mes amis, parmi lesquels je vous compte. Cette « Maison des Vestales », comme on l'appelle, n'est pas le Carmel, et la place Royale, où il se situe, est proche de votre domicile.

Je m'informai du sort de Céleste, de Nanon et de M. de Cabart de Villermont.

— Céleste rejoindra Ninon de Lenclos au couvent des Madelonettes, et je garderai Nanon à mon service. Quant à M. de Cabart... Je vais peut-être vous surprendre : il s'est mis en tête de m'épouser ! Vous me voyez vivre avec ce vieux radoteur ? D'ailleurs il est souffrant, et je ne vais pas m'encombrer d'un autre malade... Il ira où bon lui plaira avec ses livres, ses cartes et sa sphère !

Françoise fit transporter à la Petite-Charité le mobilier dont elle refusait de se séparer et vendit le reste à l'encan. Elle me proposa de choisir, dans la bibliothèque de Scarron, les ouvrages qu'il me plairait d'emporter. J'en fis une ample moisson et ne m'en suis jamais séparé, notamment des belles éditions illustrées de Pétrone et de l'Arétin, annotées de sa main d'une écriture en coups de griffe.

Sollicité par Françoise pour répertorier et classer les nombreux manuscrits de l'écrivain, je me mis sans tarder au travail et fus sur le point de le regretter : c'était un fatras infernal, des centaines et des centaines de pages écrites à la diable, aux marges envahies de notes, de corrections et de croquis obscènes.

Françoise m'avait réservé, pour ce travail que j'accomplissais *gratis pro Deo*, un galetas éclairé par un jour de souffrance, ce qui, par temps gris, m'obligeait à travailler à la chandelle. Elle m'apportait du vin, des biscuits, et faisait mine de s'intéresser à ma tâche.

Comme je ne travaillais que le soir, en raison de mon gagne-pain, Françoise me conviait souvent à des soupers ou à des médianoches. Elle avait éliminé de son entourage les parasites du temps de Scarron, pour ne conserver que des relations utiles ou agréables. Je retrouvais dans cette assemblée des gens de condition qui, pour certains, avaient leur entrée à la Cour et lui en donnaient les nouvelles.

C'est de cette époque que je garde une manie dont je constate aujourd'hui, dans ma retraite campagnarde, les heureux effets :

noter, sur des calepins façonnés à l'imprimerie à l'aide de déchets, les grands et les petits événements de la Cour, de la capitale et du pays. J'ai songé à en faire une histoire ; j'ai préféré donner à ces notes la forme d'un récit, en y incluant mes propres aventures, sans le moindre esprit de forfanterie.

De Dorine, je n'avais pas de nouvelles et n'en attendais d'ailleurs pas, morte qu'elle était pour moi. Durant les semaines qui succédèrent à sa déportation, j'avais fait l'expérience d'une amère solitude.

Dans mon quartier du Marais la prostitution prospérait de plus belle, malgré la vigilance et les rafles de la Prévôté. Elle me proposait une tentation perpétuelle, que je satisfaisais dans la mesure de mes moyens.

J'avais renoncé à Béline, fille d'un regrattier de la rue Barbette, qui aidait à la traite des vaches, le jour où elle s'était mis en tête de m'épouser. Elle me faisait les yeux doux lorsque je la croisais dans la cour, harnachée du joug portant ses seaux de lait. Elle avait un minois agréable mais un corps en fagot d'épines. Elle ne fit aucune manière lorsque je la culbutai et la retroussai dans le fenil qui prolongeait mon logis, sur le même palier. Je m'en lassai vite, car elle était sotte, maniérée et portait sur elle des odeurs de bouse fraîche.

Je ne quittai Béline que pour garçailler autour des Blancs-Manteaux où, pour une poignée de sous, je me donnais pour la semaine l'illusion de l'amour. J'échappai par miracle à la grande vérole, en évitant les maries-salopes.

Au cours d'un médianoche animé par la faconde de la marquise de Sévigné, amie de Françoise, je fis la connaissance de Marianne, sœur d'Anne-Lucie de La Mothe d'Argencourt, ancienne maîtresse du roi.

Cette veuve n'était ni de la première fraîcheur ni d'une grande beauté, mais bien dégagée de la taille, ce qui lui donnait de l'agrément. Elle possédait un art incomparable, à l'égal de Mme de Sévigné, pour rapporter les ragots de la Cour.

Elle nous raconta comment sa sœur, alors au service de la reine mère, et passée depuis peu à celui de la jeune reine, avait failli devenir la favorite du roi.

Louis s'en était épris avant ses amours avec Marie Mancini. Anne-Lucie ne pouvait se comparer aux hétaïres qui tournicotaient autour du jeune souverain, mais elle avait de l'esprit et dansait fort bien dans les ballets de la Cour. Pour la rejoindre, au château de Saint-Germain, Louis n'hésitait pas à passer par les toits. Le jour où elle s'en aperçut, Mme de Navailles, en charge de la vertu des demoiselles d'honneur, s'en offusqua et fit poser des grilles aux fenêtres.

J'ai peine à imaginer Sa Majesté jouant les funambules, la nuit venue, pour rejoindre sa bien-aimée, au risque de se rompre le cou. Marianne m'assura qu'il ne s'agissait pas d'une affabulation.

Le déferlement à la Cour de la tribu des Mazarinettes mit un terme provisoire, pour Louis, à cette passion dangereuse. Il butina allègrement ces fleurs d'Italie, avant de fixer son choix sur Olympe puis sur Marie.

Délaissée cavalièrement, Anne-Lucie se vengea par des farces qui n'étaient pas du meilleur goût. Elle fit parvenir à l'infidèle un coffret plein de souris vivantes. Au cours d'un repas, elle jeta une grenouille dans l'assiette du roi. Alors qu'elle se trouvait dans la chambre de la reine mère, elle pinça le roi au bras, si fort qu'il la traita de « chienne » et menaça de la faire exclure de la Cour. On se contenta de la marier au duc de Vieuville.

— Et voilà que tout a repris..., soupira Marianne. Ma sœur a de nouveau les honneurs du roi. Combien de temps cela durera-t-il ? Elle l'ignore, et moi de même.

Françoise devait beaucoup à cette perruche de Marianne, et moi aussi, mais pour d'autres raisons. Elle intervint auprès de la jeune reine pour que la pension attribuée à Scarron lui fût maintenue. Ce coup de pouce n'était que le prélude à des faveurs d'une autre importance. Cette manœuvre était des plus délicates : pour la Cour, Françoise d'Aubigné n'était que la veuve Scarron, un personnage de noblesse insignifiante et, de surcroît, huguenote. L'insistance de Mme de Sévigné et de la maréchale d'Aumont était parvenue à vaincre ces réticences.

Quand je fis compliment à Françoise de cette victoire, elle hocha la tête d'un air grave.

— Je crains, me dit-elle, que cette faveur ne dure guère. Pour m'assurer de sa persistance, il conviendrait que je sois introduite à la Cour et que j'assiste aux parties de lansquenet de Marie-Thérèse. Pour cela, une seule solution : un beau mariage.

Dans nos entretiens, Françoise aimait promener ses mains sur mon habit, balayer d'un revers de main un cheveu sur mon épaule, picorer mes boutons du bout des ongles. Cette douce manie me mettait le feu aux joues. Mon trouble ne pouvait lui échapper, mais elle ne faisait que s'en amuser. Autant l'avouer, j'étais épris d'elle depuis ce jour lointain où je l'avais surprise en chemise, occupée à donner un clystère à Scarron, sans qu'elle parût s'offusquer de ma présence. Depuis, je me contentais de la couver des yeux, persuadé que je ne lui étais pas indifférent et espérant qu'un jour nos destinées se confondraient.

Ce qui me retenait d'avancer mon pion, c'étaient les sollicitations constantes dont elle était l'objet de la part des familiers qui fréquentaient le couple, moins pour lui que pour elle le plus souvent, persuadés qu'elle serait une proie facile. Elle réagissait à leurs avances avec dignité, sans se rebiffer. À ma connaissance, elle n'avait cédé qu'à M. de Villarceaux, mais il avait la beauté du diable et, bien que marié, menait sa vie galante à grandes guides.

J'ai conservé de cette époque quelques gravures, notamment celle qui la représente, dessinée d'après un portrait de Mignard, l'un des meilleurs artistes de ce temps. Elle avait la beauté discrètement opulente d'une Junon, mais avec une distinction rare, de la douceur dans son regard tendre et lumineux, et une bouche délicate. Elle avait déjà, en moins sévère, l'allure de la reine sans couronne qu'elle allait devenir.

Marianne de La Mothe n'avait rien des qualités de Françoise, mais elle savait me charmer par sa faconde volubile, son esprit affûté comme une lancette et la simplicité de ses manières.

Elle vivait son veuvage sans nourrir de regrets. À diverses reprises, elle m'avait laissé entendre qu'une aventure ne serait pas pour lui déplaire. Sans attendre une confirmation formelle de ses sentiments à mon égard, je répondais au jeu de ses jambes sous la table des repas par l'exploration d'un périgée de dentelle, de soie et de chair.

Un soir de février balayé par une mauvaise bise du nord, alors que Françoise était absente, Marianne me rendit visite dans mon galetas. Son manteau de grosse laine à capuche donnait à son visage les traits gracieux et enfantins d'une bergère. Elle parcourut les rayons d'un doigt léger, en chantonnant je ne sais quelle landerirette, me parla de son goût pour les livres d'Honoré d'Urfé et les voyages dans les astres de Cyrano de Bergerac.

— Ne prenez pas ombrage de mon bavardage, me dit-elle. Je ne fais que passer. Continuez, je vous en prie. J'étais curieuse de savoir à quoi vous travaillez. Avez-vous découvert la perle rare dans ce fatras ?

Je compris sans peine que sa visite avait un autre motif que celui qu'elle invoquait. Elle s'approcha de moi, fit glisser sa main de mon épaule à mes cheveux où ses doigts jouèrent de la fourche.

Je ne la laissai pas languir longtemps. D'un geste brusque, je la pris dans mes bras, puis, d'un revers de main, balayai ma chandelle, mon écritoire, les œuvres du pauvre Scarron, et la couchai sur la table qui craqua de tous ses aîtres.

— Que faites-vous, vilain garçon ? protesta-t-elle en martelant mes épaules de ses petits poings. Si Françoise nous surprenait...

— Vous savez aussi bien que moi qu'elle ne reviendra pas avant la nuit, et qu'elle nous donnerait sa bénédiction.

— En êtes-vous certain ?

J'en étais si peu sûr que je hâtai la manœuvre. Ses soupirs se muèrent en gémissements et ses gémissements en cris de souris prise au piège. Notre étreinte fut brève mais ardente. Elle prit son plaisir comme je pris le mien.

Nous eûmes par la suite de fréquents rendez-vous à son domicile, rue du Fauconnier, proche du couvent des Béguines, dont le chant nous parvenait pendant nos ébats. Je n'eus jamais à me plaindre de ses ardeurs ni de sa générosité. J'acceptai sans vergogne ses présents en bons écus, car elle n'était pas dans le besoin et que j'étais toujours à court d'argent, suite à mes prospections nocturnes dans les quartiers du plaisir.

J'ignore si Marianne se lassa de moi mais moi sûrement de cette bacchante possessive, jalouse et acariâtre qui me cherchait querelle à chacun de nos rendez-vous, au point d'ameuter le quartier.

Pauvre, désemparée, en proie aux affres de la solitude, Françoise s'efforçait de garder une apparence de sérénité et y parvenait assez bien. Quelques grandes dames, dévotes, précieuses ou libertines, l'invitaient encore à leurs salons en raison de son caractère accommodant et du bon sens qu'elle témoignait en toutes circonstances. Elle retrouvait chez la maréchale d'Albret quelques-unes de ces précieuses attardées sur lesquelles Molière allait se faire les griffes, chez Mlle de Scudéry des prudes qu'on appelait les « jansénistes de l'amour », et chez Sapho ou Mme de Suze, des dévergondées. Elle faisait son miel de leurs confidences, sans se mêler à leurs intrigues. Lorsqu'elle daignait m'en informer, je les notais sur mon calepin.

Au lendemain d'une soirée où des maladroits plus ou moins bien intentionnés lui avaient rappelé la médiocrité de sa condition, elle m'avoua qu'elle était lasse de cette existence qui n'ouvrait que sur des déboires et des désillusions.

— Du temps de Scarron, au moins, on ne s'ennuyait pas et personne ne se serait avisé de nous reprocher notre condition. Alors je crois bien que je vais quitter Paris, peut-être la France. Mme de Nemours m'a invitée à la suivre au Portugal. J'ai demandé une semaine de réflexion.

Sur le coup, j'en restai sans voix, incapable d'imaginer Paris sans elle. La profondeur des sentiments qui nous unissait m'apparut soudain avec une cruelle évidence, au point que je l'aurais suivie au Portugal ou en Chine pour peu qu'elle me l'eût demandé.

À tout prendre, pour une jeune et jolie veuve, mieux valait vivre dans l'aisance sur les bords du Tage que dans la gêne à Paris. Elle trouverait sans peine à épingler quelque marquis doré sur tranche qui la traiterait comme une reine. Pourtant, je soupirai d'aise lorsqu'elle m'annonça qu'elle renonçait à franchir les Pyrénées. Pour moi, dont le nom ne portait pas de particule, ce départ m'aurait rejeté dans l'anonymat dont j'étais issu.

6

Les plaisirs de l'île enchantée

La reine Marie-Thérèse se considérait comme la femme la plus heureuse du monde : elle avait un époux superbe et généreux et vivait un conte de fées qui se renouvelait chaque matin. Pour comble de bonheur, elle était enceinte.

Lorsqu'elle lui annonça la glorieuse nouvelle, sa duègne, doña Maria Molina s'évanouit de joie, ses demoiselles d'honneur firent une ronde, nains et naines dansèrent la séguedille. De pièce en pièce la nouvelle se répandit dans le Louvre et déborda dans Paris. Le soir, le roi lui donna tant d'amour qu'ils n'en dormirent pas de la nuit.

Louis lui avait juré de ne jamais abandonner le lit conjugal ; il tint sa promesse. C'était le plus ponctuel des époux, sinon le plus fidèle.

Au cours des soirées consacrées au jeu, Marie-Thérèse avait bien remarqué les regards et les attentions que son bel époux distribuait aux dames. Elle y attachait peu d'importance, certaine que le soir il serait tout à elle, même s'il rentrait tard, ce qui lui arrivait fréquemment. Lorsqu'elle entendait ses pas et sa voix, elle battait des mains.

Cette heureuse nouvelle ne venait pas seule. À quelques jours de là on célébra le mariage de Monsieur, Philippe d'Orléans, frère cadet du roi, avec Henriette-Anne, fille du roi d'Angleterre

Charles Ier et de la reine Henriette-Marie de France. Elle avait dix-sept ans et lui vingt.

Jusqu'au dernier moment on crut bien que cette union ne se ferait pas.

Le navire partit de Portsmouth par un temps favorable, en une saison qui l'était moins. Le gros temps le jeta à la côte où il s'ensabla. On parvint à le remettre à flot, mais il fallut mouiller l'ancre dans un port voisin et attendre le vent favorable. La jeune princesse en fit une fièvre tierce à la suite d'un accès de rougeole. Pour comble, alors que le navire touchait terre au Havre, une querelle éclata entre l'amiral et le duc de Buckingham, un gentilhomme chargé de la sécurité de la princesse, jaloux qu'ils étaient l'un de l'autre.

Ce mariage faisait rire sous cape. Chansonniers et poètes burlesques s'en délectaient. Le château de Philippe, à Saint-Cloud, avait été baptisé de noms évocateurs de la nature ambivalente de son propriétaire : le « Bordel du Prince » et le « Palais du roi de Sodome ». Au demeurant, Monsieur faisait, à la guerre comme dans le lit des dames, figure de héros à l'antique, ce dont son frère le roi était jaloux.

Il avait été déniaisé dans sa prime jeunesse, mais pas, comme Louis, de la façon la plus naturelle. En confiant son éducation à l'abbé de Choisy, sa mère n'avait pas fait le bon choix : ce prélat s'habillait en femme et faisait sauter son élève sur ses genoux. Lorsque je vis Philippe, quelques mois plus tard, lors du carrousel qui célébrait la naissance du Dauphin, j'en restai confondu. Ce petit homme ventripotent, juché sur des sortes de cothurnes, était fardé comme une courtisane et coiffé d'une énorme perruque poudrée.

Je me dis que la pauvre Henriette, devenue Madame, allait connaître bien des désillusions. Cette princesse que son père appelait Minette et son nouvel entourage la « Bergère d'Angleterre », allait devenir, à peine débarquée au Louvre et aux Tuileries, l'âme de la Cour. Pas de fêtes auxquelles elle ne parût, de ballet où elle ne dansât, de parties de cartes où elle ne figurât.

Le comte de Guiche s'était épris d'elle et la courtisait, mais elle n'avait de regards que pour le roi, son beau-frère.

Ce qui me frappait en elle, c'était son extrême maigreur, au point qu'on eût pu voir à travers elle la flamme d'une chandelle. En revanche elle charmait par sa gentillesse et l'originalité de ses manies, comme de se baigner nue, entourée de ses demoiselles, dans les bassins de Fontainebleau ou de Saint-Germain.

Ce n'est pas une véritable passion qui poussa Louis vers sa belle-sœur. Elle le changeait agréablement de ses coucheries mornes et convenues avec Marie-Thérèse. Leurs promenades, à la tombée de la nuit, se terminaient souvent dans des chambres d'amour : tonnelles ou charmilles.

Ce bardache de Philippe vouait à son frère, depuis l'enfance, une grosse affection. Il n'empêche, l'amourette dont on se gaussait l'humiliait et lui restait sur le cœur. Il marqua de la rancœur à Louis et lui demanda de mettre fin à cette liaison scandaleuse.

— Vous feriez mieux, lui répondit son frère, de vous en prendre à ce bellâtre de Guiche qui, lui, est amoureux fou de votre épouse. Et puis, que diable ! si vous ne pouvez la satisfaire, laissez-en à d'autres le soin.

Il révéla à Philippe, sous le sceau du secret, que, s'il se présentait fréquemment chez Henriette, ce n'était pas pour s'attirer ses faveurs mais celles de l'une de ses demoiselles : Louise de La Baume Le Blanc.

— Vous vous moquez ! s'écria Philippe de sa voix de fausset. Elle est laide, effacée et, de plus, elle boite !

— Cela se remarque à peine, surtout sous la couette.

— Il n'empêche, mon frère : votre choix ne laisse pas de me surprendre. Enfin, grand bien vous fasse...

Philippe ne sut garder cette confidence par-devers lui. Il la confia en premier lieu à son épouse, qui en informa la demoiselle, laquelle en rougit de confusion en se disant que l'on se moquait d'elle.

Monsieur avait raison : cette fille, qui avait l'âge d'Henriette, n'était pas un morceau de roi ; une maigreur de chevrette, un visage marqué par la petite vérole, une bouche large, des paupières lourdes sur un regard d'un bleu de pervenche. De plus, sa robe dissimulait mal sa boiterie...

L'attirance que le roi éprouva pour cette fille disgraciée demeure pour moi, comme pour beaucoup d'autres, un mystère. Ce qui est certain c'est qu'il tomba dans le piège qu'il avait imaginé pour dissiper les soupçons de son frère. Fut-il séduit par « cette grâce plus belle encore que la beauté », comme disait La Fontaine ? Il l'avait à peine remarquée auparavant dans l'entourage de Madame, et il est probable qu'elle fût, sans cet incident, restée dans l'ombre de sa maîtresse avant d'être jetée en pâture à un vieillard.

Afin de donner une apparence de réalité à son artifice, Louis se fit présenter la donzelle et l'invita même à une promenade dans le jardin des Tuileries. Il fut sensible à sa timidité et à son innocence, plus, sans doute, qu'à son physique. Henriette en conçut une jalousie qui lui fit détester le roi, Monsieur, la Cour, le monde entier. Eh quoi ? Louis prétendait l'aimer et lui préférait ce serpent qu'elle cachait, pour ainsi dire, dans son sein !

Elle s'en prit à son amant, lui reprocha son *infidélité*. Il le prit de haut et trouva la parade.

— Comme vous y allez ! Une *infidélité*... Allons, avouez-le, madame, si vous avez feint d'être éprise de moi, c'était pour faire endêver ce pauvre comte de Guiche et le forcer à se déclarer ouvertement. Eh bien, ne le faites pas languir plus longtemps...

On peut se perdre dans cette comédie. Il reste que Louise devint, peu après cet incident, la favorite de Sa Majesté.

Françoise, quelques années plus tard, eut des rapports étroits avec elle. Elle me disait :

— Au début, rien ne laissait présager que Louis pût s'enticher de cette demoiselle. La Cour n'attendait pas une suite à cette aventure galante. Il fallut pourtant se rendre à l'évidence : il s'agissait non d'une passade mais d'une passion.

La nouvelle favorite apportait au roi, dans l'affaire délicate qui l'agitait, la disgrâce de Nicolas Fouquet, une agréable diversion.

Le surintendant des Finances, l'un des gentilshommes les plus fortunés du royaume, avait entre autres défauts une insupportable vanité et le goût de l'ostentation. Une double bévue causa sa perte : faire construire, à Vaux-le-Vicomte, près de Melun, un château d'un luxe insolent et y inviter le roi. Pour la circonstance, il avait organisé une de ces fêtes que l'on qualifie d'inoubliables. Louis, en faisant mine d'admirer, sentit la rancœur monter en lui.

Au retour, dans le carrosse qu'il partageait avec cet autre ministre, Jean-Baptiste Colbert, il laissa s'épancher sa mauvaise humeur.

— Fouquet s'est montré imprudent et insolent. S'il croit me narguer par l'étalage de sa fortune, acquise de la manière suspecte que nous savons, il me le paiera cher. Qu'en pensez-vous ?

— Je partage votre avis, sire. Il est allé trop loin.

— C'est un personnage redoutable, fertile en expédients, mais nous lui ferons rendre gorge. Vous m'y aiderez.

— Sire, je suis votre humble et obéissant serviteur...

Le roi avait envers son surintendant un autre motif de vindicte, que me révéla Marianne de La Mothe. Pour la détacher du roi, il avait proposé à Louise de La Baume une fortune contre ses faveurs. Une faute plus impardonnable encore que la précédente.

Colbert ne se fit pas faute d'obéir au roi. Il lança ses limiers sur les pistes tortueuses de Fouquet. Ils mirent peu de temps à le débusquer et à révéler les origines plus ou moins licites de sa fortune. Dès lors, l'affaire était dans le sac. Au début du mois d'août de cette année 1661, Nicolas Fouquet était arrêté par le sous-lieutenant des mousquetaires du duc de Nevers, Charles d'Artagnan, embastillé, puis, après un long procès, condamné au bannissement perpétuel à la forteresse de Pignerol, dans les Alpes, à la frontière de l'Italie, où il finit ses jours.

Ce fut la première mesure autoritaire du roi. Elle allait faire une forte impression dans le peuple, en montrant que, derrière les images futiles de ses amours et des ballets où il apparaissait costumé en soleil, se révélait un véritable monarque.

Louis était passionné par le spectacle des ballets, autant ou presque que par ses aventures galantes. Il apparaissait sur la scène en divinité solaire, entouré de déesses et de nymphes : Henriette, Louise, Olympe... En juillet de cette même année, à Fontainebleau, on le vit danser dans le *Ballet des quatre saisons.* Louise, sa partenaire, apparaissait dans le rôle de la nymphe Iris, ennuagée d'étoffes vaporeuses, sur des vers du poète Benserade :

Cette beauté depuis peu née
Ce teint et ses vives couleurs
C'est le printemps avec ses fleurs
Qui promet une bonne année...

Si l'on en croyait cet hommage médiocre, le roi était promis à une année radieuse, et à quelques autres.

Certains s'interrogeaient : qui était la reine, celle qui en portait le titre ou cette adolescente embellie par les fanfreluches du ballet et par l'amour ?

Tandis que Marie-Thérèse promenait orgueilleusement une grossesse généreuse, que Marie Mancini, le cœur en berne, préparait ses bagages pour l'Italie où l'attendait le connétable Colonna, Louis et sa favorite chevauchaient allégrement dans les allées de Fontainebleau.

Le roi confiait à ses proches :

— Louise est la première des filles ou des femmes que j'ai connues qui m'aime pour moi-même et n'a pas d'autre ambition. Tout lui est indifférent de ce qui n'est pas nous. Je lui offre des cadeaux ? elle les refuse ou ne les accepte qu'avec des réticences. Si je dépose quelque argent dans sa cassette, elle cherche à qui le distribuer. Lui demanderais-je de se jeter à la Seine, elle n'hésiterait pas...

Mme de Saint-Aignan aurait pu en dire plus de leurs amours : elle leur prêtait sa chambre du Louvre.

C'est au lieu dit Versailles, plus qu'à Saint-Germain ou à Fontainebleau, loin de la cohue, que le roi aimait conduire Louise. À quelque temps de la chute de Fouquet, il avait pris la décision de faire construire à cet endroit un château qui, par son ampleur et sa richesse, ne souffrirait pas de la comparaison avec celui de Vaux-le-Vicomte. Il associait volontiers sa favorite à ce projet.

Les carrosses et leur escorte de mousquetaires traversaient pour s'y rendre des immensités de forêts, de guérets et de marécages. Cet endroit n'était alors qu'un village proche du pavillon de chasse construit par le père du roi, Louis XIII, un « château de cartes » où il se rendait en compagnie de sa favorite, Marie de Hautefort. Cette bâtisse ressemblait étrangement, par son architecture, aux constructions entourant la place Royale : pierre, brique, ardoise, mais était quasiment à l'abandon. Quant au village, il se composait de quelques chaumières entourant une pauvre église, de cabarets, d'un moulin et d'une pêcherie où grouillaient dans les roselières canards et sarcelles. Aux alentours, un parc sauvage servait de terrain de chasse.

Le roi avait onze ans lorsque, pour la première fois, on le mena chasser en ces lieux, en compagnie du Cardinal et de Philippe. Ils garnirent leur gibecière de palombes, de canards et de lièvres. L'endroit leur parut agréable, malgré l'éloignement de la capitale. Il est vrai que c'était le printemps. Louis s'était promis d'y retourner puis avait oublié.

Les images de Versailles lui revinrent en mémoire, après l'incarcération de Fouquet. Il s'y rendit en compagnie du jardinier Le Nôtre, des architectes Le Brun et Le Vau, ainsi que de Louise.

— Que pensez-vous de cet endroit ? demanda-t-il à ses invités.

Ils se concertèrent du regard, haussèrent les épaules. Ma foi... heu... pas grand-chose...

— Il faudrait, dit Le Nôtre, un coup de baguette magique ou des millions de livres pour bâtir *ex nihilo* un château et réaliser un parc dans cette fange. Certes, l'horizon est vaste et cet étang, une fois bien dégagé, pourrait constituer une pièce d'eau agréable pour y pêcher la carpe. Mais, sire, vous trouveriez, sans chercher beaucoup, d'autres lieux moins éloignés de Paris et tout aussi convenables pour votre projet.

La baguette magique ? Louis l'avait dans sa ceinture. Les millions de livres ? la paix revenue permettrait de les trouver. Le Brun se perdait en conjectures. Le Vau ne voyait rien d'autre en cet endroit malsain qu'un terrain pour la chasse.

— Et vous, Louise, quel est votre avis ?

— Sire, vous le savez, je vous suivrais au bout du monde si telle était votre volonté, mais pourquoi ne pas vous contenter de ce pavillon ? Il a belle allure et, aménagé avec soin, pourrait devenir une résidence fort plaisante.

— Ce n'est pas d'une résidence dont je rêve, dit le roi, mais d'un château ou d'un palais. Un palais pour vous. Un palais pour nous...

Quelques mois plus tard, une équipe de quelques centaines de terrassiers ouvraient le chantier.

Tandis que Sa Majesté élaborait des projets autour du pavillon de chasse de Versailles, Marianne de La Mothe et moi nous donnions du bon temps à Paris. Elle suppléait l'ingratitude de sa nature, son mauvais caractère et son appétit charnel immodéré par son esprit et les nouvelles qu'elle me rapportait de la Cour, dont je faisais mon profit.

Mon logis de la rue des Vieilles-Poulies lui plaisait pour les odeurs de foin qui l'imprégnaient, et malgré celles du fumier, qui lui rappelaient sa jeunesse campagnarde. J'étais quant à moi plus à l'aise dans son propre appartement, plus attrayant, et où les tentures étouffaient le tapage de ses effusions.

Elle me proposait de temps à autre, le dimanche, de la chaperonner pour des promenades chez ses amis, les Montchevreuil, possesseurs d'une aimable gentilhommière des bords de Seine. Nous y passions, à la belle saison, des journées entières à baguenauder dans les champs, à nous promener en barque sur le fleuve, et, en hiver, à disputer des parties de cartes devant un feu de bois.

Au cours de ces aimables sorties, il nous arrivait de retrouver un couple original et de commerce agréable, qu'on appelait les Montespan bien qu'ils ne fussent pas encore mariés.

Françoise Athénaïs de Rochechouart-Mortemart, issue d'une vieille et illustre famille du Limousin, était une de ces beautés de province qui font mentir l'adage selon lequel on ne trouve belles femmes et bons becs qu'à Paris. Empreinte d'une vénusté rayonnante et d'un esprit acéré, elle était aussi généreuse en câlineries envers les hommes qu'elle pouvait être perfide, agressive et vindicative avec les femmes. Son mari, Louis Henri de Pardaillan, marquis de Montespan, grand seigneur de Guyenne, sec et brun comme un vieux pruneau de sa province, était amoureux de son épouse et terriblement jaloux. À la Cour, où il se déplaisait, il parlait peu, à cause de son accent. Ils ne nous épargnaient pas leurs scènes de ménage qui tournaient à la comédie et nous divertissaient.

J'avais rencontré ces deux personnages sur le balcon de l'hôtel de Beauvais, lors de l'entrée du roi et de la reine dans Paris. Ils n'avaient retenu mon attention que par la nature insolite de leur couple et les réflexions acerbes dont elle brocardait les gens qui défilaient sous nos yeux.

Au cours de ces entrevues, en l'observant, je soupçonnais la belle Athénaïs d'être dévorée d'ambition et prête à tout pour la satisfaire. Son mari, en revanche, ne semblait avoir rien de plus pressé que de retourner dans ses vignes, dont il parlait avec passion. « Voilà, me disais-je, un couple si mal assorti que le moindre vent risquerait de le disloquer... »

Françoise nous accompagnait parfois dans ces aimables équipées, toujours flanquée de Nanon Balbien, cette grande tribade rieuse, vulgaire dans son allure et ses propos, mais d'un dévouement à toute épreuve. Cette mauvaise langue de Marianne m'assurait qu'elles se consolaient ensemble, l'une de son veuvage, l'autre de son célibat, ce dont je n'eus jamais de preuve formelle.

Nous eûmes à deux ou trois occasions la visite, chez les Montchevreuil, de M. de Cabart de Villermont, mais il passait son temps à dormir ou à lire, si bien qu'il ne fut plus invité. J'étais une des rares relations qui lui fussent restées fidèles. Lorsque je lui rendais visite dans sa tanière, une bouteille de bon vin dans ma poche, il me parlait de son nouveau dada : les îles Salomon et Tahiti, où, vieux, malade et désargenté qu'il était, il ne désespérait pas de se rendre.

Françoise avait appris avec une consternation mêlée de colère l'arrestation de Nicolas Fouquet.

Il les avait invités, elle et Scarron, au château de Vaux et les avait traités comme des princes. Il avait un peu courtisé Françoise à qui son épouse, Marie-Madeleine de Castille, avait proposé de devenir sa dame de compagnie. Elle eût peut-être accepté, mais Scarron y avait mis le holà : il avait trop besoin de ses services.

— Le roi a commis une mauvaise action, me dit-elle. Ce qu'il a reproché, en somme, au surintendant, c'est d'être plus fortuné que lui. Mais en est-il un, parmi ses ministres, qui n'ait pas commis de malversations et ne se soit pas enrichi au détriment du pays ? Le Cardinal en premier, et tant d'autres sommités de l'Église avec lui... J'ai la conviction que Colbert l'a encouragé dans cet acte injuste et malveillant, avec l'espoir de se faire attribuer le titre de surintendant des Finances.

— Allons donc ! répliquai-je avec vivacité. Fouquet n'a que ce qu'il mérite. Il a poussé l'impudence jusqu'à tenter de séduire la favorite de Sa Majesté, en lui faisant miroiter ses écus ! Souvenez-vous : il a fait de même avec vous, Mme de Sévigné et quelques autres dames. Cet homme se croyait tout permis.

— J'en conviens, mais il n'empêche. À mon tour de vous rappeler qu'il a proposé au roi de lui offrir son château. Si Louis avait accepté, cet ambitieux de Colbert serait resté le bec dans l'eau. Il mérite bien son nom, cet intrus : Colbert... couleuvre... Une couleuvre avec des crochets de vipère.

Après ses incarcérations à Angers, sa ville natale, à Vincennes et à la Bastille, Fouquet était, dit-on, devenu méconnaissable : il avait maigri, avait mis des cheveux blancs et semblait vouloir se laisser mourir à petit feu. Son procès l'avait revigoré, car il lui avait permis de démontrer qu'il n'était pas le seul à pratiquer le péculat, mais ses juges s'étaient montrés impitoyables. Il n'avait échappé à l'exécution capitale que pour un supplice plus atroce.

Marianne m'apprit qu'entre le roi et la reine le torchon brûlait.

Il faut dire que les rapports de Louis avec sa favorite manquaient de discrétion. Au cours des soirées consacrées au jeu, il la faisait placer à sa droite ; il lui réservait des hommages chaleureux, la couvrait de cadeaux qu'elle faisait mine de refuser mais dont elle se vantait. Comme tout se sait à la Cour, où le moindre ragot est accommodé de mille façons différentes, la pauvre Marie-Thérèse fut vite informée de son infortune et en pleura dans son chocolat.

Une lettre rédigée anonymement, dans un mauvais espagnol, par Olympe, avec la complicité de Guiche et de son ami Vardes, mit le feu aux poudres. La Mazarinette ne pouvait se consoler, même après son mariage avec le comte de Soissons, qui, dit-on, était vieux et fort déplaisant, de l'échec de ses ambitions.

Ce courrier, censé émaner de la Cour d'Espagne, révélait sans ambages à la pauvre reine l'inconduite de son époux. C'est la Molina qui en eut connaissance la première. Flairant la supercherie, elle apporta ce « paquet mal ficelé » à la reine mère qui le fit lire au roi. Il lut le billet, rougit, blêmit, le froissa et le défroissa avant de le glisser dans sa poche.

C'est par le rapport que lui en fit sa *camera mayor* que la petite reine fut informée de l'affaire.

— Cette manœuvre, dit le roi, est cousue de fil blanc ! Les coupables seront dévoilés et punis sévèrement.

— Je le souhaite autant que vous, mon fils, dit la reine mère, mais il n'appartient qu'à vous de faire cesser le scandale : en cessant de vous montrer avec cette péronnelle boiteuse ! Croyez-vous que votre épouse ne soit pas informée de votre comportement ? Il faudrait qu'elle soit aveugle et sourde ! Il y a quelques jours, en vous voyant déambuler sous ses fenêtres avec cette fille, savez-vous ce qu'elle a dit à Mme de Motteville ? « Cette *poute* qui porte des pendants d'oreilles en diamant est aimée du roi... » Étonnez-vous, après cela, de la trouver en larmes ou en train de bouder !

Dans les premiers jours de novembre de l'année 1661, Marie-Thérèse donna naissance à un garçon, le Dauphin, auquel on donna le prénom de son père. Les couches, laborieuses, eurent lieu à Fontainebleau. Dans tout le pays, on avait ordonné des prières publiques pour que ce fût un garçon. Le Ciel les exauça.

Après s'être confessé et avoir communié, le roi ne quitta pas le chevet de son épouse. Entre les gémissements et les cris de la parturiente, il l'entendit murmurer qu'elle voulait mourir. Le médecin, Boucher, le lui évita. On confia l'enfant à Mme de Montausier.

La bonne nouvelle à peine annoncée à sons de trompes, ce fut, dans la capitale, puis dans tout le pays, un déferlement de joie. Il en est toujours ainsi à la naissance d'un enfant mâle. Il porte en lui tant d'espoirs que les souvenirs de la guerre et de la misère sont balayés. Ses premiers vagissements sonnent comme un alléluia.

Le roi, dans les jours qui suivirent cet événement, ne quitta pas l'accouchée plus d'une demi-journée, pour vaquer à ses affaires plus qu'à ses plaisirs. Le bruit courut qu'il avait renoncé à sa favorite, mais rien ne le confirmait, jusqu'au jour où l'on apprit qu'elle s'était retirée de son propre chef au couvent de Chaillot, un lieu suffisamment proche de Paris pour que son amant pût la rejoindre dans le plus bref délai s'il en manifestait l'intention.

Informé de ce qu'il considérait comme une fugue, il se présenta aux grilles du couvent dans l'heure qui suivit. Louise fit quelques coquetteries avant d'accepter de le recevoir et se fit prier lorsqu'il lui demanda de reprendre sa place à la Cour.

— À quoi bon, sire ? Personne, hormis vous, n'y souhaite ma présence. Je suis lasse de l'adversité qu'on me témoigne, des compliments mensongers, des chausse-trappes...

— Ma chérie, faut-il vous rappeler que je suis le maître et

que je ne tolère aucune insolence à votre égard. Par Dieu ! si l'on vous manque de respect, je sévirai, sans excepter personne.

Louise dut se dire qu'il devait être bien épris d'elle pour braver ainsi la Cour, la Terre et le Ciel. Dans le carrosse qui les ramena à Paris, il lui promit une maison, avec des demoiselles d'honneur et des domestiques, un hôtel : celui de Brion, proche du Palais-Royal, et un domaine : celui de La Vallière, qui ferait d'elle, au cours des cérémonies, une duchesse à tabouret.

Elle se garda de refuser ces biens et ces honneurs, mais crut bon d'ajouter, après des remerciements émus:

— C'est trop, sire ! Il me suffit que vous me gardiez votre amour.

Elle dut se dire qu'à la réflexion les deux n'étaient pas incompatibles.

Un complot ne tarda pas à se nouer autour du roi pour l'inciter à rompre cette attache jugée indigne de la personne royale.

Lorsque, à quelque temps de là, il tomba malade d'une mauvaise fièvre, des dames se succédèrent à son chevet pour tenter de lui faire oublier sa favorite, ainsi que Mme de Chevreuse, qui, dit-on, était « le tombeau des plaisirs après en avoir été le temple », Mme de Luynes, réputée la plus ravissante et la plus ardente des hétaïres de la Cour, Mme de Soubise, dont on disait, pour traduire son goût de la *chosette*, que ses yeux « allaient chaque jour à la petite guerre »... On vit même se présenter la princesse Marie-Anne de Bavière, un « monument de femme », « grande statue et monceau de neige ».

Le roi fit grise mine à ces candidates trop empressées et attendit des nouvelles de Louise. Il embrassa le billet qu'elle lui adressa avec cette conclusion pathétique : *Pourquoi, si vous m'aimez, ne me vouloir point voir ? Envoyez-moi quérir demain, si mon inquiétude me permet de vivre jusque-là...*

Louise, depuis peu duchesse de La Vallière, prenait petit à petit conscience du pouvoir qu'elle exerçait sur son amant. Elle marchait la tête haute, ne manquait aucun des ballets où figurait Louis, se conduisait dans ce petit palais qu'était l'hôtel de Brion comme une grande dame, changeant de meubles comme de chemise et faisant réaliser son portrait par des peintres célèbres.

La Cour commençait à manifester de l'intérêt pour la belle Athénaïs. Elle s'y insérait à petits pas, en se gardant d'en faire de faux, et nous informait de ses progrès, pour ainsi dire au jour le jour.

Françoise ne l'aimait guère et ne me cachait pas ses sentiments.

— J'ai flairé depuis quelque temps en elle une ambitieuse de la pire espèce, me dit-elle. Je n'ignore pas ce qu'elle convoite. Lorsque le roi se lassera de Mlle de La Vallière, ce qui ne saurait tarder, elle se portera au premier rang, quitte à jouer des coudes. Comme elle est plus belle, intelligente et rouée que les dindes qui entourent le roi, je miserais volontiers une fortune sur elle.

Plus Athénaïs progressait dans sa manœuvre, plus elle prenait de distance avec nous, soit que nous ne lui fussions d'aucune utilité, soit que notre compagnie lui parût dépourvue d'intérêt. M. de Montespan ne lui emboîtait le pas qu'avec réticence, redoutant de la voir se perdre avec lui dans ce marécage.

Autant que sa beauté et ses titres de noblesse, c'est son esprit qui attira l'attention du roi. Son génie de l'insolence lui faisait plus d'amis que d'ennemis, les gens de la Cour ne s'aimaient guère les uns les autres. Qu'ils eussent trouvé un paladium leur convenait.

— Savez-vous, ajouta Marianne, que certains courtisans évitent de la rencontrer pour ne pas essuyer les salves dont elle les accable et que l'on se transmet de bouche à oreille ? On dit qu'« elle les passe par les armes ». Le roi s'en amuse, mais il est encore trop attaché à sa favorite pour porter ses regards ailleurs.

Tandis que le carrousel organisé en l'honneur du Dauphin déployait ses fastes, deux jours durant, entre le Louvre et les Tuileries, la disette, dans le pays, tournait à la famine. Dans le Bourbonnais notamment, où la population s'était révoltée contre les collecteurs d'impôts, la répression avait été foudroyante et le sang avait coulé.

À cette fête grandiose, ce n'est pas à la reine qu'on s'intéressa le plus, mais à la duchesse de La Vallière. Le roi la fit placer au premier rang pour assister à la cavalcade. Monsieur paradait en roi de Perse, le prince de Condé en sultan, le duc de Guise en chef indien et le duc d'Enghien en empereur romain. Paris réclamait du pain ; on lui offrait un divertissement.

Les images que j'ai conservées de cette époque présentent un étrange contraste. D'une part une Cour adulant un Roi-Soleil digne des Incas ; de l'autre des malheureux affamés creusant le sol pour se nourrir de racines. Chaque jour, la police devait intervenir pour étouffer des émeutes dans les quartiers de la misère.

La raréfaction des denrées, des céréales notamment, et l'absence d'échanges entre les provinces nous mettaient dans la gêne. Lorsque des chargements de pain arrivaient de Gonesse, ils étaient assaillis, s'ils n'avaient pas été pillés à main armée en cours de route. Il me fallait jouer des coudes pour obtenir une miche de mauvais pain. Nous faisions des festins avec des poissons que j'allais pêcher, le dimanche, à l'île aux Juifs.

Cette même année 1662, celle de la grande misère, la reine accoucha de nouveau, un an après la naissance du Dauphin, d'une fille qu'on prénomma Élisabeth. Elle mourut peu après, et l'on déposa son cœur de pigeon à l'abbaye bénédictine du Val-de-Grâce.

Alors que le peuple criait sa faim, un gouffre allait s'ouvrir dans les finances du pays, pour satisfaire au bon plaisir du roi. Le chantier de Versailles avait débuté depuis quelques mois. À l'heure où j'écris, vieux et malade que je suis, le gouffre ne s'est pas refermé avec le tombeau du roi.

Il y faisait de fréquentes visites, en compagnie de Louise et de quelques courtisans.

Il s'était opposé à la démolition du pavillon de chasse qui, après quelques travaux, avait pris l'apparence d'un palais : un grand salon coiffé d'une coupole, des miroirs géants, des statues, un escalier de marbre menant aux appartements des souverains, des tapisseries de la manufacture des Gobelins, que le roi venait d'acquérir...

Le Nôtre bouleversait la nature environnante pour en faire un parc. Miracle ! Il semblait que l'on n'eût pas fait mieux ni plus vaste depuis les jardins de Babylone. Des centaines d'ingénieurs, de terrassiers et de jardiniers y travaillaient sans relâche et par tous les temps. Beaucoup tombaient malades de la fièvre des marais.

Un dimanche, en compagnie de Françoise et de Marianne, nous nous retrouvâmes à Versailles, mêlés à une foule de curieux venus, le ventre creux, constater le prodige. Il eût fallu un talent de visionnaire pour imaginer la huitième merveille du monde qui allait naître de ces forêts anéanties et de ces terres éventrées.

Une double impression se dégageait, pour le roi, de ce spectacle grandiose : d'une part, les finances du pays étaient sujettes à des ponctions mortelles ; d'autre part, ce chantier donnait du travail à des centaines, à des milliers d'ouvriers et d'artistes. Ce projet prêtait à la fois à la critique et à la louange, sans que l'on pût avec certitude mettre ces deux opinions en balance. Aujourd'hui, avec l'érosion du temps sur mes sentiments et mes opinions, je songe que le monde entier nous envie Versailles et s'efforce de le copier sans pouvoir l'égaler. Cette réussite du génie humain a été payée de beaucoup de souffrances et de sacrifices, j'en conviens, mais n'en a-t-il pas été de même des monuments que nous ont légués l'Antiquité et les époques médiévales, et n'en sera-t-il pas de même dans les temps à venir ?

C'est dans les nouveaux locaux de l'ancien pavillon de chasse que Jean-Baptiste Poquelin, dit Molière, donna, en septembre de l'année 1663, une comédie intitulée : *L'impromptu de Versailles*, sur une simple estrade, comme sur le Pont-Neuf. Le roi, m'a dit Marianne, prit tant de plaisir à ce spectacle que la carrière de cet auteur en parut assurée. Quelques mois plus tard, Sa Majesté accepta d'être le parrain de son fils.

J'ignore si Louise de La Vallière parut au ballet de cette comédie. Ce qui est certain, en revanche, c'est que, peu de temps après, le roi la fit paraître dans un ballet imaginé par son poète favori, Benserade : *Les plaisirs de l'île enchantée.*

Leur passion était alors à son apogée. Lorsqu'ils ne pouvaient se voir d'une journée, ils s'écrivaient par l'intermédiaire de l'abbé Danjeau, leur secrétaire commun.

— L'abbé, disait Louis, je suis pressé. Écrivez à Mlle de La Vallière que je pense à elle et n'oublie pas notre partie de trictrac. Ajoutez... hum... que je l'aime

— Danjeau, disait Louise, veuillez écrire à Sa Majesté que je la remercie de sa broche de diamants et que je la rejoindrai dès que possible à la table du trictrac. Ajoutez que je lui présente mes sentiments respectueux.

Inspiré de Ludovico Aristo, dit l'Arioste, l'*Orlando* furioso fut présenté à Versailles, sur le futur Grand Rond, avec, comme clou du spectacle, l'apparition du roi dans le personnage du paladin Roger, et un lâcher d'animaux sauvages de la ménagerie.

Marianne, qui avait assisté à la représentation, en pâmait encore d'émotion. De la pointe de son ombrelle, elle traça sur le sable de l'allée de la place Royale la courbe de l'amphithéâtre où se jouait la tragédie. Il avait été prévu pour deux cents personnes mais il s'en présenta près de mille, sans compter ceux que l'on maintenait au-delà des barrières.

— Le château de la magicienne Alcide était là. En bois, naturellement... Roger est entré par là avant d'être capturé... La ménagerie a été introduite par l'entrée d'une grotte, là...

Je renonce à traduire l'intrigue incohérente de cette pièce et le galimatias dont elle s'enveloppe. Comment faire tenir en quelques lignes les quarante mille vers qui la composent ? Je ne retiens du récit de ma maîtresse que quelques images de tapisserie où s'entremêlent chevaliers chrétiens et musulmans, chevaux ailés et animaux monstrueux, géants stupides et nains astucieux...

— J'en suis tout étourdie ! J'entends encore les cris qui ont jailli de la foule lorsque Roger se trouva victime des Amazones ou que la pauvre Angélique fut assaillie par ses prétendants. J'ai pleuré, je l'avoue, lorsque j'ai vu Roger triompher, car ce héros, c'était, je vous l'ai dit, le roi en personne... Il était costumé à la romaine, avec une cuirasse constellée de pierreries multicolores, coiffé d'un panache en plume d'autruche, monté sur un cheval blanc caparaçonné de brocarts de couleur feu.

Elle me nomma quelques personnages de la Cour que l'on avait remarqués dans les rôles principaux et que l'on applaudissait à chaque apparition.

— Le soir venu, poursuivit Marianne, on nous offrit une collation dans le jardin, autour des orangers que le roi a fait ramener du château de Vaux. Nous avions deux cents valets porteurs de flambeaux pour nous éclairer, des gentilshommes masqués pour nous servir, des comédiens pour nous divertir et les violons du roi pour nous charmer....

Loger cette foule de courtisans, l'heure étant trop tardive

pour les ramener à Paris, et le spectacle reprenant le lendemain, était un véritable casse-tête. On en logea tant bien que mal une partie dans le village et les fermes d'alentour, souvent sur des paillasses ou dans le foin. Certains couchèrent à la belle étoile et se réveillèrent transis dans le froid du petit matin.

La journée du lendemain était consacrée en partie à une pièce de circonstance de Molière : *La princesse d'Élide*, une comédie qui débutait en vers et s'achevait en prose, l'auteur n'ayant pas eu le temps de la versifier entièrement. Cela fit écrire à l'un des détracteurs de Molière qu'il était venu témoigner de son obéissance au roi « un pied chaussé et l'autre nu ».

— Le troisième jour, me dit Marianne, a égalé le premier. Il se passa en joutes et en tournois, au cours desquels le frère de Louise reçut un ruban des mains de la reine. On regarda défiler les animaux de la ménagerie : autruches, chameaux, éléphants, singes, et l'on se divertit de comédies et de ballets...

Elle reprit son souffle avant de poursuivre, en ouvrant et refermant nerveusement son ombrelle:

— J'ai poussé un cri lorsque, à la fin de cette troisième journée, le feu a pris au château de bois. J'appelai à l'aide. Mme de Navailles était tombée sans connaissance dans mes bras et ma sœur poussait des cris d'orfraie, tandis qu'un début de panique jetait les gens aux barrières. Eh bien, figurez-vous que cet incendie était volontaire, qu'il avait pour objet de clore ces trois jours en beauté. Nous eûmes d'ailleurs le spectacle rassurant d'un feu d'artifice grandiose. Le seul mauvais souvenir que je garde de cette dernière soirée, c'est le pétard qu'un garnement a fait éclater sous ma jupe et qui a failli me faire brûler.

Elle souleva sa jupe jusqu'au genou.

— Regardez, Nicolas ! Ma dentelle en a roussi...

Qui donc se chargea de laisser entendre à Marie-Thérèse que cette fête ne lui était pas consacrée ? Cette révélation fit l'effet d'une bombe dans l'intimité de la famille royale.

Lorsque le roi, retour d'une promenade en galiote sur le bassin de Fontainebleau, rejoignit son épouse, le soir venu, il la trouva boudeuse, lèvres pincées et paupières rouges. Elle renifla ses larmes et alla se jeter dans les bras de la Molina, qui venait, en présence de la reine mère, de lui passer sa chemise de nuit.

— Mon fils, dit la vieille dame, que signifie ? On fait courir le bruit que le spectacle que vous avez donné à Versailles était non pour votre épouse, mais pour cette... pour cette...

— Pour cette *poute* ! glapit la reine.

— Vous avez raison, ma fille, pour cette pute dont vous avez fait, mon fils, une duchesse à tabouret ! Il serait temps que vous deveniez raisonnable, à vingt-six ans, et alors que cette chère enfant est de nouveau enceinte.

Louis se drapa dans sa dignité, poussa un lourd soupir d'exaspération et sortit sans un mot.

— Voyez, mère, comme votre fils me traite ! gémit Marie-Thérèse. *Ay*... je voudrais mourir !

Le lendemain, Louis alla trouver sa mère dans sa chambre avec une mine de pénitent. Il se pencha vers elle pour l'embrasser ; elle détourna la tête. Il s'assit près d'elle, sur un coussin, posa son chapeau sur ses genoux et lui dit :

— Mère, me pardonnerez-vous ? Je n'ai pu vous en prier hier, tant j'étais bouleversé par le chagrin de mon épouse et votre semonce. Nul ne peut me reprocher de ne pas remplir mon devoir conjugal, reconnaissez-le !

La reine mère aspira une prise de tabac, balaya son col d'un revers de main et hocha la tête.

— Convenez de même, ajouta-t-il, que l'infante qu'on m'a contraint à épouser n'a rien pour inspirer une passion. Or, un roi sans passion perd beaucoup de son autorité et de sa majesté. Que seraient les souverains qui m'ont précédé sur le trône sans leurs favorites ? Je trompe mon épouse comme votre époux, mon père, vous a trompée, et comme son père avant lui...

— Taisez-vous, mon fils !

— Pardonnez-moi, mais, tant qu'à être sincère, je préfère l'être tout à fait. J'ai parfois honte de mon infidélité, mais ma nature m'y pousse, et je ne suis pas pleinement maître de mes sentiments. Mlle de La Vallière, puisqu'il s'agit d'elle, y répond parfaitement. J'ignore si cela durera, et combien de temps, mais je ne puis me passer d'elle.

— Vos propos sont une insulte à Dieu. Je ne veux pas en entendre plus ! Vous devriez avoir un autre motif de honte : vous négligez par trop vos devoirs religieux. Le père Annat, qui a souci de votre âme comme de la mienne, en est bouleversé.

— Mère, je vous en conjure, ne mêlez pas Dieu et la religion à ce que vous appelez mes turpitudes. Je les respecte mais ils ne sont pas maîtres de mes sentiments, pas plus, d'ailleurs, que je ne le suis moi-même. Si je vous avouais que j'ai le désir sincère de m'amender, je vous mentirais. Le péché est pour moi un refuge. Cela m'aide à assumer ma tâche et à me sentir vivant...

Rapporté à Marie-Thérèse, cet entretien, expurgé de tout ce qui eût pu la peiner, la rassura. Elle battit des mains, fit un entrechat de boléro et absorba à s'en barbouiller le museau une grande jatte de chocolat. Sa joie fut de courte durée. Lorsque le roi vint lui annoncer le séjour qu'il comptait faire sans elle à Villers-Cotterêts, chez Philippe et Henriette, elle balbutia :

— Sans moi... sans moi... toujours sans moi... À croire que je vous fais honte ! Emmenez-moi, sire !

Il la berça contre sa poitrine, se demanda d'où lui venait cette odeur de clou de girofle qu'il respirait parfois sur sa peau, avec celle du chocolat et des chiens qu'elle gardait souvent dans ses bras.

— Ma chère, vous n'y pensez pas ? Dans l'état où vous êtes, un voyage en carrosse serait fatal à l'enfant que vous portez. D'ailleurs vous ne chassez pas, et c'est ce que je vais faire.

— Et la petite *poute* sera aussi du voyage, je suppose ?

Il ne répondit que par un grognement. Elle l'éloigna brutalement et, son mouchoir sur le visage, courut s'enfermer dans son oratoire. À travers la porte, il lui dit :

— Ne m'en veuillez pas trop. Je vais vous faire une promesse : dès l'âge de trente ans, je me conduirai mieux. Patientez, mon amour...

Le soleil d'août grillait les campagnes. Au-dessus de la grande forêt où résonnaient les galops de la chasse, les sonorités cuivrées des cors et les aboiements des chiens, l'orage chargeait le ciel d'une couleur de plomb, sans qu'il en suintât le moindre souffle. La suite royale avait pris place dans la magnifique résidence construite par François Ier. On y trouvait un confort sommaire mais une atmosphère de fraîcheur, de détente et de plaisir.

Un soir, en sortant de la chambre qu'il partageait avec la favorite, Louis se trouva nez à nez avec un fâcheux de la pire espèce, Armand-Charles de La Porte, duc de Mazarin, qui venait d'épouser Hortense Mancini. Rigide comme une règle de marine, sec comme un fagot, il présentait l'image même d'un jésuite et se donnait volontiers des allures de prophète iconoclaste.

— Étiez-vous de la chasse ? demanda Louis. Je ne vous ai point vu.

— Ce n'est pas de chasse que je souhaite vous parler, sire, mais d'un sujet autrement grave : votre conduite.

Le roi cacha un sourire derrière sa main. Il détestait les donneurs de leçons, mais celui-ci l'amusait par l'outrance de sa rigueur. Le Cardinal avait fait de ce parent l'héritier de ses biens mobiliers, de ses œuvres d'art notamment, en plus d'un duché. À peine en avait-il pris possession, Armand-Charles s'était acharné contre les peintures et les sculptures jugées indécentes, brisant ici un sexe d'homme, faisant barbouiller des pubis et des seins nus. Il s'était attiré les moqueries de la Cour et la détestation de son épouse qu'il poussait à une dévotion rigoureuse, si bien qu'elle avait fini par le planter là. Nouveau propriétaire d'un domaine rural, il avait interdit aux femmes de traire les vaches, le mouvement imprimé aux pis risquant, disait-il, de leur donner des idées salaces.

— Ma conduite, dit le roi sans hausser le ton, en quoi vous concerne-t-elle ?

— Elle me concerne à l'égal de tous vos sujets, sire. Comment un roi qui ne peut commander à ses sens peut-il gouverner une nation fille aînée de l'Église ? La nuit passée, dans mon sommeil, l'archange Gabriel m'est apparu et m'a donné l'ordre de vous prévenir du danger auquel votre comportement vous expose. Craignez la puissance de son glaive !

— Diantre ! vous m'effrayez...

— Vous faites litière des conseils du père Annat, mais écoutez au moins ceux qui viennent du Ciel.

Là, le roi perdit patience.

— Monsieur, vous avez perdu la raison et vous m'importunez ! Vous parlez du père Annat ? Sachez que, lorsqu'il a menacé de renoncer à sa mission de confesseur, je lui ai souhaité une bonne retraite. Passez votre chemin, je vous prie !

Le duc s'inclina sèchement avant de se retirer dans son oratoire, afin de rendre compte à Gabriel de l'échec de sa mission. Il s'écria, après avoir fait quelques pas :

— Sire, un dernier conseil : séparez-vous de cette fille. Mariez-la !

Marier Louise ? La reine mère y avait fait récemment allusion. Louis y songeait sans se décider, de crainte de provoquer une rupture brutale. Il s'y résolut, après un bain dans le bassin du château, à la fin d'une dure journée de chasse. Alors qu'ils se séchaient au soleil du soir, allongés dans l'herbe, il chercha sa main et lui dit :

— Ma chérie, je dois vous faire part d'une idée qui m'est venue et qui nous concerne tous deux. Promettez-moi de m'écouter sagement et de ne pas vous rebeller.

Il sentit la main de Louise se contracter dans la sienne.

— Je vous le promets, sire, répondit-elle d'une voix blanche.

— Il va falloir songer à vous marier. C'est notre intérêt à tous deux. Cela coupera court aux médisances et aux jalousies. Y êtes-vous disposée ?

Elle libéra sa main pour détacher de son visage une feuille morte. Comme elle se taisait, il ajouta :

— J'ai songé à un bon parti : M. de Vardes. Vous le connaissez, je crois ?

— Si je le connais ? dit-elle avec un mauvais rire. C'est un garçon que j'exècre, la créature d'Olympe, son homme à tout faire, même les plus viles besognes. Comment osez-vous me le proposer comme mari ?

— Je me montrerai généreux. Je pense qu'avec un million de livres...

— Outre que vous me décevez, sire, vous m'humiliez ! Pour dix millions, je n'épouserais pas cet aigrefin. Quand il faudra me séparer de vous, ce qui ne saurait tarder, j'en ai le pressentiment, c'est au couvent que je demanderai asile. Si vous souhaitez m'éloigner de vous, dites-le-moi franchement !

Il bredouilla :

— Telle n'est pas mon intention, je vous l'assure ! Réfléchissez : une fois mariée, nous pourrions nous revoir sans risquer les critiques. M. de Vardes n'est pas homme à tenir sa femme sous le joug.

Elle se leva brusquement, alla se cacher derrière un buisson pour se rhabiller. Il perçut un bruit de sanglots et une voix qui marmonnait il ne savait quoi. En revenant vers lui, elle lui dit :

— Sire, si vous m'aimez vraiment, renoncez à ce projet, sinon vous me perdrez.

Louis renonça au mariage de Louise, mais leur entretien avait laissé subsister entre eux des rancœurs.

Elle sentait se tisser autour d'elle un réseau d'hostilité et de jalousie. Trop de bonnes âmes la jugeaient, trop de femmes l'enviaient : Olympe, qui n'avait pas désarmé, Henriette, qui n'avait que mépris pour son ancienne demoiselle d'honneur, la princesse de Bavière, qui disait d'elle pis que pendre, et d'autres candidates à sa succession, comme Catherine de Gramont, princesse de Monaco, amie de cœur du beau Lauzun, Athénaïs, qui la brocardait à loisir...

Elle se disait : « Un jour ou l'autre on me tendra le piège où, naïve que je suis, je tomberai. Et ma place sera prise d'assaut... »

Une nuit, peu après son retour de Villers-Cotterêts, elle fut réveillée par les abois de son carlin et par un bruit suspect venant de la fenêtre. Une voix murmura à travers l'ombre : « Dormez-vous ? » Elle poussa un cri, appela à l'aide et se précipita dans la pièce voisine pour alerter sa femme de chambre. Elles inspectèrent les lieux à la chandelle, sans trouver trace d'une présence ou d'une effraction, sinon une éraflure au montant de la fenêtre, un peu de boue sur la carpette et, à l'extérieur, à la base du mur, une échelle renversée dans un massif.

Le roi promit une forte somme pour qui aiderait à trouver le coupable. Il ne pouvait s'agir d'une tentative de vol, car la cassette aux bijoux était à sa place et il n'en manquait pas un.

— Peut-être avait-on l'intention d'attenter à ma vie ? dit-elle. Il y a tant de gens qui souhaitent me voir disparaître, d'une façon ou d'une autre...

Cette affaire intrigua le roi. Il fit doubler la garde autour de l'hôtel de Brion et confia au maître d'hôtel le soin de goûter les plats.

À dater de cette nuit, Louise, duchesse de La Vallière, ne dormit que d'un œil.

7

Cachez donc ces bâtards...

Françoise ne pouvait espérer occuper longtemps l'appartement de la Petite-Charité. La maréchale d'Aumont, qui l'avait mis généreusement à sa disposition, lui avait fait comprendre qu'elle en aurait besoin pour y loger une parente de province. D'autre part, la mère supérieure s'offusquait du manque d'assiduité aux offices de sa locataire et des visites nombreuses qu'elle recevait.

Lorsque Françoise m'annonça la nouvelle, j'en éprouvai de la peine et de l'inquiétude. Cette décision n'allait-elle pas provoquer notre séparation ? Françoise trouverait-elle, avec les moyens modestes dont elle disposait, à se reloger décemment ? Qu'adviendrait-il du travail que j'avais entrepris sur l'œuvre posthume de Scarron ?

Elle me rassura :

— Tout comme vous, mon petit Nicolas, je quitterai ces lieux à regret, mais je trouverai facilement un nouveau logis.

Elle ajouta en riant :

— Je vous aurais bien prié de m'héberger dans votre *étable*, mais nous y serions à l'étroit et l'odeur me rappellerait trop celles de ma jeunesse chez ma tante, Mme de Neuillant.

— Que vont devenir les manuscrits de Scarron ? Il reste encore beaucoup à faire, et qui pourrait prendre la relève ?

— Je l'ignore, mais nous trouverons une solution. Ces

manuscrits sont tout ce qui me reste de lui, et j'y tiens beaucoup. En attendant, je ne dois songer qu'à mon déménagement.

Marianne accepta d'héberger le précieux dépôt. Je pourrais ainsi poursuivre ma tâche. Cette perspective était un pis-aller qui ne me plaisait guère. J'appréhendais une cohabitation avec cette créature qui buvait comme un Allemand, menait la vie *à l'escarpolette*, pour dire à la légère et, dans nos ébats, se livrait à des concerts de cris et de gémissements qui alertaient les voisins. Je me disais que, si je secouais les tentures et les rideaux il en tomberait, comme mouches mortes, les propos obscènes qu'elle me criait à l'oreille.

Françoise trouva refuge dans un autre couvent. Elle allait y demeurer de longs mois, dans une austère retraite, sans beaucoup faire parler d'elle. Confinée dans une cellule, contrainte par la discipline d'assister aux offices, de matines à complies, elle avait dû renoncer aux visites que nous lui faisions à la Petite-Charité. En revanche, elle était libre de ses sorties et continuait à voir ses amies: Mlle de Scudéry, Mme de Sévigné, Mlle de La Mothe...

Quelques mois plus tard, elle m'annonça qu'elle venait de découvrir un appartement, dans la rue des Deux-Ponts qui traverse de part en part, comme un trait d'arbalète, l'île Notre-Dame, où l'on avait commencé à édifier de vastes immeubles. Il se composait de deux pièces exiguës, basses de plafond, privées de soleil, qui sentaient le moisi et le rat crevé.

— Je regrette un peu ma cellule, soupira-t-elle. Elle était de modestes dimensions mais donnait sur le jardin du couvent, où je partageais les jeux des nonnettes.

Le régime monacal lui avait réussi : elle avait pris un tour de taille avantageux, ses traits s'étaient affermis, sans rien ôter de son charme. Je lui en fis compliment :

— Épanouie, Françoise... Je vous trouve épanouie.

— J'ai pourtant quelques soucis qui me réveillent la nuit.

— Si c'est d'argent que vous parlez, je puis...

— Je vous en sais gré, Nicolas. Il s'agit d'autre chose. La pension que m'octroie la reine a été relevée dans de bonnes proportions, au point que je suis *presque riche*. Ce qui m'ennuie, ce sont les travaux nécessaires pour rendre ces lieux agréables.

— Je vous y aiderai. Mon travail de scribe peut attendre.

C'est ainsi que, durant des semaines, en compagnie de Nanon et d'ouvriers de divers corps de métier, nous avons fait de ce taudis un logis confortable et avenant, sans être luxueux. Elle plaça au-dessus de la cheminée le portrait de Paul Scarron.

Le lit immense occupait la moitié de la chambre. Aucun homme, à ma connaissance, ne l'avait partagé avec Françoise. Marianne m'avait laissé entendre que certains soirs, avec Ninon de Lenclos ou Nanon Balbien, ses ressorts avaient fait entendre une musique insolite, mais j'hésitais à le croire. Avec Villarceaux, peut-être, mais je ne leur avais pas servi de chandelier.

À la réflexion, la solitude sentimentale de cette créature faite pour l'amour me laissait perplexe. Courtisée par le maréchal d'Albret, M. de Vardes et quelques autres, elle se refusait à tous, avec le même sourire affable, comme pour s'excuser de sa réserve. Je mentirais en prétendant que je n'eus jamais de penchant pour elle, de même, je le dis sans forfanterie, qu'elle n'en eût pour moi. Elle était prude mais aussi timide.

Si Françoise s'était épanouie durant son séjour au couvent, il n'en était pas de même de Marianne.

Son corps avait conservé la délicatesse qui m'avait séduit à l'origine de ce que je n'ose appeler *nos amours*. Avec ses petits seins portés haut, en moitié de pomme, qui lui donnaient une allure garçonnière, elle me rappelait ma Dorine. Elle s'était un peu voûtée depuis quelque temps, son visage ingrat s'était émacié, ses paupières alourdies, et son teint avait pris une teinte cireuse. Elle se plaignait fréquemment d'un mal de poitrine, et, ce qui m'inquiétait, le moindre courant d'air lui arrachait des toux sanguinolentes.

Son appartement de la rue du Fauconnier, à peu de distance de la rue des Deux-Ponts, où logeait Françoise, était suffisamment vaste pour abriter mes monceaux de paperasses et me permettre d'y travailler à l'aise. Le train-train entre mon travail chez Toussaint Quinet, celui que je consacrais à Scarron et nos coucheries se poursuivit sans nous lasser l'un de l'autre, mais sans effusions. Nous menions une vie de couple sans histoire.

C'est toujours par elle, ainsi que par la maréchale, qui nous rendait visite de temps à autre, que j'avais des nouvelles de la Cour. Si les démêlés amoureux de Sa Majesté prêtaient à sourire, leurs conséquences incitaient davantage à la pitié.

Les grossesses de Marie-Thérèse et celles de Mlle de La Vallière alternaient avec des fortunes diverses. On en faisait, à la Cour comme à la ville, des gorges chaudes. Chaque année, le gynécée royal s'augmentait d'un rejeton de l'une ou de l'autre, parfois de deux la même année. Les enfants de la reine étaient accueillis par des fêtes ; ceux de la favorite disparaissaient dans la nuit.

Mme Colbert, l'épouse du ministre, s'était vu confier par le roi une mission délicate. L'enfant illicite à peine né, elle s'en emparait, le faisait baptiser d'un nom d'emprunt dans le secret le plus strict, et le confiait à des parents nourriciers éloignés du Louvre. Il ne réapparaissait à la Cour que quelques années plus tard. On lui disait en montrant le roi : « Cet homme est ton père. Quant à ta mère, elle est absente... »

Par une étrange fatalité, on a compté, au cours du règne, davantage d'enfants mort-nés ou décédés en bas âge chez la reine que chez les favorites. Le médecin Boucher, chargé des accouchements, ne se montrait pas surpris de ce phénomène. Pour consoler la reine, il lui disait : « C'est normal, Votre Majesté : le roi ne vous donne que des rinçures de verre ! »

Cette hécatombe du côté de la reine pouvait avoir des causes moins contestables : l'air vicié de la capitale, la promiscuité des courtisans malades, vérolés, hommes et femmes, l'incompétence des médecins de Cour.

En novembre de l'année 1664, les couches de la reine s'annonçaient encore plus délicates que d'habitude. La malheureuse était la proie d'une mauvaise fièvre, de douleurs aux jambes et au ventre qui lui faisaient souiller ses draps. On n'attendait l'événement que pour Noël ; il se produisit un mois plus tôt.

Dans la chambre de l'accouchée, il y eut un concert de cris et de lamentations, puis un silence pesant. L'enfant, une fille, avait l'apparence d'une naine, avec une grosse tête et un corps fluet, la peau d'une moricaude et, de plus, son corps était couvert de poils. Certaines âmes naïves attribuèrent la paternité de ce monstre au diable ou à quelque démon incube. Des esprits plus rassis soupçonnèrent la reine d'avoir fauté, pour tromper sa solitude, avec l'un de ses nains d'Afrique. Quant aux médecins et aux ventrières, j'ignore ce qu'ils pensèrent de ce phénomène.

Prénommée Marie-Anne, la nouvelle-née mourut peu après sa naissance. Certains disent qu'en fait on se contenta de la faire disparaître. Au monastère bénédictin de Moret vécut une naine à la peau sombre, qui se disait de sang royal.

À la suite de ces couches, la santé de Marie-Thérèse donna des inquiétudes, au point qu'on lui présenta le saint sacrement. Elle déclara qu'elle acceptait de se confesser, « mais pas de mourir ». Et la reine mère de murmurer sous ses voiles noirs : « Cette pauvre enfant serait plus heureuse au Ciel qu'elle ne l'est sur la Terre. »

La reine fut tirée de cette mauvaise passe par un remède que lui indiqua l'épouse de Nicolas Fouquet, sans qu'une grâce royale lui rendît son époux.

Quelques semaines plus tard, ce fut le tour de Mlle de La Vallière d'accoucher. Ce fut un fils. On le prénomma Philippe et on le confia, à peine né, à Mme Colbert qui l'emporta à travers les ténèbres vers un lieu secret. Sur ordre du roi, l'accouchée dut, dès le lendemain de sa délivrance, assister à un souper du roi. Elle ressemblait, dit-on, malgré le fard, à un spectre.

Deux ans plus tard, lorsqu'elle fut de nouveau enceinte du roi, Louise s'attacha le plus qu'elle le put à cacher sa grossesse. Elle se trouvait aux Tuileries lorsque le travail commença et lui interdit de retourner à son hôtel pour y accoucher parmi les siens. Mme Henriette lui demanda ce qui occasionnait ces grimaces. Elle lui répondit que c'étaient des coliques.

Louis était absent lors des dernières couches de Mlle de La Vallière. Il visitait la manufacture de point de France, rue Quincampoix, pour y choisir les présents destinés à sa nouvelle maîtresse, qui n'était pas encore sa favorite, Catherine de Gramont, « la Monaco », comme on l'appelait, épouse du prince Louis Grimaldi.

Lorsque le roi laissa tomber sur elle son regard, elle avait pour amant M. Nompar de Caumont, duc de Lauzun, le plus bel éphèbe de la Cour. Elle était « fraîche, dit-on, comme un sorbet, mais point froide pour autant ».

Lauzun eut le toupet impardonnable de considérer le roi comme un concurrent à éliminer. Pis encore, il le fit savoir, avec l'arrogance des cadets de Gascogne. Cela lui valut un séjour à la Bastille où il eut le loisir de méditer sur l'inconvénient qu'il peut y avoir à contrarier les amours de Sa Majesté. Le roi se divertit avec la Monaco, le temps de savourer à satiété ce sorbet qui ne tarda pas à fondre. Il avait d'autres soucis en tête : la duchesse de La Vallière venait d'entamer sa quatrième grossesse et le roi Philippe d'Espagne venait de rendre l'âme à Madrid, en l'automne de l'année 1665.

Pourri jusqu'aux os par le mal de Naples, ce monarque mourut âgé de soixante ans. Il était entouré de quelques-uns des bâtards que sa généreuse semence avait répandus dans toute l'Espagne comme graines semées au vent, de sa maîtresse, la franciscaine d'Ágreda, mystique et visionnaire, de courtisans avides comme des vautours, de sommités de l'Église, tenanciers des bordels les mieux achalandés de Madrid. Son règne n'avait été qu'une succession de guerres, de défaites, d'abandons. Son seul véritable titre de gloire avait été le mariage de l'infante Marie-Thérèse avec le roi de France, et la paix qui avait suivi. Son ministre, Gaspar de Guzmán, comte-duc d'Olivares, disait de lui : « Il est grand... comme un puits ! »

Il laissait pour lui succéder un fils légitime rachitique et idiot, le prince Charles. Cet événement qui, sur le plan des sentiments, trouva le roi de France dans une parfaite indifférence, posait, sur le plan diplomatique, des problèmes redoutables. Il plongea la reine dans l'affliction : après son époux, le roi, son père, était la personne qu'elle aimait le plus.

Le roi régnait ; le roi travaillait pour le pays. Bossuet disait: « Tout l'État est en lui... » Sous la chape écrasante et artificielle du protocole, auquel il refusait qu'on apportât le moindre allègement, on constatait que Sa Majesté avait d'autres soucis en tête que la chasse, les ballets, les fêtes, la construction de Versailles et l'amour de ses favorites. Derrière ces paravents factices s'élaborait l'image du Grand Roi, soucieux du bien de ses sujets et sensible à leur misère. Le Roi-Soleil, qui brillait dans les ballets de Lulli et de Benserade, n'était qu'une image d'enluminure. La vérité du personnage était ailleurs, dans son cabinet et dans la réception des ambassadeurs.

Sa puissance de travail faisait l'admiration de la Cour et du royaume. Il s'y livrait huit heures par jour, harcelait ses collaborateurs de questions, les bousculait, les épuisait, les forçait à donner le meilleur d'eux-mêmes.

Pour déchiffrer les courriers de Rome il décida d'apprendre quelques rudiments de latin. Pour s'entretenir avec son épouse, qui avait du mal à se faire à notre langue, et sonder les intentions de l'ambassadeur de la Cour madrilène, il s'obligea à parler et à écrire l'espagnol. Il voulait, comme il disait, « tenir ferme le timon » et « refaire l'État ».

Roi de droit divin, certes, nul ne le contestait, mais, entre Dieu et lui, il plaçait son peuple, celui qui souffrait, celui qu'il aimait et respectait, en se plaignant de ne pouvoir améliorer sa condition, impuissant qu'il était à maîtriser les saisons et les malversations de la nuée de fonctionnaires qui pressurait la population. Y fût-il parvenu, il eût été Dieu.

Sa santé, par bonheur, était florissante. Il osait dire à ses proches : « Je n'ai pas le droit d'être malade ! » Sa gloutonnerie, la manie qu'il avait d'avaler les aliments sans les mâcher lui occasionnaient des maux d'estomac et de l'entérite. Sa denture en était gâtée. Il souffrait, à la voûte du palais, d'un opercule sujet à des écoulements qui lui donnaient une haleine fétide dont ses maîtresses se plaignaient sous cape.

Louis ne se ménageait dans aucun domaine. Sa tâche assurée, il ne quittait son cabinet que pour des chevauchées interminables, des parties de paume, des soirées consacrées à la danse, et des exercices d'une autre nature, qui demandent le secret.

C'est dans ce dernier domaine que s'exerçait le mieux sa vitalité débordante. Il régnait sur un sérail soumis à ses caprices, entre une épouse geignarde et des favorites qui se poussaient du coude. Certains soirs, en quittant le lit de La Vallière pour celui de Marie-Thérèse, il culbutait volontiers une servante entre deux portes.

Autre trait de son caractère : le roi avait horreur d'être confiné dans des pièces basses de plafond, trop chauffées et exiguës. Il fallait à ce sanguin de l'espace et de la fraîcheur. La nuit, sauf par grand froid, il dormait fenêtres ouvertes, au grand dam des frileuses.

Il n'usait pas ses genoux en prières et en dévotions. Lorsque la reine mère le lui reprochait, il haussait les épaules. Il ne se soumettait à la confession que du bout des lèvres et recevait la communion sans trop y croire. Absous de ses péchés, il y retournait illico, « comme un chien à son vomi ! » se plaignait le père Annat. Bossuet, alors curé de Versailles, lui ayant interdit un jour l'approche des sacrements, il n'en fit pas un drame. Les semonces des jésuites s'étouffaient dans les gémissements qu'il tirait de ses maîtresses.

Bon sang ne saurait mentir. Celui qui coulait dans ses veines lui venait de son grand-père, le Vert-Galant. Il lui donnait en permanence le désir d'amour.

Le roi aimait sa mère et la respectait. Les souvenirs dramatiques de la Fronde, sa fuite entre la reine et le cardinal de

Mazarin, le grondement des canons et des mousquetades ne se laissaient pas oublier.

La reine mère, Anne d'Autriche, se mourait. Passé la soixantaine, cette forte femme nourrissait en son sein un squirre fatal. Les soins auxquels la soumettaient ses médecins relevaient de la torture. Ces Diafoirus ! ils auraient mérité la potence... Chaque matin, en présence de la famille, ils découpaient sur sa peau, au scalpel, des lamelles de chair et recouvraient les plaies avec de la viande d'origine incertaine. La sœur de Marianne eut un jour le redoutable honneur d'assister à cette singulière pratique chirurgicale. Elle faillit tomber en faiblesse. Elle raconta la scène à sa sœur, qui me rapporta son récit.

Le sang ruisselait sur la poitrine de la victime. Des plaies béantes suintait une odeur fétide, en dépit des plantes aromatiques que l'on faisait brûler. La patiente s'éventait le visage, les traits crispés, les yeux clos, sans une plainte. Elle remerciait même le Ciel de lui envoyer ces épreuves.

Elle reçut les derniers sacrements le 19 janvier de l'année 1666, à l'âge de soixante-cinq ans. Jusqu'au bout, elle avait subi son martyre sans faiblir. Ses deux fils et ses deux belles-filles l'assistèrent jusqu'à son dernier souffle. C'était une belle âme.

Née à Valladolid, elle descendait de l'empereur Charles Quint, qui se disait le maître du monde. Son mariage avec le roi Louis XIII avait été un échec, qu'elle avait compensé par son amour pour Mazarin et leur mariage morganatique, le Cardinal n'étant pas tenu au célibat. Elle était aimée de tous, et de son fils notamment : il écoutait ses conseils sans toujours en tenir compte, mais il devinait qu'ils allaient lui manquer.

8

L'amour et la guerre

Dans le ciel de félicité où rayonnait encore faiblement la passion réciproque entre le roi et « La Vallière », comme on l'appelait familièrement, des nuages de mauvaise apparence commençaient à poindre.

Lorsque le roi trouvait sa maîtresse morose, il devinait qu'elle avait quelque incartade à lui reprocher. Lorsqu'elle le voyait venir vers elle en chantonnant un air de Lulli et en faisant virevolter sa canne enrubannée, elle n'avait aucune peine à imaginer qu'il sortait du lit d'une de ses maîtresses. On se chargeait d'ailleurs, dans son entourage, de lui mettre la puce à l'oreille. Son amant en était quitte pour des bouderies sans lendemain ou pour quelques propos amers. Il se faisait pardonner par un cadeau.

Avec le temps, soit qu'il commençât à se lasser d'elle, soit qu'il l'aimât trop, Louis devint vétilleux. Il la pressait de questions sur son passé. Qui avait-elle fréquenté dans l'entourage de son père, gouverneur de Touraine ? Pourquoi n'avait-elle pas pris le voile comme ses sœurs ? En quoi consistaient les jeux qu'elle partageait naguère, avant de le connaître, avec Philippe ?

Elle répondait sans la moindre gêne, et pour cause. Il savait bien qu'elle était vierge quand il l'avait prise. Le roi jaloux : un comble ! S'il insistait, elle se rebiffait. Est-ce qu'elle exigeait qu'il lui fît des confidences sur ses infidélités ? Une étreinte suffisait à dissiper ces petites querelles d'amoureux.

Marianne était pessimiste quant à l'issue de cette idylle. À l'en croire, il s'agissait, pour le roi, d'un « inventaire avant liquidation »... Cette révélation me laissait pantois.

— Crois-tu vraiment que le roi souhaite se séparer d'elle ?

— Je ne puis l'affirmer, mais je le pense et ne suis pas la seule. Cette favorite a trop longtemps duré. Cinq ans, pour un homme comme le roi, c'est beaucoup. Elle devient encombrante et jalouse.

— Y aurait-il anguille sous roche ?

— Les anguilles pullulent autour du roi. La Cour est un vivier inépuisable. On parle beaucoup de la belle Athénaïs, qui vient d'épouser M. de Montespan. Elle est trop ambitieuse pour laisser passer sa chance et trop habile pour dévoiler ses batteries.

Nous avons occupé une partie de la soirée et de la nuit, autour d'une bouteille de chablis, à parler de cette dame. À la Cour où elle s'était introduite après son mariage, elle était redoutée pour son esprit acerbe, appréciée pour son intelligence, admirée pour sa beauté : la maturité des vingt-cinq ans, une gorge pleine, un visage modelé à l'antique, une denture éclatante...

— Elle n'a qu'un défaut, si l'on peut dire, me révéla Marianne, c'est son mari. Il joue les cerbères, menace les bellâtres qui tournent autour de son épouse comme des chiens en rut, et garde un œil sur le roi en qui il voit un adversaire à affronter. Athénaïs n'a consenti à l'épouser qu'à condition que le joug lui soit léger. Il ne l'est guère... Le marquis lui fait des scènes violentes en public. Elle menace, s'il l'importune trop, de lui faire pousser des cornichons sur la tête.

Cela promettait des démêlés réjouissants. Certains s'ennuyaient à la Cour ; pas Marianne. Elle ajouta :

— Athénaïs est apparue pour la première fois à la Cour dans le *Ballet des quatre saisons*, il y a cinq ans, puis, deux ans plus tard, dans le *Ballet des arts* en compagnie de la favorite en titre. Le roi n'a fait alors que la regarder avec une certaine insistance. Je crois qu'elle n'espérait pas autre chose. Ce qui lui donne de l'espoir, aujourd'hui, paradoxalement, c'est que le roi redouble de générosité avec La Vallière.

— Ce qui signifie ?

— Tout bonnement que la rupture est proche, innocent !

Louis offrit à sa maîtresse un nouvel hôtel voisin des Tuileries, plus luxueux et plus vaste que celui de Brion, un appartement à Versailles, rue de la Pompe, une folie sur une berge de la Seine, avec une baignoire de marbre digne des résidences toscanes. Dans le même temps, il prenait ses distances avec elle.

Louis flânait, comme disent les poètes, « dans les jardins d'Éros », butinait des fleurs et se délectait à satiété des fruits. On disait de lui, avec irrévérence, qu'il utilisait les courtisanes comme on le fait des chevaux de poste qu'on monte le temps d'une étape et qu'on abandonne sans vergogne au premier relais. À ces jeux, où il avait pour partenaires Mmes de Soubise, de Saint-Martin, la Monaco et quelques autres, il perdait de son énergie, de son argent et de son temps, souvent au préjudice de son travail. Colbert en arrachait sa perruque...

La stratégie de la Montespan pour circonvenir le roi était digne du maréchal de Turenne : elle consistait à conquérir les entours pour isoler la place. Cela semblait lui réussir. Elle s'était glissée dans l'entourage de la reine toujours disposée à se faire plaindre d'une âme compatissante. Elle fit de même avec Monsieur, qui venait de perdre son épouse, Henriette, emportée par un mal de poitrine. Elle parvint même à se faire une amie de sa pire adversaire : Louise de La Vallière. Elle lui disait, avec de fausses larmes dans la voix :

— Ne vous laissez pas aller à l'affliction, madame. Le roi vous aime, je le sais. Je sais aussi, hélas, qu'il multiplie les infidélités à votre égard, mais pour des passades. Pour être franche, vous avez tort de négliger votre toilette, ma chère, et cela déplaît à Sa Majesté. Portez des robes neuves, des bijoux, des mouches... Le roi adore les mouches. Je vous aiderai.

Elle lui offrit une de ses robes, une boîte de pommade de Mme des Essarts pour le visage, un flacon de senteur d'Allemagne et un sachet de mouches.

— Merci, madame, susurra Louise. Vous êtes pour moi la meilleure des amies.

Il advint que le roi dût partir pour faire la guerre en Flandre, contre l'Espagne, notre alliée de la veille.

Le motif était d'importance : la dot de Marie-Thérèse n'ayant pas été honorée, Louis, en compensation, réclamait une part de l'héritage laissé par le roi Philippe, sous forme de territoires. De plus, la couronne d'Espagne aurait dû revenir au premier enfant encore en vie : Marie-Thérèse. C'est ce qu'on allait appeler la guerre de Dévolution.

Avec quelques ménagements, le roi dit à Louise :

— Je dois prendre les armes et me porter sur les frontières du nord. J'ai longtemps hésité à vous demander de me suivre, puis j'ai renoncé, car vous êtes grosse et ce voyage long et difficile risquerait de nous priver de notre enfant. Je ne serai accompagné que de la reine et de ses demoiselles. Elles adorent la guerre. Votre cousin, l'abbé de Montigny, se chargera de vous donner de mes nouvelles. Reposez-vous, ma chère, et faites-moi un bel enfant...

La grande cavalcade quitta Paris le 15 mai au matin, en direction d'Amiens.

L'affaire se présentait sous les meilleurs auspices : le ministre de la Guerre, François Michel Le Tellier, marquis de Louvois, avait conçu une campagne de grande envergure, et Colbert avait trouvé les fonds nécessaires. Au roulement de l'artillerie sur les routes pavées répondait celui des carrosses de la Cour.

Sur la ligne des combats, le maréchal de Turenne céda la place au roi et se contenta de le seconder. C'était, pour Louis, un baptême du feu. Il devait, en déployant ses troupes devant une ville ou une forteresse, se souvenir des tempêtes de la Fronde autour de Paris, une quinzaine d'années plus tôt.

Il se comporta avec du courage et, dit-on, quelques imprudences. Ses officiers le suivaient d'un œil inquiet lorsqu'il s'approchait des lignes de feu avec une souveraine sérénité. Du haut des tranchées, les dames l'admiraient et battaient des mains à son passage. Le dieu de l'Amour, le dieu de la Guerre... On n'eût pas été surpris de le voir, en tenue d'empereur romain, comme dans les ballets, passer la revue de ses troupes.

Il avait tenu à ce que le luxe de la Cour se retrouvât dans les camps, et que les violons fussent de la partie. Les dames en parcouraient les allées en groupe, sous leurs ombrelles, répondant par des sourires et des envols de mouchoirs aux saluts des officiers qui fumaient leur pipe au seuil des tentes. On vit la duchesse de Chevreuse détacher sa jarretelle pour l'accrocher au fusil d'un jeune lieutenant des dragons.

Monsieur était tout feu, tout flamme. Il payait de sa personne, prenait la tête des compagnies qui partaient au combat et, le soir, revenait crotté mais glorieux, acclamé par ses hommes, avec un regard narquois à l'intention de son frère.

Je me garderai d'entrer dans le détail de cette guerre qui, Dieu merci, ne dura que quelques mois et s'acheva, pour les Français, par une victoire. N'ayant jamais eu de mousquet entre les mains, j'ignore tout du métier des armes. Il ne m'a jamais tenté, non en raison de quelque précepte des Évangiles, mais parce que tuer mon prochain pour une borne contestée ne me semble pas une solution évidente. Ce que je sais de cette campagne de Flandre, je le dois aux relations de la Montpensier, la Grande Mademoiselle, âme de la Fronde, qui me furent rapportées par ma gazette particulière, Marianne.

J'appris notamment que le protocole s'assouplissait au soir des batailles. On soupait sous une tente digne, par ses dimensions et sa somptuosité, de celle du sultan Saladin, doublée de damas et éclairée par des flambeaux, mais le cœur n'y était pas. Les officiers du roi manquaient à l'étiquette, s'attablaient à côté des dames en gardant leur chapeau ou leur casque. Les tambours qui battaient aux champs remplaçaient les violons de la Petite Bande.

Pour ce qui est du courage et de l'esprit de sacrifice, les dames n'étaient pas en reste. Soumises à des conditions de transport et de séjour difficiles, elles grinçaient des dents, tombaient malades avec beaucoup de dignité mais se refusaient à quitter le camp. La belle Athénaïs souffrit durant une semaine d'un flux de ventre opiniâtre, ce qui lui gâta le teint mais ne la fit pas renoncer à côtoyer les héros.

Car Mme de Montespan menait aussi une guerre de siège : la sienne.

Demeurée en sa maison de Versailles, informée au jour le jour des nouvelles du roi et des opérations par son cousin, l'abbé de Montigny, Louise croquait le marmot. Un matin, elle n'y tint plus. Bien qu'enceinte de plusieurs mois et au risque de déplaire au roi, elle monta dans son carrosse, en compagnie d'une de ses suivantes, Mlle d'Artigny, et fouette cocher ! Elle fonça sur Compiègne où elle savait que se trouvait Louis.

Sa venue – c'est un euphémisme ! – fut fraîchement accueillie. Le roi se montra fâché, la reine en vomit son chocolat et la Montespan, sur le point de mourir de dépit, s'écria devant elle :

— Quand cette fille de bourgeois, cette pauvre boiteuse, cette écervelée, cessera-t-elle d'importuner Sa Majesté ? Madame, Dieu me garde de devenir un jour la favorite de votre époux. Si cela devait m'advenir, j'en mourrais de honte !

Le roi étant remonté vers Avesnes pour préparer un assaut, Louise, informée de ce départ par sa servante, décida d'aller le rejoindre. À peine installée dans son carrosse, la reine ordonna qu'on arrêtât cette course insensée, mais la voiture était déjà loin. Elle fit hâter sa toilette, avala sans souffler sa jatte de chocolat et se lança à sa poursuite. Cette course de carrosse, digne de celle des chars dans l'hippodrome de Byzance, se termina à l'avantage de Louise. Elle s'avança en souriant vers le roi qui en resta bouche bée, sourcils froncés.

— Comment osez-vous, bougonna-t-il, vous présenter à moi avant la reine ? Cherchez-vous à provoquer un scandale ? Ce serait vous perdre.

Louise sentit ses jambes se dérober sous elle. Crotté comme s'il émergeait d'un bourbier, Louis s'avança vers le carrosse de la reine, qui venait de surgir au bout du chemin menant au camp. Il l'embrassa. Elle s'écria d'une voix de pie grièche :

— Sire, vous m'aviez promis que cette petite *poute* resterait à Paris, et vous la faites venir ! Ne pouvez-vous donc vous passer d'elle ?

— Ne m'en veuillez pas, madame. Dieu sait que je suis étranger à sa visite. Il s'agit d'un caprice de cette effrontée. Dois-je vous rappeler qu'elle ne m'est plus rien ?

— Vraiment, sire ?

— Vraiment. Je vous en donne l'assurance.

Elle gémit et tomba dans ses bras.

Le soir, contrit de sa sévérité, le roi alla retrouver Louise dans la tente qu'il lui avait fait aménager. Il la trouva alitée, encore moite d'émotion et les reins meurtris. Il s'excusa de sa tenue, qu'il n'avait pas eu le temps de changer. Il y avait des traces de sang sur sa manchette ; il sentait la sueur et avait les traits crispés.

— Mon amie, dit-il en s'asseyant au bord du lit de camp, il faut me pardonner mon accueil. J'ai compris, à la réflexion, que vous n'aviez fait qu'obéir à l'amour que vous me portez.

Afin de se racheter, il lui fit une promesse mirobolante : à sa mort, le duché de La Vallière resterait dans sa famille. Elle l'en remercia du bout des lèvres. Il ajouta :

— Je souhaite que vous vous rapprochiez de la reine. Je veillerai à ce qu'elle vous fasse bonne figure. Demain, vous prendrez place dans son carrosse, je le veux. Si l'on vous traite à la fourche, je sévirai.

Il resta une heure en sa compagnie et se délivra de tout ce qui restait en lui d'amour pour elle.

C'est sur le front des armées que Françoise Athénaïs de Rochechouart-Mortemart, marquise de Montespan, remporta sa première victoire sur le roi.

Un matin, près d'Avesnes, dans un modeste manoir, Louis ouvrit les yeux en se disant qu'il était encore plongé dans son rêve, et que le voile léger comme une fumée qui s'interposait entre lui et le mur de sa chambre n'était qu'une illusion, mais, derrière un nuage de dentelle, une forme se dessinait. Celle d'une femme. Et elle lui souriait.

— Athénaïs..., murmura-t-il. Vous... Que faites-vous là ?

— Pardonnez-moi, sire. Je n'ai pu résister au désir d'assister en privé à votre réveil. J'avoue que mon audace mérite une punition. J'y suis prête.

— Je pourrais, et je devrais vous faire jeter à la Bastille, mais j'en aurais du regret. Approchez, madame. Vous êtes belle comme l'aurore, et votre parfum me fait oublier l'odeur de la poudre à canon. Mais... comment êtes-vous arrivée jusqu'à moi ? Mes gardes, mes serviteurs ? Les avez-vous exterminés ?

— Je leur ai seulement raconté que j'avais un message urgent à vous communiquer.

— Et ils vous ont crue ? Eh bien, ils me paieront ça ! Quel est ce message ? Est-il secret ? Alors approchez. Plus près... plus près...

Elle lui dit à l'oreille :

— Il est bref : sire, je vous aime.

J'avais peine à croire que la première rencontre intime entre le roi et la Montespan se fût passée de cette manière. Je m'étais dit en écoutant Marianne me rapporter les propos de la Montpensier que ces dames laissaient courir leur imagination, mais la suite des rapports entre Louis et la belle Athénaïs, ce monstre d'impertinence et d'audace, rend cette version plausible.

Il lui parla de son mari.

— Le pauvre homme... soupira-t-elle. Il se morfond à Versailles, lui qui supporte mal la vie de Cour et qui crève de jalousie à la moindre de mes absences.

— J'exècre les jaloux. Ce sont des cocus en puissance. Votre mari a mérité ce qui lui arrive.

Au moment de quitter son nouvel amant, Athénaïs lui montra par la fenêtre le grand chêne qui se dressait sur une butte, à quelques pas du manoir. Sous cet arbre, il y avait une femme à cheval. Lorsque le roi parut à la fenêtre, elle fit demi-tour et disparut.

— Mon Dieu... soupira-t-il. Louise.

Il ajouta, en montant dans son carrosse :

— Le sort en est jeté. L'amour est mort. Vive l'amour et la guerre !

Dans les jours torrides de cet été, la guerre battait son plein.

À la fin de juillet, l'armée française faisait le siège de Lille. Tandis que se déroulaient les bombardements, les assauts et les escarmouches, les dames se divertissaient de leur mieux. Elles allaient faire leurs dévotions dans les églises et les couvents, se faisaient inviter dans les châteaux, assistaient, le soir venu, à des bals, risquaient leur argent au jeu et consolaient les officiers du roi de leurs épreuves.

Louis les rejoignait une fois ou deux par semaine et passait des heures à ce qu'il appelait ses *dépêches*, souvent dans la chambre ou la tente de la Montespan qui s'y entendait au déchiffrage des codes secrets.

Une telle assiduité, après des heures passées face à l'ennemi, intriguait et inquiétait la reine. Elle disait à Louise :

— Je ne comprends pas que le roi se tue au travail, si tard dans la nuit, alors qu'il a tant de secrétaires. Je me lasse de l'attendre, à la fin !

On passait d'une ville à l'autre. Après Lille, ce furent Charleroi, Tournai, Douai... On traversait, sur des routes défoncées par le passage des troupes et des convois, des campagnes accablées par la canicule, où persistaient les odeurs cadavériques des hommes et des chevaux. On arrivait aux étapes les reins moulus, couverts de poussière, les oreilles bourdonnantes du trot des chevaux et du battement des tambours, la faim au ventre. Il fallait, en descendant du carrosse, chercher, à travers des villages perdus, les portes marquées d'une croix par les fourriers, où l'on pourrait passer la nuit. Parfois on avait la chance de trouver sur son chemin un château ou la demeure d'un bourgeois. Le plus souvent on était hébergé dans des chaumières, des granges, des fenils, quand ce n'était pas dans la fougère. On s'éveillait au clairon, le corps dévoré de vermine, sans rien d'autre pour faire toilette qu'un seau d'eau, une fontaine ou une mare puante. On laissait sur le carreau, sans s'apitoyer outre mesure sur leur sort, les dames qui ne pouvaient suivre ce train d'enfer. On payait un lourd tribut à la guerre et à l'honneur de suivre le roi. Sa Majesté en était-elle reconnaissante ? Elle s'en moquait !

Le convoi fit une longue halte à Arras, tandis que le roi poursuivait son chemin glorieux. À chacune de ses victoires, les Espagnols jetaient à ses pieds leurs étendards et leurs armes.

La campagne de Flandre se termina dans une liesse rappelant kermesses et ducasses. Sur le trajet du retour, on cheminait, entre des groupes de paysans qui agitaient leurs bonnets, on traversait les villes dans un concert de carillons, on se sustentait grassement à la table des bourgeois dont on buvait à satiété les vins de Moselle et du Rhin, avant de s'endormir dans des lits à baldaquin qui faisaient oublier la paillade. Les coffres des carrosses regorgeaient de dentelles, d'étoffes précieuses et d'œuvres d'art, fruits d'un pillage éhonté, sur lequel le roi fermait les yeux.

— Un matin, me dit Marianne, on a remis à la reine un billet trouvé sous sa porte par l'une de ses femmes de chambre : cette lettre anonyme l'informait des nouvelles amours du roi. Elle jeta sa tasse de chocolat à la tête de sa naine, gémit, pleura puis se mit à rire nerveusement, comme une dinde. Tout cela, dut-elle se dire, n'était que calomnie ! On voulait la séparer d'une amie tendre et prévenante. De bonnes âmes avaient tenté de l'informer qu'il y avait anguille sous roche, mais elle savait bien qu'il n'en était rien.

Elle décida de traiter ce poulet par le mépris. Lorsque, quelques heures plus tard, elle le montra à la Montespan, elles en rirent comme des folles.

J'ai retrouvé dans mes paperasses la copie que j'ai faite du poème qui accompagnait cette lettre :

On dit que La Vallière
S'en va sur son déclin.
Ce n'est pas par manière
Que le roi suit son train.
Montespan prend sa place
Tant il faut que tout passe
Ainsi, de main en main.

À quelque temps du retour de la Cour, Marianne m'annonça que la pauvre Louise était revenue de son périple dans un triste état. Elle semblait grosse non d'un enfant mais d'une poche de larmes. Sa délivrance, prévue pour la fin du mois de septembre, était proche. Elle eut lieu au début d'octobre. Ce fut un fils, le quatrième enfant issu des œuvres de Sa Majesté. Elle le prénomma Louis.

Cette naissance, il était facile de deviner qu'elle serait la dernière. Comme disait le poète anonyme, elle « allait sur son déclin », et il était loin d'être glorieux. Deux satisfactions, pourtant, dans sa déchéance : elle avait donné au roi des enfants qui lui faisaient honneur, et il avait promis de les légitimer.

Comme disent les historiens, une « sorte d'amitié » persista entre les deux favorites, à l'encontre de toute logique. Du jour où elle avait compris que sa rivale était condamnée, la marquise s'était montrée, à l'incitation du roi qui ne craignait rien tant que le scandale, plus tendre avec elle.

Dans les mois qui suivirent la campagne de Flandre, elles se virent chaque jour ou presque. Elles prenaient leur collation en tête à tête, papotaient, se livraient leurs confidences. C'était entre elles, disait-on, « même table et même maison ». Peut-être Athénaïs, en même temps qu'elle donnait satisfaction à son amant, pouvait-elle, ainsi, rassurer le marquis : si elle avait été la maîtresse du roi, aurait-elle eu le front de traiter sa rivale en amie ? La perversité féminine est parfois insondable... La marquise avait pris Louise par la main et l'accompagnait gentiment vers la sortie.

Dès lors, l'avenir de la pauvrette semblait tracé : c'était le couvent.

Cette perspective l'obsédait, mais elle ne se décidait pas à quitter la Cour. On a dit qu'elle « avait aimé le roi et non la royauté ». Elle l'aimait passionnément depuis le jour où il avait porté les yeux sur elle. Renoncer à sa présence, aux longues stations qu'elle observait, assise sur son tabouret, au premier rang des dames, ornée des bijoux et des robes qu'il lui avait offerts, ne plus l'écouter parler de sa voix grave et bien timbrée, parfois hésitante, en passant l'index sur ses petites moustaches cirées, était pour elle inconcevable. Mais, lorsqu'elle le voyait traverser sa chambre, sans daigner lui faire un signe, sans un regard, elle se disait que le père de ses enfants était bien ingrat.

Athénaïs avait fait d'elle une de ses suivantes. Elle la traitait avec condescendance, comme une amie déchue et ne tarissait pas d'éloges sur elle, mais il était facile de deviner ce que ces propos n'étaient que des fleurs jetées sur une tombe.

J'ignore en quelles circonstances la duchesse de La Vallière rencontra la « veuve Scarron ». Louise paraissait désemparée, prête à se jeter dans les bras de qui pourrait la consoler.

Elle dit à Françoise :

— Vous avez devant vous la femme la plus malheureuse et la plus humiliée ! Le roi est fort mécontent de moi et me l'a fait savoir sans ménagement, sous prétexte que je suis allée de nouveau faire retraite à Chaillot. Je ne l'ai jamais vu si irrité. Il m'a accusée de vouloir l'intéresser à ma situation, de reprendre mon emprise sur lui ! La vie dans l'entourage de ma rivale est devenue un enfer. On ne m'épargne aucune vexation sous des apparences d'amitié ! On me traite comme une femme de chambre !

— Eh bien, madame, lui répondit Françoise, que ne partez-vous tout de bon ? Vous êtes propriétaire d'un domaine, il me semble ? Allez donc vous y installer. Le roi ne viendra pas vous y chercher. Il sera fâché de votre départ, mais il vous le pardonnera.

— Ce n'est pas dans mes terres que je projette de me retirer, mais au couvent, et sans esprit de retour. Quand j'aurai pris cette décision, ce qui ne saurait tarder, je ferai appel à vous, avec l'accord du roi, pour que vous vous chargiez de mes enfants. Vous êtes veuve, sans famille, et vous jouissez d'une excellente réputation. Accepterez-vous cette charge ?

— C'est beaucoup d'honneur que vous me faites, madame. J'aurais mauvaise grâce à refuser.

Louise lui dit en la congédiant :

— Je me souviens d'une inscription gravée sur la cheminée de ma maison familiale, l'hôtel de la Crouzille, à Tours. Elle était rédigée en latin, et elle disait : *Sit tibi surda Vénus.* Ce qui signifie : « Fais en sorte de ne pas obéir à l'amour. » Un adage dont j'aurais dû m'inspirer lorsque le roi m'a fait sa cour...

Ce n'est pas des enfants de Mlle de La Vallière que Françoise allait avoir à s'occuper, plus tard, mais de ceux que la marquise eut du roi.

9

Les enfants des autres

Ce n'est pas au roi que Mlle de La Vallière alla annoncer son intention de faire retraite au couvent des Carmélites de la rue Saint-Jacques, mais à la reine. Elle s'attendait à un accueil au pire hostile, au mieux indifférent. Il fut affectueux. Elle fit sa révérence dans les formes, s'agenouilla dans un geste de contrition. Tête baissée, yeux clos, elle demanda son pardon pour le trouble qu'elle avait occasionné à la reine et promit d'expier ses fautes par des macérations et des prières dans le couvent où elle avait choisi de finir ses jours.

Marie-Thérèse la fit se relever, la baisa au front et lui dit :

— Allez, madame, puisque telle est votre intention, mais sachez que je n'ai plus aucune rancune contre vous. Je n'ignore pas les humiliations que vous avez endurées de la part de certains de mes proches, du roi notamment. Considérez ces épreuves comme le début de votre expiation. Je suis votre amie, et je prierai pour vous.

Je doute fort que la reine ait tenu ces propos, sous cette forme du moins, à l'ancienne maîtresse de son époux. Elle n'avait pas ce langage châtié, mais s'exprimait dans un charabia de français mêlé d'espagnol. La version que je donne de cet entretien, d'après ce que m'en a rapporté Marianne, ne fait qu'en traduire l'esprit.

À quelques jours de là, c'est en présence du roi et de quelques courtisans que Louise de La Vallière présenta sa confession publique avant de revêtir l'habit des carmélites. Le visage de Louis, auquel elle avait rendu les bijoux et les toilettes qu'il lui avait offerts, resta de marbre. Il acceptait la séparation comme on se défait d'une pièce de collection dévalorisée. La reine, qui avait la larme facile, en essuya une au coin de son œil. Quant à la Montespan, si le bonheur qui l'inondait avait pu rayonner en dehors d'elle, il eût illuminé toute la chapelle.

Athénaïs ne se connaissait pas de rivales dangereuses dans l'entourage du roi. S'il lui prenait la fantaisie – « l'occasion, l'herbe tendre », comme dit La Fontaine – de se rafraîchir les sens à une autre source, elle y mettait bon ordre. Avec une clairvoyance toute féminine, elle avait compris qu'elle se présentait au roi au moment le plus propice pour être agréée : le décès de la reine mère, celui d'Henriette, le déclin de sa passion pour Louise l'avaient profondément affecté. Marie-Thérèse ne lui était utile que comme un ventre et en raison de sa parfaite soumission. Mlle de La Vallière avait éveillé sa sensibilité et avait enveloppé leurs rapports d'une dentelle de sentiment. Elle, Athénaïs, la belle hétaïre, la femme d'esprit et de raison, le possédait pleinement et prévenait tous ses caprices.

Lorsqu'il vit la taille de son épouse prendre une dimension insolite, M. de Montespan se dit que l'immaculée conception n'y était pour rien, car ils faisaient chambre à part depuis des mois. Il l'interrogea sur l'origine de cette enflure du ventre ; elle avoua qu'elle portait un enfant du roi et s'en glorifia. Fou de rage, il la gifla et menaça de la tuer. Elle alla se plaindre au roi, lui suggéra d'exiler cet importun dans ses terres, de crainte qu'il ne traduisît en acte son projet.

Renvoyer M. de Montespan à ses vignes ? Diantre... Le beau scandale en perspective ! Le pauvre cocu ne se montrerait guère discret sur son infortune, et Louis risquait d'avoir les rieurs contre lui. Déjà, il parcourait la Cour, disant que le roi lui avait volé sa femme, mais qu'elle n'était qu'une catin dont il était bien aise de se débarrasser. Et puis, après tout, disait-il, qui pourrait prouver que cet enfant n'était pas de lui ? On lui conseillait de mettre une sourdine à sa hargne, mais, comme il était dans son droit, personne, même le roi, ne pouvait lui imposer silence.

Pour humilier son épouse, il entreprit de fréquenter les auberges les plus sordides, les bordels les plus mal famés, dans l'intention d'y contracter une maladie dont il contaminerait son épouse en la forçant, avec l'espoir qu'elle en ferait part à son amant.

C'est ainsi qu'un soir il pénétra dans la chambre de son épouse par une fenêtre. Elle se débattit comme une diablesse, alerta ses gens, qui chassèrent l'intrus. Elle se dit qu'il n'en resterait pas là.

C'est en comprenant que sa femme lui échappait et que le scandale avait fait son œuvre qu'il se décida à s'éloigner de la Cour.

Partir sans prendre congé de son rival eût été de la dernière inconvenance. Sa Majesté se trouvait à Saint-Germain lorsque la calèche de M. de Montespan, attelée de chevaux noirs, s'arrêta devant le perron. Il en escalada les marches avec un air de dignité et demanda à un laquais où se trouvait Sa Majesté. On le précéda, non sans réticences, jusqu'à la salle de jeu où l'on disputait une partie de lansquenet. En le voyant paraître, vêtu de noir de pied en cap, coiffé d'un couvre-chef orné de bois de cerf, tous se levèrent, béants de stupeur.

— Sire, dit-il, je viens prendre congé de vous. Je suis au regret de vous priver de ma présence, mais je vous laisse mon épouse pour vous consoler. Je suis toujours votre serviteur.

Il éclata de rire et, fier de cette bravade, se retira sans un mot ni un regard pour l'infidèle.

Athénaïs avait pressenti que Versailles serait un cadre digne de sa nouvelle condition. De même qu'il y avait, avant elle, conduit Henriette, Louise et quelques autres, Louis y mena sa nouvelle conquête.

L'architecte Le Vau, le jardinier Le Nôtre menaient le chantier tambour battant, mais, pour le roi, les travaux n'allaient jamais assez vite. Tandis que Le Vau dessinait les plans de nouvelles constructions, Le Nôtre tirait le cordeau pour organiser les jardins, les bassins et le canal qui prolongeait à l'infini les perspectives du parc.

Dernier caprice du roi : un modeste chantier naval pour la construction d'une galiote, galère de petites dimensions appelée à naviguer sur le canal. Il fit venir de Venise gondoles et gondoliers.

Dignes des pharaons et des rois de Babylone, ces chantiers se présentaient alors comme un chaos envahi par des milliers d'ouvriers : ingénieurs, terrassiers, maçons, jardiniers. Les travaux se déroulaient dans des conditions d'hygiène tellement précaires que les miasmes dégagés par ces terres marécageuses, ouvertes et retournées, engendraient des fièvres. Je me souviens d'avoir croisé des charrettes chargées de malades en direction des hôpitaux de la capitale.

La favorite avait de quoi se réjouir des faveurs de son amant : il lui avait attribué, au premier étage du bâtiment central, l'ancien pavillon de chasse agrandi, un appartement, plus vaste que celui de la reine.

Sous le sceau du secret, Françoise m'avait parlé du souhait de la favorite déchue qu'elle devînt la gouvernante de ses enfants, mais, soit qu'elle eût changé d'avis ou que le roi s'y fût opposé, ce projet n'eut pas de suite. Elle se dit que son entrée à la Cour était bien compromise, jusqu'au jour où le roi lui demanda de se présenter à lui.

— Nous avons de vous, lui dit-il, la meilleure opinion qui soit. Vous êtes sans attaches, vous menez une vie exemplaire, et, de plus, vous êtes jeune. Toutes ces qualités nous ont décidé à vous proposer la garde et les soins de l'enfant de Mme de Montespan. Faites-nous le plaisir d'accepter.

— J'ai senti, me dit Françoise, une chaleur d'émotion me monter aux joues. J'étais tellement surprise et émue de cette proposition que les mots me restaient dans la gorge. Gouvernante d'un enfant royal... Mes entrées à la Cour assurées... Un revenu qui me mettrait à l'aise... Je ne sais ce que je bredouillai pour donner mon accord. Le roi s'en contenta en souriant sous ses petites moustaches, et ajouta :

— Il va sans dire que nous veillerons à ce que vous ayez un logement convenable. Je pense à un hôtel dans le quartier de Vaugirard.

Quand elle eut tiré sa révérence au roi, elle rejoignit dans une pièce voisine Mme de Montespan qui lui révéla son accord avec la proposition du roi et lui dit en l'embrassant :

— Ma chère, puisque vous avez accepté, votre fortune est faite, si vous donnez satisfaction, ce dont je ne doute pas. Le roi a entendu parler de vous dans les meilleurs termes. Croyez-moi : il ne vous ménagera pas ses faveurs.

La belle Athénaïs ne croyait pas si bien dire...

À son retour de ces audiences, Françoise, rayonnante, nous convia à un balthazar. Il dut ébrécher ses économies, qui étaient maigres. Nous y fîmes honneur. Passé la griserie des instants qui avaient suivi l'annonce de cette nouvelle, elle avait retrouvé cette placidité que j'admirais chez elle en toutes circonstances, comme si la proposition qu'on lui avait faite lui eût semblée naturelle. Dans les premières vapeurs de l'ivresse, je l'entendis me dire :

— Nicolas, je vais avoir besoin d'une sorte d'intendant ou de secrétaire. Savez-vous à qui j'ai pensé ?

— Ma foi... bredouillai-je.

— Mais à vous, grand benêt !

— À moi ? Vous plaisantez ?

— Réfléchissez à ma proposition à tête reposée... et à jeun. Vous me donnerez votre réponse dès que possible.

« Une sorte d'intendant ou de secrétaire... » Je me répétais ces mots dans le coche de louage qui me ramenait rue des Vieilles-Poulies, sans parvenir à leur accorder un sens précis. Je les marmonnais encore lorsque Marianne m'aida à accéder à mon logis et à me défaire de mes vêtements.

Elle revint me voir le lendemain, après mon travail, la mine longue, et me demanda si j'avais pris une décision. J'y avais réfléchi toute la journée en me disant que je ne pouvais laisser échapper cette chance d'aborder une nouvelle destinée, plus gratifiante que la précédente. Elle s'assit en face de moi.

— Je ne puis te reprocher cette décision, dit-elle, mais elle signifie que nos relations vont prendre fin.

Je la rassurai de mon mieux. J'avoue que je n'avais pas songé à cette éventualité. Elle secoua la tête avec un triste sourire.

— Quoi que tu puisses me dire, tu te trompes. Le mieux est de nous séparer sans faire de belles phrases, et sans larmes. Nous ne sommes plus des enfants, et nous savons comment triompher des réalités de la vie, aussi sombres soient-elles.

« Sans larmes... », avait-elle dit. Elle ne m'épargna pas les siennes. Son chagrin creva lorsque, pour la dernière fois, nous fîmes l'amour, et avec la même intensité, la même émotion que la première. Contrairement à nos habitudes, nous avons passé ensemble le reste de la nuit, à nous raccrocher à nos souvenirs communs.

Marianne me quitta au petit matin. Je ne la revis plus de quelques semaines, et j'avoue qu'elle me manqua. Ma vie était tellement dépendante de la sienne que je n'avais eu qu'en de rares moments l'intention de mettre un terme à des rapports qui me laissaient insatisfait.

Nos rencontres s'espacèrent jusqu'au jour où elle m'annonça qu'elle allait rejoindre sa sœur aînée, ancienne maîtresse du roi, au couvent de Chaillot. J'allai lui rendre visite une fois par semaine, puis une fois par mois. Un beau jour, elle me fit comprendre que ces visites l'importunaient. Comme il en était de même pour moi, j'y renonçai, non sans quelque regret, vite effacé.

Qui a vu, sur la mort de Mme Henriette, planer l'ombre du poison ? Personne, sauf à le taire, de peur d'éveiller je ne sais quels vieux démons. Les médecins ? Peut-être. Le roi ? J'en doute.

Elle était malade de la poitrine, nul ne l'ignorait, mais sans que cela donnât lieu à des alertes. Les médecins avaient fouillé ses entrailles au scalpel et n'y avaient trouvé rien que de très normal, dirent-ils, mais je sais ce qu'il faut penser de l'habileté et des compétences de ces Diafoirus à la botte d'un monarque qui fuyait le scandale comme la peste. Et quel scandale ç'aurait été s'ils avaient découvert des traces de poison !

On s'était pourtant hasardé à prononcer ce mot, à voix basse et en aparté, car il fait peur, non sans raison. Avec les articles des gazettes, les minutes des procès qui ont marqué la fin du siècle, les témoignages que j'ai recueillis, je pourrais faire plusieurs volumes.

Assez fréquemment, il m'arrivait d'aller m'approvisionner dans le quartier des Halles. J'y trouvais tout à ma convenance pour mes modestes soupers, M. Toussaint Quinet subvenant à mes besoins pour le dîner. J'aimais l'animation, le bruit, les odeurs mêmes de ces lieux. Les gargouillis, éructations, flatulences de ce ventre énorme se mêlaient à des images agréables :

celles de certaines vendeuses qui me donnaient à rêver, bien que leur langage n'eût rien d'académique.

J'y croisais souvent des dames de la bonne société, accompagnées d'une ou de plusieurs servantes, parfois d'un laquais, dans la crainte où elles étaient d'une agression. L'une d'elles avait attiré mon attention à plusieurs reprises. Je la trouvais surtout devant l'éventaire des marchands d'herbes aromatiques.

Je n'appris que plus tard que cette cliente était une dame de haut lignage, la marquise Marie-Madeleine de Brinvilliers. La trentaine épanouie, des rondeurs de matrone, un visage inquiétant : nez pointu, yeux vifs et scrutateurs, elle provoquait en moi une sorte de fascination, lorsque son regard croisait le mien.

« La Brinvilliers », comme on disait en parlant d'elle, sans intention péjorative, fille d'un lieutenant civil du Châtelet, épouse d'un maître de camp de l'armée royale, entretenait des relations coupables avec un certain Godin, qui se faisait appeler Sainte-Croix mais avait commerce avec le diable plus qu'avec Dieu.

La confection de mixtures empoisonnées lui avait valu, dans certains milieux de la Cour, une notoriété occulte. Elle s'adonnait à cette activité, par intérêt sans conteste, peut-être par goût ou par vocation.

C'est sur sa propre famille qu'elle exerça d'abord ses talents. Son père décéda dans des conditions mystérieuses, l'année 1666. Quelques années plus tard, ses deux frères connurent un sort identique. Cette hécatombe la mettait à l'abri du besoin pour le restant de ses jours.

Lorsque le lieutenant de police La Reynie fut informé de ces morts suspectes, il ne trouva pas la marquise : elle avait pris la clé des champs et habitait Londres. Pour son malheur, elle en revint et fut arrêtée. Son procès la conduisit au bûcher, dix ans plus tard.

En dépit de ce châtiment exemplaire, la marquise de Brinvilliers allait faire des émules, jusque dans l'entourage des souverains.

Il y avait à cette époque, rue d'Anjou, en bordure de la plaine

Monceau, un bâtiment qui ne payait pas de mine : le Petit Hôtel d'Angleterre. On y trouvait une communauté de malfrats et d'empoisonneuses. Ils exerçaient cette industrie lucrative autour d'un athanor – le *fourneau philosophique* – dissimulé dans une cave. Il en sortait des tisanes, des mixtures, des poudres de succession, dont l'utilité était d'envoyer *ad patres* un mari encombrant, un concurrent ou un oncle à héritage. On en trouvait pour toutes circonstances, avec tous les effets désirés, à bref ou long terme. Ils avaient une autre qualité : ils ne laissaient pas de trace dans le corps. Ces sorciers appelaient leurs produits de la *torminade.* Héritiers des secrets de la Brinvilliers, ils les avaient enrichis des leurs et d'expériences répétées : une pharmacopée capable de faire *passer la barque*, comme on dit, à la moitié de Paris. Seuls la peste et le choléra pouvaient faire mieux, mais avec moins d'élégance.

J'ai lu dans les comptes rendus des procès qui suivirent l'arrestation de ces brigands qu'ils se servaient, pour distiller les herbes des Halles, d'un athanor à trois cucurbites. La chaudière devait être maintenue en combustion plusieurs semaines durant et surveillée en permanence. Une telle conscience professionnelle avait son prix : on payait fort cher ces produits.

Il va sans dire que ces sorciers devaient, avant de livrer commande, expérimenter leur production. Ils le faisaient en général sur des chambrillons naïves ou de jeunes provinciaux sans emploi, que l'on allait enterrer de nuit dans le jardin de l'hôtel.

À quelques mois de notre première rencontre, Marianne avait failli sombrer dans ce monde dangereux.

Alors qu'en compagnie de sa sœur, de Françoise et de la Sévigné, elle faisait tourner les tables, une invitée qui avait une réputation de sorcière, la veuve Monvoisin (on l'appelait « la Voisin »), lui dit :

— Ma fille, je vous ai surveillée au cours de cette séance, et je crois avoir découvert en vous un sujet de grande qualité, capable de lire dans les astres et dans les cœurs. Il émane de vous un fluide qui ne trompe pas. En ce moment même, je puis vous dire que Lucifer est en vous, aussi vrai que je vous vois. L'ange de lumière, le chef de la légion céleste, vous a distinguée.

Encore toute moite d'émotion, Marianne me fit le récit de cette étonnante révélation. Je ne fis qu'en rire, ce qui l'irrita. Elle se sentait habitée. Il lui poussait des ailes de feu.

Ce qu'elle me raconta, à quelques mois de là, me donna des inquiétudes.

Forte de l'emprise que, d'emblée, elle avait exercée sur sa novice, la Voisin l'avait invitée à assister à un cérémonial qui, lorsqu'elle m'en parla, me donna des sueurs froides.

On la conduisit dans une cave en forme de crypte, plongée dans la pénombre. Au milieu, un peu surélevé, se dressait un autel drapé d'une étoffe noire à larmes d'argent. Les chandelles étaient faites d'une cire de même couleur, de sorte qu'on n'en voyait que la flamme, pareille à un feu follet.

Elle faillit rebrousser chemin. La Voisin la retint au poignet, disant qu'il était trop tard, que Lucifer l'avait déjà en sa possession et exigeait qu'elle restât, sans faire le moindre mouvement ni le moindre bruit.

On lui dit qu'une sorte de messe allait être célébrée. Une messe ? Où étaient le prêtre, les desservants ? On lui répondit qu'ils se préparaient et qu'elle se tût. Son regard parcourut l'assistance composée d'un alignement de spectres assis sur des stalles, le visage à demi dissimulé par une capuche.

Après une brève attente, elle vit surgir d'une loge d'étoffe noire une jeune femme masquée, entièrement nue, qui s'avança vers l'autel et s'y allongea, jambes pendantes, entre des cierges qui donnaient une grosse flamme jaune et fumeuse puant le graillon. De la loge, qui venait de s'entrouvrir de nouveau, montait un bourdon obsédant de prières.

Une servante de la Voisin s'assit près de Marianne, tordit le cou à un couple de pigeons et les ouvrit au couteau sur un plateau posé sur ses genoux, pour en extraire le cœur encore palpitant.

L'officiant qui progressait lentement vers l'autel en balançant un encensoir était, Marianne l'apprit plus tard, l'abbé Guibourg, qui allait être mêlé à une autre affaire de sorcellerie.

Le prêtre s'immobilisa devant l'autel, fit signe qu'on lui apportât les cœurs de pigeon et les plaça sous le calice. Il se livra ensuite aux actes ordinaires du rituel, sur le ventre de la patiente, qui ne bougeait pas plus qu'un gisant. Marianne m'avoua n'avoir compris goutte aux prières d'apparence conjuratoire qu'il marmonnait. Il demandait au « prince des ténèbres », à ce qu'elle crut comprendre, d'intervenir pour favoriser les amours de la patiente.

Marianne crut que la cérémonie avait pris fin, quand, à travers la pénombre, elle perçut le mouvement du prêtre qui lui tournait le dos, contre le ventre de la jeune femme : il la possédait en lançant à voix haute les noms de Lucifer, de Satan, d'Astaroth et de je ne sais quelles autres créatures infernales.

L'esprit brouillé, les jambes molles, Marianne chercha la porte. La Voisin l'attendait devant son athanor. Elle la complimenta d'être restée jusqu'au bout, précisant qu'il s'agissait d'une cérémonie banale, qu'elle aurait à assister à quelques autres, de nature plus éprouvantes. Avant de prendre congé, elle lui fit des signes cabalistiques sur la poitrine et le ventre, lui demanda deux écus et exigea d'un ton menaçant qu'elle gardât le secret, au risque de voir la vengeance de Lucifer s'abattre sur elle.

Je conjurai Marianne de rompre de nouveau sa promesse et de dénoncer aux services de M. de La Reynie ces pratiques diaboliques. Elle s'y opposa, objectant qu'elle avait promis le secret. Si elle me l'avait révélé à moi, c'est avec la conviction que je n'irais pas l'ébruiter. Il restait en cette innocente un reliquat de terreur sacrée qui lui scellait les lèvres.

— Au moins, lui dis-je, renonce à ces simagrées. Tu risques d'y perdre ton âme et de te retrouver un jour devant un tribunal. Si tu persistes, il faudra renoncer à moi.

Elle consentit à m'en faire la promesse, mais j'ignore si elle s'y tint. Ce dont j'ai la certitude, c'est qu'elle ne fut pas inquiétée par la police. Elle venait de descendre les premières marches de l'enfer et du crime. La messe noire dont elle avait été témoin n'était, somme toute, qu'une ignoble momerie dont les exécutants eussent mérité la corde ou la roue.

Une autre affaire, à la suite de celle d'Henriette, concernait la mort suspecte du comte de Soissons, mari d'Olympe Mancini. Il était fort laid : nez en bec d'épervier, teint couleur de citron, odeur nauséabonde, bouche étroite et dents noires...

La lumière ne fut jamais faite sur cette mort, mais il pesait sur elle des présomptions suffisantes pour traîner cette Mazarinette devant les juges, l'envoyer à la Bastille ou la bannir. Elle échappa au châtiment en se réfugiant en Flandre, puis en Espagne où elle fut accueillie généreusement à la Cour de Madrid.

Un jour où la reine demandait à boire son lait, Olympe se fit un honneur de le lui servir. Deux jours plus tard, Sa Majesté mourait d'un mal mystérieux. Olympe jugea prudent de prendre de nouveau la fuite. Elle se réfugia en Italie, auprès de sa sœur, Marie, le temps, peut-être, d'expérimenter sur de nouvelles victimes des recettes de poison à la mode italienne.

Je ne songe pas sans un frisson d'angoisse à ce qui aurait pu advenir si le roi avait préféré à Marie cette créature intrigante et vénéneuse.

La belle Athénaïs, j'ose le dire aujourd'hui, me fiant aux documents en ma possession, marcha sur ses brisées. Une note que je viens de retrouver dans la chemise relative aux procès en sorcellerie est caractéristiques des mœurs de cette fin de siècle : *Les pénitenciers de Notre-Dame ont signalé que la plupart des gens qui viennent à confesse s'accusent d'avoir empoisonné quelqu'un...*

Respirer une fleur, une peau d'orange, une paire de gants, boire un verre de vin ou de lait pouvait mener au cimetière. Il eût fallu se méfier de tout et de tous. Telle cabaretière proposait à sa clientèle des confitures de sa fabrication additionnées de « poudre de succession ». Telles autres des prunes piquées à l'arsenic, des « eaux du roi » et autres produits mêlés subtilement à des sucs de plantes vénéneuses ou à des venins importés du Brésil.

Les ministres eux-mêmes n'étaient pas à l'abri de ces manœuvres criminelles : Colbert en avait été atteint mais en avait réchappé. M. de Lionne, secrétaire d'État, n'avait pas eu cette chance. Des regards chargés d'inquiétude se tournaient vers les souverains. Trop de gens avaient à se plaindre d'eux, pour quelque faveur refusée. Leurs maîtres d'hôtel étaient chargés de goûter les plats, mais qui pouvait répondre de ces personnages ? Il fallait se méfier de tout, même de son ombre. La suspicion se répandait sourdement jusque dans les cercles de ses proches.

Françoise, elle, vivait dans un monde trop secret pour attirer l'attention des empoisonneurs. D'ailleurs elle constituait pour eux un trop maigre gibier...

Françoise allait rester enfermée, pour ainsi dire, dans une bulle de savon, sauf que celle-ci n'était pas transparente.

En attendant d'être légitimés, comme l'avaient été ceux de Mlle de La Vallière, les bâtards qui allaient naître du double adultère du roi et de Mme de Montespan seraient tenus au secret. Non dans une geôle ou chez une nourrice de campagne, mais dans un cocon où il ne leur manquerait que la présence et l'affection de leurs géniteurs.

Françoise suppléait à cette carence avec un zèle qui faisait l'admiration des intéressés. Elle devait prendre le coche de louage pour courir les environs de Paris où Mme Colbert allait discrètement déposer le royal fardeau. Elle s'informait de la santé des premiers nourrissons et des soins qu'on leur donnait. Elle me confia que ces enfants faisaient sa joie, cette mission lui donnant l'occasion de compenser une maternité déçue.

Elle eut quelque regret, le moment venu, de quitter son appartement de la rue des Deux-Ponts pour l'hôtel de la rue de Vaugirard que le roi lui avait assigné comme nouveau domicile, mais elle s'habitua vite à ce nouveau décor.

Le jour où le roi, d'accord avec Mme de Montespan, lui demanda de regrouper leurs enfants dans un même logis, je donnai congé à M. Toussaint Quinet pour assumer auprès de Françoise la fonction qu'elle m'avait proposée.

Le nouvel appartement était vaste, meublé convenablement mais sans superfluités, et situé dans un beau quartier. Il abritait, outre les enfants, Françoise et moi, quelques domestiques, parmi lesquels Nanon Balbien, dont sa maîtresse ne pouvait se séparer. Le roi lui avait fait attribuer une calèche avec son attelage.

J'aurais pu tirer fierté de cet emploi. Le roi me connaissait par mon nom et avait accepté sans réticence, malgré la nuée de quémandeurs qui attendaient une charge ou un emploi, la proposition de Françoise.

Cette bonne fortune avait son revers : elle m'interdisait de me donner une compagne, après ma rupture avec Marianne, sauf à m'absenter, de temps à autre, pour passer quelques heures avec une prostituée. La trentaine approchant, si je tenais à mon célibat, j'acceptais mal d'être dépourvu d'une compagne. Lorsque j'exposai ma situation à Françoise, elle me dit :

— Je vous comprends, Nicolas, mais vous devez admettre qu'il n'y a pas place, dans cette maison, pour une femme qui serait votre maîtresse. Vos frasques, si elles vous sont indispensables, il faudra vous y livrer ailleurs.

Elle comptait parmi ses servantes une fille qu'elle avait fait sortir du couvent des Madelonnettes, celui où Ninon de Lenclos finissait ses jours, et qui avait une réputation moins détestable qu'on ne le disait. On trouvait dans ce lieu d'asile des orphelines, des filles repenties, certaines de bonne naissance, arrachées aux griffes des proxénètes et des maquerelles, et qui aspiraient à une vie normale.

Véronique avait dix-sept ans lorsqu'elle entra au service de Françoise. Frêle, timide, d'une blondeur de moisson, elle avait appris à lire, à écrire, et avait échappé de peu, orpheline qu'elle était et jetée au ruisseau, à une rafle destinée à subvenir aux besoins des colons de la Nouvelle-France.

Je m'en tins, dans cette vénérable demeure, à la promesse que j'avais faite à Françoise. Elle fermait les yeux sur mes escapades. Je prétextais des visites à un cabinet de lecture, mais elle n'était pas dupe. Une heure par-ci, deux heures par-là, ces étreintes mercenaires suffisaient à satisfaire mes élans charnels. Elle me disait avec un sourire narquois, lorsque je prenais le large : « Tâchez de ne pas trop vous attarder à vos lectures... »

Nous avons eu une dispute à propos de Véronique. Elle me reprocha un soir de lui avoir témoigné plus d'attention qu'il ne fallait.

— Je ne suis pas aveugle, Nicolas, me dit-elle. Croyez-vous que je n'aie pas surpris votre manège ? Que lui disiez-vous à l'oreille pour qu'elle ait rougi ?

— Rien que de très innocent, je vous assure. Je lui ai fait observer que le ruban qui retenait son tablier était détaché.

— Et je suppose que vous lui avez proposé de le renouer ?

— Vous me faites un procès d'intention, madame !

— Allons... allons... vous pouvez bien me l'avouer : cette fille vous plaît et vous ne semblez pas lui déplaire. Nanon m'a fait remarquer...

— Nanon est une mauvaise langue. Je me charge de le lui reprocher !

— ... m'a fait remarquer qu'elle ne vous quitte pas de l'œil pendant son service à table. Quant à vous, je me demande parfois ce qui retient le plus votre attention, de cette garce ou de votre assiette.

Le mot *garce* me choqua, et je le lui dis. Elle répliqua :

— Comme vous la défendez bien ! Trop bien même. Brisons là, voulez-vous ? Cette querelle ne mène à rien et notre bonne entente risquerait d'en pâtir, ce qui me chagrinerait.

J'en voulais à Françoise d'avoir raison. Mais aussi, pourquoi n'avait-elle pas choisi, aux Madelonnettes, une fille moins aguichante ? On ne met pas sous le nez d'un ermite du désert une jatte d'eau fraîche en lui interdisant d'y toucher. Je n'ai pas de goût pour la sainteté du pauvre Antoine soumis aux tentations dans sa retraite. C'est ce que je lui fis observer un jour où elle reprenait la même antienne. Elle finit par me jeter :

— Eh bien, puisque vous vous intéressez tant à cette fille, épousez-la ! Les choses, au moins, seraient claires, et cela mettrait un terme à cette querelle. Y êtes-vous disposé ?

J'en eus un hoquet de surprise puis, me reprenant, je lui proposai de couper la poire en deux.

— Vous êtes trop bien informée de mes préventions contre le mariage pour parler sérieusement. Si j'y étais contraint, l'affaire ne se ferait pas chat en poche. Qui me dit que cette fille ne va pas me décevoir, et si je lui conviendrai ? Elle est beaucoup plus jeune que moi. Nous risquons un échec. Y avez-vous songé ?

Elle me tourna le dos.

À quelques jours de là, après une longue conversation avec Mme de Montespan avec laquelle, je le suppose, elle évoqua ma situation, elle me dit :

— Nicolas, j'ai bien réfléchi à vous et à la petite Véronique. Voici ce que je vous propose : faites-en votre maîtresse, puisque, je le sais, cela vous fait tourneboulér, mais promettez-moi, si vous vous entendez bien, que cela finira par un mariage, quoi qu'il puisse vous en coûter de renoncer au célibat. Cela vous convient-il ?

Elle dut se dire que je tombais des nues, car je restai un moment sans répondre. Si cela me convenait ? Je lui aurais sauté au cou, je l'aurais embrassée, je lui aurais fait toutes les promesses qu'elle attendait de moi. Mon silence tint lieu de réponse. Elle ajouta :

— Vous devrez vous montrer d'une extrême discrétion, cela va sans dire. Si notre secret transpire, vous aurez des comptes à me rendre et Véronique fera son bagage.

Restait à présenter ce projet à la petite servante. Je devins plus pressant sans la brusquer, lui fis quelques mignardises pour l'amener à comprendre le désir qu'elle m'inspirait. Je la trouvai consentante. Elle fit bien quelques manières, dans les premiers temps, inquiète qu'elle était de risquer son renvoi, mais je la rassurai. Un soir, après une petite fête pour l'anniversaire du garçonnet, je lui glissai à l'oreille une proposition qui lui mit le feu au visage. Elle balbutia :

— Monsieur Nicolas... monsieur Nicolas, est-ce raisonnable ?

Ça ne l'était pas, assurément, car rien ne m'assurait que le désir que j'avais d'elle n'allait pas péricliter, comme cela s'était produit avec Marianne. Ce soir-là, je savourai, dans la tiédeur du lit, une chair adolescente, fondante comme une pêche, odorante à souhait et frémissante de plaisir. Cela me changeait de la *chosette* à laquelle je me livrais avec Marianne et avec les putains du Marais.

Je veillai à rendre cette liaison aussi discrète que possible et à faire en sorte que mon ouvrage n'en souffrît pas. Outre le secrétariat, qui se résumait à peu de chose, j'avais pris en main l'intendance, qui me donnait davantage de travail.

Les bâtards du roi et de Mlle de La Vallière avaient pris leur envol pour des débuts à la Cour, souvent avec éclat, comme Marie-Anne de Blois, qui, plus tard, épousa le prince de Conti. Elle charmait la Cour par sa grâce juvénile, mais certains de ses comportements frisaient le scandale : elle fumait des pipes qu'elle empruntait aux mousquetaires de la garde royale et buvait leur eau-de-vie à la régalade.

Il n'en allait pas de même avec celui qu'on appelait le « petit comte de Vermandois ». C'était un bel enfant, aimable, souriant, mais avec un défaut : il louchait. Il était d'une naïveté telle qu'il se laissait sodomiser par ses camarades de jeu, et paraissait trouver ces plaisirs naturels. Le roi n'aimait guère ce bâtard. Il l'éloigna de la Cour en prétextant ses mauvaises mœurs, alors que ce pauvre dévoyé n'était qu'une victime.

Au temps où la Montespan régnait sur le cœur et les sens du roi, Louis s'éprit de Marie-Élisabeth de Ludres, chanoinesse des dames de Poussay, ancienne demoiselle d'honneur d'Henriette et de la reine.

Cette vertu réputée inexpugnable céda aux premiers assauts. Elle était belle mais avait un cheveu sur la langue, ce qui faisait dire qu'une hostie lui était restée collée au palais. Elle avait un autre travers, moins ostensible : son corps était recouvert de dartres qui suppuraient désagréablement, à la suite, dit-on, d'une ingestion de poison administré par une dame, au temps où elle était courtisée par le vieux duc de Lorraine. Après quelques coucheries, le roi, importuné par son odeur, lui donna discrètement congé. Elle alla finir ses jours dans le couvent de la Visitation, rue du Bac.

Le poison, encore et toujours...

J'ai retrouvé par hasard, dans une chemise, un document d'une rare perversité attribué, à tort ou à raison – mais on ne prête qu'aux riches ! – au comte de Bussy-Rabutin. Ce militaire, homme de lettres réputé pour son esprit libertin plus que par ses faits d'armes, avait été exilé par le roi pour avoir, à la manière de Scarron et de ses complices, célébré le Carême d'une manière peu orthodoxe. La *Carte du pays de Braquerie*, dont il est l'auteur, constitue une sorte de géographie espiègle qui assimile les dames de la Cour à des forteresses à prendre... ou à laisser. Quelques exemples : la duchesse de Chevreuse ? « Une place délabrée, ouverte à tous les vents qui, jadis fort marchande, s'est souvent remise à discrétion... » Mme de Suze ? « Une place qui change souvent de gouverneur et de religion... » Mme de Puisieux ? « Une place forte sale et marécageuse, mais avec nombre de gouverneurs... » Mme Arnauld ? « Le lieu où l'on est le mieux payé et où l'on fait le mieux l'exercice... » Mme de Comminges ? « La principale porte de la ville est si proche d'une fausse porte qui conduit à un cul-de-sac, que, souvent, on prend l'une pour l'autre... » En matière d'insolence, on ne fait pas mieux !

Françoise se contentait de réserver ses soins aux deux premiers-nés de la marquise.

Le premier, Louis Auguste de Bourbon, duc du Maine par grâce royale, était son favori et celui de Sa Majesté. Il était né avec une jambe plus courte que l'autre, mais, en revanche, il avait du charme et de l'intelligence.

La Cour manifestait quelque inquiétude à son égard. Devenu prématurément apoplectique, le Dauphin risquait de ne pas faire de vieux os. On redoutait que ce bâtard ne lui damât le pion. Pour tenter de le guérir de son infirmité, on songea aux bains de Barèges. Françoise l'y accompagna. On fit subir au petit boiteux, à l'aide d'instruments dignes de l'Inquisition, un véritable supplice. On étira la jambe courte si maladroitement qu'il se mit à boiter de l'autre.

Ce garçonnet, avec qui je cohabitais en permanence, m'avait pris en affection. Il entrait en claudiquant dans mon cabinet, fouillait en chantonnant dans mes paperasses, s'inondait les narines de mon tabac à priser, me posait quantité de questions, escaladait mes genoux pour se faire cajoler. Je gardais longtemps sur moi son odeur de petit chat et de violette.

J'avais moins d'affection pour Louis César, titré comte de Vexin, et, plus tard, pour Louis Alexandre de Bourbon, titré comte de Toulouse. Ce dernier s'intéressa, très jeune, à la marine. Il tapissait les murs de sa chambre de cartes de navigation et d'images des Îles. Il nous méprisait et traitait sa gouvernante comme une souillon.

Je n'eus que des rapports distants avec la petite Louise Françoise de Nantes. Elle prétendait me conseiller en matière de vêtements et me reprochait d'être toujours en retard d'une mode, ce qui ne m'importait guère car nous ne recevions pas de visites à Vaugirard. Cette insupportable gamine prétendait tout régenter, trouvait que nous dépensions trop en nourriture et se privait pour ne pas ressembler à sa mère, qu'elle détestait depuis qu'elle avait pris de l'embonpoint.

Les visites de la favorite donnaient à la maison un air de fête, d'autant qu'elle n'arrivait jamais les mains vides. Elle descendait masquée d'une calèche banale, restait une heure ou deux à bavarder avec la gouvernante, et repartait en laissant un parfum tellement insistant que Nanon ouvrait grand les fenêtres dès qu'elle avait disparu.

Françoise me révélait que la Montespan n'était pas pleinement heureuse avec le roi. Il n'était plus, disait-elle, « comme avant », la prenait sans la moindre tendresse, comme un ruffian. Elle lui faisait des scènes parce qu'il avait l'haleine fétide. Elle devait intervenir sans relâche pour éviter que des « petites dindes » lui tombent dans les bras, sans pouvoir l'empêcher de donner libre cours à ses penchants. Après le Louvre et les Tuileries, disait-elle, Versailles était en passe de devenir « un véritable bordel » qui puait les latrines.

Sur ordre du roi, nous dûmes quitter notre petit hôtel de Vaugirard pour le château de Saint-Germain-en-Laye ! Je regrettai mon bureau qui donnait sur des espaces de jardin, le train bourgeois de la maison, la présence permanente de ma petite maîtresse dont je ne me lassais pas. Françoise, en revanche, arborait un air de triomphe : c'était un pas de plus dans la Cour et, en outre, elle adorait d'avance ce château majestueux, construit au-dessus d'un méandre de la Seine.

— Cessez de vous plaindre ! me disait-elle. La vie à Saint-Germain est une fête perpétuelle. L'air y est excellent, nous aurons des jardins et des bassins pour nos promenades, une belle vue sur Paris...

Elle s'y rendit à plusieurs reprises pour préparer notre installation, et s'en retournerait avec une expression de bonheur sur le visage, comme si elle revenait du paradis. Il lui arrivait de rencontrer le roi. Il s'entretenait longuement avec elle de ses bâtards, lui annonçait une légitimation prochaine. Il semblait s'intéresser davantage à leur sort qu'à celui de ses enfants légitimes, dont deux seulement sur six avaient survécu.

Je n'eus que rarement l'occasion de rencontrer le Dauphin, et me faisais mal à l'idée que ce personnage lourdaud, fuyant, écrasé par l'autorité de son père, pût un jour gouverner la France. En mars de l'année 1680, on lui donna comme épouse la princesse Marie-Anne de Bavière, une grosse fille boulimique, acariâtre et dévote à l'excès. Ce ménage faisait le bonheur des chansonniers et des gazetiers.

Au printemps de l'année 1676, après avoir fait ses Pâques, le roi reprit les chemins du nord pour de nouvelles ducasses sanglantes. Ce malheureux pays, la Hollande, servait de champ clos pour les affrontements entre le maréchal de Luxembourg et le stathouder Guillaume d'Orange, qui, après l'éviction des troupes espagnoles, refusait d'ouvrir ses portes à celles du roi Louis.

La victoire de nos armées, à Cassel, mit un terme à un conflit qui avait duré des années et où Turenne, le plus valeureux des maréchaux du roi, avait disparu au cours d'un combat. Monsieur s'y conduisit vaillamment, comme Bayard au pont du Garigliano, au point de rendre son frère jaloux.

Cette même année, la misère du royaume était à son comble. La famine régnait à Paris comme dans les provinces. Place Maubert, les marchandes se révoltèrent, assistées par des soldats qui n'avaient pas touché leur solde depuis des mois. D'autres émeutes séditieuses éclataient en divers points du pays, pour protester contre la hausse de la gabelle et le monopole du tabac. On envoyait la troupe pour les réprimer, et le sang coulait. Entre Versailles, décor d'un théâtre pour le Roi-Soleil, et les champs de bataille, se creusait un gouffre où le pays s'enlisait inexorablement.

Le roi ne revint à Saint-Germain qu'au début de juillet, las de cette campagne qui avait vu une nation tout entière se dresser contre ses armées, sous la direction d'un chef redoutable, Guillaume, qui avait érigé le patriotisme au rang de mystique.

Il trouva dans ce château, outre les enfants légitimes et adultérins, la reine, boudeuse comme à son ordinaire, qui se gavait de chocolat pour oublier ses épreuves. Françoise était présente pour le recevoir, de même que la belle Athénaïs, lourde, bruyante et agitée comme un bourdon.

De la fenêtre de mon cabinet, je regardais ces deux femmes et les enfants entourant le roi qui jouait dans le soleil à dessiner sur le sable de l'année, avec la pointe de sa canne à rubans, des plans de bataille ou les derniers aménagements apportés à Versailles.

De quoi d'autre parlait-il avec ces femmes ? De Marly, entre Versailles et Saint-Germain, où il prévoyait de construire un château. L'architecte Hardouin-Mansart avait commencé à en dresser les plans.

Cet endroit était très différent de celui où avait été construit Versailles : un vallon exigu, aux bas-fonds occupés par des crapaudières, des pentes escarpées, un air insalubre... Il fallait toutes les qualités de visionnaire du roi et la compétence de l'architecte pour imaginer, derrière cette réalité sordide, un château et les jardins d'Armide.

Nous nous y rendîmes en calèche, Véronique et moi accompagnant Françoise, peu après que le roi l'eut informée de son projet. Nous en fûmes consternés. La matinée d'août, déjà lourde, laissait traîner dans les fonds des paquets de brume grisâtre comme du linge sale. Des rats, des couleuvres, des batraciens fuyaient à notre approche. Mes compagnes y souillèrent le bas de leur robe et moi mes bottes, sans que le projet du roi parvînt à nous convaincre. Je me disais qu'il faudrait accomplir des prodiges pour faire de ce lieu déshérité, en marge de la sauvage forêt de Cruye, un petit Versailles.

Cette promenade me mit la rage au cœur. Sur le chemin du retour, je dis à Françoise :

— Combien faudra-t-il encore de millions de livres pour satisfaire à ce nouveau caprice du roi ? Fait-il si peu de cas de la misère de son peuple pour qu'il le pressure de nouveau impitoyablement ! A-t-il toute sa raison ? Permettez-moi d'en douter...

— Vous êtes trop sévère, Nicolas. Certes, Colbert va présenter de nouvelles remontrances, mais le roi sait comment mener sa barque, et ce qu'il peut exiger des finances du royaume. Ce projet n'a rien d'exorbitant. Il est modeste et propre à faire oublier Versailles. Une sorte de retraite champêtre.

— Le roi... oublier Versailles ?

— Il arrive que le protocole lui pèse. Tous ces serviteurs autour de lui pour prévenir ses moindres gestes, l'un pour enfiler la manche droite de sa chemise, l'autre pour la gauche, une dizaine de valets pour lui porter son déjeuner... Comment s'étonner qu'il souhaite avoir, à proximité, un lieu pour la retraite et les plaisirs simples ?

Ces explications ne suffisaient pas à me convaincre. Quelques années plus tard, de brefs séjours dans cette thébaïde parvinrent à me démontrer mon erreur. La joie de vivre que l'on goûtait en ces lieux ne pouvait se comparer aux plaisirs convenus, ennuyeux souvent, que l'on trouvait à Versailles, comme aux Tuileries ou à Saint-Germain. Un aimable laisser-aller y régnait, même en présence du roi. Assises à même la pelouse, les dames se livraient à des broderies ou à des jeux, profitaient de la première fraîcheur du soir pour se promener en gondole sur le bassin qui avait remplacé l'étang aux grenouilles, malgré les moustiques et les rats qui pullulaient, comme à Versailles. Sous les grands arbres illuminés par des lanternes, dans la musique des violons, les médianoches se poursuivaient jusqu'aux premières lueurs du matin. Pas un jour qui ne fût marqué par une comédie ou un ballet. Le roi se plaisait au jeu de la *roulette* : une voiturette en forme de nacelle, qui dévalait sur des rails, à une allure vertigineuse, du sommet d'une colline, dans les cris des dames et des enfants.

Lorsque le temps était favorable, nous allions nous baigner dans la Seine, qui coulait à proximité. Le roi lui-même, dont on a prétendu à tort qu'il ne se lavait jamais, se mêlait parfois à ces parties de plaisir. On se séchait à même l'herbe, puis on jouait à la paume ou, sur la terrasse, en attendant le souper, à la bassette ou à quelque autre jeu de cartes.

Je ne saurais dire toutes les merveilles et les joies simples que nous proposait ce jardin d'Armide. J'y ai connu les plus riches heures de mon existence, sans la compagnie de Véronique, que Françoise ne paraissait guère pressée de me faire épouser, car nos rapports étaient un modèle de discrétion.

L'amour, sans glisser dans une licence outrée, y connaissait une aimable liberté. Plusieurs des filles ou les dames de la reine se chargèrent de me faire oublier, quelques jours durant, ma jeune maîtresse. Je n'en connus pas de farouches. Elles étaient, comme dit le comte de Bussy-Rabutin, des « citadelles à prendre ». Je ne gaspillais pas de temps à en faire le siège. Je passai le jour à les séduire, la nuit à les aimer. Quelques modestes caillettes issues de la province eussent volontiers accepté de convoler avec le modeste serviteur du roi que j'étais devenu, mais, en dépit de la promesse que j'avais faite à Françoise, je veillais à mon célibat comme sur la lampe du saint sacrement.

Une seule de ces créatures parvint à me troubler le cœur et les sens, au début des années quatre-vingt : Marie-Angélique de Fontanges. Elle venait de débarquer de son Limousin. Je l'aurais volontiers initiée aux plaisirs de Versailles et de Marly, mais c'eût été marcher sur les brisées du roi.

Je sais gré à Françoise d'être intervenue dans les rapports que j'entretenais dans sa maison avec Véronique, pour l'éloigner de moi sans qu'elle crût à une rupture de mon fait.

— Comment vont vos amours ? me demanda-t-elle. Songez-vous à épouser cette enfant, comme vous me l'avez promis ?

Je lui fis comprendre que la lassitude commençait à m'envahir. Douée pour l'amour, mais sans la délicatesse que j'appréciais, elle était sotte. J'avais songé à éveiller son esprit mais sans en tirer autre chose que des banalités. Elle était tellement convaincue que cette mise à l'épreuve déboucherait sur un mariage qu'elle se comportait déjà comme si nous étions mari et femme, en prétendant régenter ma vie.

— Souffririez-vous, ajouta Françoise, si je vous en débarrassais ? Rassurez-vous, je ne vais pas la jeter à la rue. Une place l'attend chez la maréchale d'Albret.

— J'en souffrirais une longue journée, une nuit peut-être, mais n'en mourrais pas. Faites donc ce que vous avez prévu. Je me consolerai en pensant que ma maîtresse, jeune et belle comme elle l'est, trouvera facilement un parti. Ah ! madame, la vie nous réserve bien des épreuves, mais il se trouve presque toujours une bonne âme pour nous les faire oublier.

Nous avons, de concert, éclaté d'un rire complice.

10

Crimes et messes noires

Mlle de La Vallière, en religion sœur Louise de la Miséricorde, vivait sa retraite au Carmel avec foi et abnégation. Avant de quitter la Cour, elle avait dit à Françoise : « S'il m'arrive de souffrir de ma réclusion, il me suffira, pour m'en guérir, de songer aux humiliations que *ces gens-là* m'ont fait endurer. »

Ces gens-là, c'étaient le roi, Mme de Montespan et quelques-uns de leurs proches. Lorsque le roi vint lui annoncer la mort de leur fils, le petit comte de Vermandois, elle lui dit en séchant ses larmes : « Je pleure la mort d'un fils, alors que c'est sur sa naissance que j'aurais dû me lamenter... » Il était mort à la fleur de l'âge, victime des sévices charnels qu'on lui avait infligés depuis sa jeunesse.

Peut-être, dans sa réclusion, se souvenait-elle du temps où Benserade saluait sa beauté dans le *Ballet des quatre saisons* :

Cette beauté depuis peu née
Ce teint et ses vives couleurs
C'est le printemps avec ses fleurs
Qui promet une bonne année...

Ce n'était pas le printemps que vivait Louise entre les murs du couvent, mais un interminable hiver. Elle disait à ses visiteuses : « Regardez, je ne suis plus qu'un souffle ! » Ce corps qu'avait tant aimé le roi avait comme fondu, éprouvé par les mortifications qu'elle s'imposait, le visage s'était émacié et avait perdu son éclat.

Le Carmel de la rue Saint-Jacques n'avait pourtant pas l'allure et le régime d'une prison. Édifié au début du siècle par ordre de la reine Catherine de Médicis, il occupait un vaste espace de jardins et de potagers où venaient mourir les rumeurs de la capitale.

Au retour de certaines de ses visites, Françoise me disait :

— Si je persiste à me rendre auprès de cette pauvre nonne, c'est par pitié. Elle ne s'intéresse qu'aux menus événements du couvent, aux prières rituelles, à celles qu'elle invente et à ses poèmes...

— Des poèmes, sœur Louise ?

— Oui, et ils sont fort beaux.

Elle me fit lire celui que la carmélite lui avait remis et qui avait pour titre : *Sentiment d'une illustre pénitente de ce siècle, qui a quitté le monde.* Seuls les premiers vers sont restés gravés dans ma mémoire :

Si les folles amours, si les amitiés vaines
Dont mon cœur s'est souillé dans ce triste séjour
M'empêchent, ô mon Dieu, de goûter votre amour,
Ôtez-m'en les douceurs et laissez-m'en les peines...

Ce n'était pas du Racine, mais mieux que du Benserade.

— Je vais peu à peu, me dit Françoise, prendre mes distances avec elle. Je lui parle de la guerre, de la Cour, du roi, de leurs enfants. Elle hoche la tête et regarde voler les mouches, comme si cela ne la concernait plus. Elle souhaite se retirer entièrement du monde des vivants ? Grand bien lui fasse...

Mme de Montespan était sa visiteuse la plus assidue. Qu'attendait-elle de ces confrontations avec le spectre qu'était devenue son ancienne rivale ? Souhaitait-elle comparer, par des confidences, le comportement du roi avec l'une et l'autre de ses deux favorites ? J'aurais donné cher pour assister à leurs entretiens.

Alors que nous abordions, à Saint-Germain, de nouveaux rivages, une rumeur étrange parvint jusqu'à moi : elle prétendait que Françoise avait reçu de la hiérarchie catholique, par l'intermédiaire de son confesseur, le père Gobelin, une mission secrète : ramener le roi à son épouse et aux exercices de la foi, qu'il négligeait. Lorsque je lui rapportai ces murmures, elle s'écria :

— Ce sont des jaloux qui font courir ce bruit. Jamais je ne reçus de mission de cet ordre, jamais ! Est-ce que vous me croyez ?

Je la crus en me disant que, s'il en avait été ainsi, j'en aurais été l'un des premiers informés, encore qu'il n'y avait là, à la réflexion, rien d'inconcevable.

Ce qui paraissait plus singulier, c'est le choix que l'on eût fait d'elle : Françoise était loin d'être une dévote ; en matière de foi, ses exercices ne dépassaient pas la commune mesure et elle n'avait jamais fait preuve à mon égard de prosélytisme. Elle savait que je tenais à ma liberté de conscience, quoi qu'il pût m'en coûter, autant qu'à mon célibat, ce qui n'est pas peu dire. Me contraindre à assister aux offices et aux sacrements eût fait de moi un révolté. Avec Scarron, M. de Cabart et leur petite bande, j'avais été à bonne école.

Le père Gobelin, ce brave homme de prêtre, jura qu'il n'avait pas reçu de consigne de ce genre de sa hiérarchie. Il n'avait fait qu'inciter sa pénitente à adopter à la Cour des mœurs convenables et, le cas échéant, à veiller à ce que les enfants dont elle avait la charge évitent la contamination du vice.

En juillet de l'année 1676, on brûla en place de Grève la marquise de Brinvilliers, convaincue d'empoisonnement, après un long procès. Repentie d'avance lorsqu'on lui infligea les premiers tourments, elle proclamait qu'aucun ne serait trop pénible pour la punir de ses crimes.

Je renonce à décrire ses supplices par le menu : on lui fit ingurgiter des pintes d'eau, on lui distendit les membres, on lui fit éclater les articulations, sans tirer d'elle autre chose que des invocations à Dieu et à ses saints. Au cours d'un interrogatoire, elle livra à ses juges les recettes de sa pharmacopée de sorcière : venin de crapaud, arsenic *raréfié*, eau de pavot... Elle indiqua quelques contrepoisons : du lait ou du jus de citron. Elle révéla qu'elle tenait sa science de son amant, M. de Sainte-Croix, qui l'avait lui-même apprise du mage italien Exili.

On la transporta sur le lieu du supplice final dans un tombereau à ordures, un cierge à la main, au milieu d'une populace qui hurlait sa haine par des lazzis, et qui se tut lorsque la condamnée se trouva face au bûcher.

À la requête de Françoise qui jugeait ces supplices insoutenables, je fus présent à ce spectacle. J'y assistai adossé au mur de l'Hôtel de Ville, près d'un peintre qui griffonnait des croquis sur son genou, et avec qui j'échangeai quelques propos. Il se nommait Le Brun et allait devenir un artiste célèbre.

Dans mes papiers, je pourrais retrouver sans peine, reproduite par un *canard*, la dernière image de la suppliciée : la bouche amère, les yeux au ciel, un crucifix sur la poitrine, l'air d'une martyre prête à descendre dans l'arène...

Le bourreau lui coupa les cheveux, lui découvrit les épaules, lui banda les yeux et lui lia les mains dans le dos. Durant ces préparatifs, la marquise garda un calme imperturbable puis entonna le *Salve*, repris par quelques femmes dispersées dans la foule : *O clemens, o pia, o dulcis Virgo Maria...*

Lorsque, agenouillée devant le billot, elle reçut le premier coup de hache du bourreau, elle ne fit que chanceler. À la seconde tentative, la tête se détacha sans libérer beaucoup de sang. Le bourreau jeta la tête puis le corps sur le bûcher que son aide venait d'allumer. Dans le soir tombant, ce qui restait d'âme dans le corps de ce monstre prit le chemin de l'enfer.

À ma grande surprise, des voix montèrent de la foule pour crier que l'on venait de brûler une sainte. Comme pour Jeanne d'Arc...

Lorsque le bourreau eut dispersé les dernières braises, ce fut une ruée pour recueillir les cendres de la martyre.

Mme de Sévigné allait écrire quelques jours plus tard à sa fille une lettre qu'elle fit lire à Françoise et dont j'eus connaissance. Je l'ai transcrite sur mon calepin :

C'en est fait : la Brinvilliers est en l'air. Son pauvre petit corps a été jeté, après l'exécution, dans un fort grand feu, et ses cendres au vent, de sorte que nous la respirerons et que, par la communication des petits esprits, il nous prendra quelque humeur empoisonneuse dont nous serons tous étonnés...

Cette *humeur empoisonneuse* n'allait pas tarder à contaminer Paris.

Une perquisition ordonnée par La Reynie au domicile de M. de Sainte-Croix, après la mort de cet officier de cavalerie, ménagea bien des surprises.

L'amant de la Brinvilliers avait élu domicile rue des Marchands-de-Chevaux, proche de la place Maubert, où il se livrait à l'alchimie. Outre toute une gamme de produits toxiques et des papiers compromettants, la police trouva sur les lieux un complice, La Chaussée. Soumis au supplice des brodequins, il livra ses secrets bribe par bribe, révélant le passé trouble de la Brinvilliers qu'il avait secondée dans ses œuvres de mort. Il fut mené en place publique et roué vif.

Trois ans plus tard, dans un couvent de Liège, on arrêtait la marquise, retour d'Angleterre. C'était le début de ce qu'on allait appeler « l'affaire des Poisons ». Durant des années, elle allait tenir l'opinion en haleine et faire la fortune des gazetiers.

J'ai dans ma bibliothèque de quoi en faire plusieurs ouvrages, notamment les minutes du procès qui a vu passer, sur la sellette de la Chambre ardente créée par le roi à cette occasion, autant de grands personnages que de gredins.

L'un de ces derniers devait se fixer à jamais dans ma mémoire.

Louis de Vanens... Comment aurais-je pu oublier ce Provençal qui semblait réunir toutes les séductions : la trentaine florissante, l'allure d'un marquis de comédie, taille cambrée, jambes fines et dents éclatantes ? Il avait de plus le verbe haut et la faconde abondante lorsqu'il contait ses aventures galantes sous toutes les latitudes.

Le soir où je l'avais rencontré, alors que nous habitions encore le domicile de Françoise, rue des Deux-Ponts, il était accompagné de sa jeune maîtresse, Finette, et d'un homme hirsute, aux vêtements poussiéreux et délavés, qui paraissait sortir d'un grenier.

Tandis que son amant tenait l'assistance sous le charme, je badinai avec Finette qui m'avait plu d'emblée et à laquelle je n'étais pas, semblait-il, indifférent. Elle m'apprit qu'après quelques déménagements, ils habitaient le faubourg Saint-Germain, chez une dame Chapelain. Lorsque je manifestai mon désir d'en savoir plus sur la situation de Vanens, elle se leva et, sans me répondre, alla regarder les calèches passer sous nos fenêtres.

Ce n'est qu'à quelque temps de là que j'eus la révélation de la véritable nature de M. de Vanens.

Sa dernière étape, avant de se fixer à Paris, avait été la ville de Chambéry, dans le duché de Savoie. À la suite de je ne sais quelles intrigues, il s'était introduit à la Cour et accompagnait le duc dans ses chasses au chamois. Au retour de l'une de ces équipées, Vanens l'aida à changer de chemise. Quelques jours plus tard, le duc mourait mystérieusement. On chercha Vanens pour l'interroger : il avait disparu sans prévenir quiconque.

Le bruit courut que le duc avait été empoisonné par une chemise préparée à la mode italienne. Une solution toxique avait provoqué sur le corps des ulcérations profondes par où le poison s'était infiltré dans le corps. Les médecins pensèrent d'abord à la grande vérole dont souffrait le duc, mais une enquête détermina les causes véritables du décès.

Rien dans son comportement, lors de la réception chez Françoise, n'eût pu laisser deviner la nature de ses activités. Ce qui, en revanche, apparaissait à l'évidence, c'est qu'il avait l'intention de faire fortune à Paris.

Quelques semaines plus tard, nous apprenions que ce triste sire avait été embastillé, à la suite de je ne sais quelle entourloupe. Finette vint pleurer dans le giron de Françoise, mais c'est moi qui la consolai durant quelques jours. En toute innocence, sous la couette, elle me révéla que son amant vivait d'expédients, notamment en organisant dans la forêt de Poissy des orgies nocturnes.

À la Bastille, Vanens donna libre cours à son goût pour la provocation. Il prononçait des invocations sacrilèges sur le ventre du chien des gardiens, lui posait sous la queue une image de la Vierge en s'écriant : « Sors, Satan, ta maîtresse t'attend ! »

Un fou, Vanens ? Peut-être voulait-il le laisser paraître pour s'éviter le châtiment suprême. Je crus plutôt que c'était un de ces libertins que Françoise abhorrait. Il était bien autre chose, nous n'allions pas tarder à l'apprendre.

Tout comme chez Sainte-Croix, la police de La Reynie effectua une perquisition fructueuse. La demeure de la dame Chapelain, domicile de Vanens, était le lieu de rendez-vous de tout ce que la capitale comptait de gibiers de potence : alchimistes, sorciers, faux-monnayeurs... On y trouva, à la grande surprise des policiers, des documents qui mettaient en cause des financiers, des prêtres, un secrétaire du roi et... Mme de Montespan.

La Montespan compromise ? Diable ! me dis-je, un fameux scandale en perspective. On l'étouffa dans l'œuf. Libéré depuis peu de la Bastille, Vanens y retourna illico.

La police était sur les dents. Il ne se passait guère de semaine que l'on n'apprît l'arrestation de personnages impliqués dans des affaires d'empoisonnement. Une des prises les plus surprenantes amena dans les filets de La Reynie une femme de mauvaise vie, Marie Bosse, veuve d'un marchand de chevaux et cartomancienne. Au cours d'un repas entre amis, elle avait annoncé qu'après trois nouveaux empoisonnements sa fortune serait faite. Un délateur la livra à La Reynie qui lui arracha quelques aveux. Depuis plus de vingt ans, elle exerçait ses talents en toute impunité !

De nouvelles arrestations aboutirent à une certitude dramatique : il s'était tramé un projet d'empoisonnement du roi et du Dauphin ! Ces opérations amenèrent une autre prise de choix, à la sortie de l'église de Notre-Dame-de-Bonne-Nouvelle : Catherine Deshayes, épouse Monvoisin, « la Voisin ». À l'égal de beaucoup d'autres femmes compromises dans cette affaire, elle était pieuse, sinon dévote.

Ces événements prenaient une telle importance que le roi, n'ayant qu'une confiance limitée dans le parlement pour les affaires criminelles, décida de créer une juridiction exceptionnelle : la Chambre ardente. Il réunit les magistrats qui la composaient et leur dit :

— Messieurs, je vous demande de faire justice exacte, sans distinction de personne, de condition ou de sexe. Faites votre devoir, quoi qu'il puisse vous en coûter. Je veux voir éclater la vérité, pour nous comme pour le bien de la population. Ce commerce des poisons, il faut le détruire et faire en sorte qu'il ne renaisse jamais.

J'imagine la surprise et l'effroi des juges lorsque, dans la grande pièce de l'Arsenal où siégeait la Chambre ardente, tendue de noir, éclairée à la chandelle, on prononça le nom de la favorite, mêlé à celui des aigrefins. On attendit les preuves qui permettraient de l'impliquer dans les formes.

Les interrogatoires de la Voisin furent fertiles en révélations confondantes.

Elle commença par nier tout ce qu'on lui reprochait puis, peu à peu, la peur de la question l'y poussant, elle vida son sac. Oui, elle avait commerce de clystères empoisonnés... Oui, elle avait fabriqué et vendu des mixtures que nul décret n'interdisait... Oui, elle avait eu des relations suivies avec une engeance de sorcières : la Dode, la Trianon, la Leroux, ainsi qu'avec des prêtres renégats... Oui, elle avait connu M. de Vanens...

Un comble : M. de La Reynie lui-même, qui recevait chaque jour des lettres de menaces, craignait pour sa sécurité. Pour se rendre aux audiences, il devait se faire escorter d'hommes en armes et faisait goûter ses potages.

Autant la Brinvilliers s'était montrée avare d'aveux, autant la Voisin en fut généreuse. On exigeait d'elle la vérité ? Eh bien ! elle allait la livrer toute crue, toute nue. Lors de sa déposition, lorsqu'elle lâcha quelques noms de grands personnages impliqués dans cette affaire, les juges blêmirent et la main du greffier fut agitée de tremblements.

Les Mazarinettes d'abord, et Olympe en premier : ce n'était pas faute d'avoir fait acte de malfaisance contre Mlle de La Vallière, qu'elle jalousait, si cette dernière était encore en vie ! Cette sorcière avait fui le royaume pour rejoindre sa sœur, Marie, en Italie. Mme Nicolas voulait se débarrasser d'un frère encombrant... La Dupin, une comédienne, souhaitait en finir avec son mari... Jean Racine avait tenté de supprimer son interprète et sa maîtresse, Thérèse Du Parc...

Sur la Montespan, motus. Même sous la torture, à laquelle elle ne put échapper, la Voisin ne prononça pas son nom.

Condamnée à la peine capitale, malgré la bonne volonté qu'elle apporta à ses révélations, elle refusa, comme la Brinvilliers, de faire amende honorable devant le grand porche de Notre-Dame, mais elle avoua qu'elle ne pourrait trop souffrir en expiation de ses péchés.

On lui donna satisfaction. Elle se débattit comme une diablesse à la vue du bûcher. Le bourreau lui transperça la paume d'une main avec un fer rougi au feu, l'attacha avec des chaînes sur un escabeau que l'on plaça sur le bûcher, puis on répandit autour d'elle de la paille qu'elle repoussa rageusement du pied. Lorsque les premières flammèches mirent le feu à sa chemise, elle se prit à vociférer, puis sa voix s'étrangla dans sa gorge et elle disparut dans les flammes.

Les quelques sorcières que la Voisin avait dénoncées furent enfermées à Vincennes à la suite de perquisitions qui avaient révélé des horreurs : un squelette entier, des mains desséchées, une baguette magique dite « verge d'Aaron », des figurines de plomb et d'étoffe, des hosties, des cuvettes pleines de matières répugnantes, des cruches remplies de graisse de pendus, et quantité de bocaux contenant des plantes vénéneuses soigneusement répertoriées...

Un mystère accompagnait les révélations d'une fille, la Trianon. Elle avait reçu, dit-elle, la visite d'une « dame de qualité » déguisée en bourgeoise pauvre, qui lui avait demandé de travailler à lui concilier l'amour du roi. Chacun, sans se concerter, songea à la Montespan. Prudemment, on mit un terme à l'interrogatoire...

Les juges se dirent qu'ils avaient trouvé en Marguerite Monvoisin, fille de la Voisin, le témoin capable d'aider à l'instruction.

J'avais rencontré jadis, chez Françoise, cette jeune personne qui, ayant fui sa famille, paraissait désemparée et demandait asile. Elle nous raconta qu'on la traitait comme une souillon, qu'on la brutalisait, qu'on l'humiliait en lui confiant les corvées les plus répugnantes. Son visage portait des meurtrissures. Elle paraissait si douce, timide et réservée que Françoise la confia à l'une de ses amies.

Quelques années plus tard, devenue femme, elle se trouva embarquée dans une rafle.

Le tribunal attendait beaucoup de ses révélations. Elle raconta qu'au cours des orgies qu'ils organisaient à domicile ses parents l'obligeaient à se prostituer (sans doute ce qu'elle avait appelé des « corvées répugnantes »), mais, lorsqu'elle commença à égrener des noms qui sonnaient fâcheusement aux oreilles des juges, ils ajournèrent ses témoignages. Ils avaient d'ailleurs, il est vrai, du fer au feu : on devait donner à la populace le spectacle des exécutions capitales.

Marguerite Monvoisin dut attendre des mois avant d'en finir avec sa déposition. Comme on le redoutait, elle mit en cause la Montespan, « sorcière, sacrilège et empoisonneuse », dit-elle. Incapable d'apporter la moindre preuve à ses accusations, elle disparut et l'on n'entendit plus parler d'elle.

Et voici que revint au premier plan de cette scène dramatique le sinistre personnage qui accompagnait Vanens lors de sa visite chez Françoise. François Galaud de Chasteuil m'avait fait alors mauvaise impression avec son habit fripé, sa barbe rare, son dos voûté et la toux qui le secouait. Fils du procureur général de la cour des comptes d'Aix-en-Provence, il avait débuté dans la vie nanti d'un diplôme de docteur en droit, mais c'est dans le métier des armes qu'il se distingua : il devint capitaine des gardes du prince de Condé et chevalier de Malte.

Capturé par les Barbaresques, il resta deux ans en prison à Alger. À sa libération, il se fit admettre aux Carmes de Marseille, dont il devint le supérieur.

Chasteuil aurait pu, jeune encore, aspirer à une carrière religieuse, s'il n'avait été possédé par le démon de la chair. Un scandale éclata lorsque l'on découvrit qu'il entretenait et avait engrossé une fille. Après l'avoir étouffée, il l'avait enterrée dans le jardin du couvent.

La malchance fit que cette scène nocturne eut un témoin : un pèlerin qui dormait au pied de la chapelle et qui n'eut rien de plus pressé que de raconter à la police la scène dont il avait été témoin. Arrêté, confondu, le père Chasteuil fut emprisonné et condamné à mort. On allait procéder à son exécution quand un personnage obtint sa grâce : Louis de Vanens, alors capitaine des galères.

Ils se retrouvèrent et, jugeant qu'ils étaient de même étoffe, décidèrent de ne plus se quitter. Ils vinrent à Paris et y créèrent une entreprise lucrative : la recherche de l'*or potable*, de la pierre philosophale et, de fil en aiguille, la fabrication et le commerce des drogues et des poisons.

La Montespan, alors qu'elle n'était qu'une simple courtisane, fut une de leurs premières clientes. Devenu, à la suite de je ne sais quelles intrigues, capitaine des gardes à la Cour, Chasteuil lui fournit ce qu'elle demandait : non du poison mais une substance susceptible de se faire aimer du roi, qui, alors, n'avait d'attentions que pour Mlle de La Vallière. Il lui remit contre quelques écus des pilules de *cantharidine* réputées pour leur qualité aphrodisiaque. Je doute que cette médication pût avoir quelque effet. Si le roi porta ses regards sur la belle Athénaïs, c'est davantage en raison de sa beauté et de son esprit.

La Cour était devenue un repaire de sorciers. La plupart des dames s'adonnaient à ces pratiques comme à un jeu de société. Vanens et Chasteuil en firent leurs choux gras puis disparurent.

Il paraît indubitable que la Montespan, outre ses appas, avait fait appel pour parvenir à ses fins aux philtres d'amour et aux messes noires, sur les conseils, je suppose, de Vanens qu'elle avait rencontré chez Françoise.

Elle avait pour complice à demeure, outre sa sœur, Mme de Thianges, une suivante, Mlle des Œillets, qui assurait la liaison entre sa maîtresse et la pourvoyeuse, la Voisin, à qui la Montespan faisait toute confiance. En matière de sciences occultes, elle aurait pu disserter en Sorbonne. Elle avait puisé sa science, disait-elle, dans des grimoires rapportés d'Orient et des entretiens avec des mages zoroastriens. Elle avait remède à tout. Un prêtre, recteur à l'Université, avait acquis la certitude qu'elle avait la science infuse. Une noble dame avait accepté d'être la marraine d'une de ses filles. Elle menait un train de maison digne d'une grande bourgeoise, tenait table ouverte pour toutes sortes de gens et faisait donner les violons.

Je tiens de sa fille quelques détails sommaires sur son aspect : elle était un peu boulotte mais agréable de visage, vive, volubile, recevait vêtue d'une tunique à la romaine et sortait couverte d'un manteau de velours cramoisi semé d'aigles dorées. Ce qu'elle appelait sa *tenue d'impératrice*...

Les avortements, qu'elle pratiquait couramment, lui avaient valu une notoriété qui avait assuré une partie de sa fortune. Elle avoua au cours de son procès avoir « passé au four » plus de deux mille fœtus. Plutôt que la seringue à injection, elle utilisait une drogue, la *sabine*, jugée plus efficace et moins contraignante. Cette faiseuse d'anges assura que jamais elle ne laissait partir une victime sans l'avoir fait ondoyer.

Les philtres que la Voisin procurait à la Montespan pour lui ménager les faveurs du roi étant inefficaces, on songea aux messes noires. C'est un abbé de Saint-Séverin, le père Mariette, qui s'en chargea.

La cérémonie eut lieu rue des Tanneries, en présence de la pénitente et d'une sorte de chantre chargé d'entonner le *Veni, Creator Spiritus* et de faire brûler de l'encens. L'officiant dit une première prière, un missel posé sur la tête de la Montespan agenouillée, puis il prononça une homélie sacrilège dans un pathos vulgaire de charlatan.

La suite de ce rituel satanique relève du cauchemar.

Allongée sur l'autel, dans le plus simple appareil, la Montespan portait simplement sur elle un linge pour lui couvrir le ventre et un crucifix sur la poitrine. Sans cesser de marmonner des litanies conjuratoires, le prêtre passa sous le calice les deux cœurs de pigeon qu'on lui avait remis et se fit apporter un nouveau-né vagissant dans une corbeille. Mariette le souleva par les pieds, lui trancha la gorge, puis, après avoir recueilli quelques gouttes de sang dans le calice, le consacra avec une hostie. Il éventra le nouveau-né et jeta ses entrailles dans un bassin afin de les utiliser pour la préparation de mixtures.

Dans la pénombre de la chapelle improvisée, assise tout au fond, une fille, presque une enfant, assistait à cette cérémonie profane : la petite Marguerite Monvoisin. Elle en fit le récit devant les juges de la Chambre ardente.

Dans les jours qui suivirent la messe noire, on mêla aux aliments du roi un peu de l'ignoble poudre issue du sacrifice. Il en fut, dit-on, incommodé, mais, soit que ce produit fût à la longue efficace, soit qu'on ne voulût voir dans sa réussite que le cours normal des choses, le roi se désintéressa de Mlle de La Vallière et coula des regards concupiscents vers Athénaïs.

Dans les années qui suivirent, il allait lui faire sept enfants.

11

Le château de Françoise

Le temps est doux pour la saison, mais je sens, au velours de l'air, que les premières pluies ne tarderont guère.

J'ai posé ma plume avec l'impression que mon encre était imprégnée de poison et qu'une seule goutte aurait pu me faire passer l'arme à gauche. En deux enjambées, je me suis porté vers la fenêtre à meneaux qui donne sur cette campagne du Périgord, moite et douce comme une femme endormie, sous une lourde draperie de nuages. Je laisse s'apaiser en moi le tumulte et m'emplis les poumons d'un air salubre.

Au-delà du perron et du jardinet clos de murs de pierres sèches aux joints envahis de scolopendre et de fougère, la noyeraie descend en pente douce jusqu'à la Dordogne qui se prélasse en un méandre majestueux. Mes domestiques, ma jeune gouvernante, mon régisseur remplissent de noix des panières d'osier qu'ils transportent au séchoir, sous les hauts peupliers d'Italie qui frissonnent de toutes leurs feuilles aux moindres bouffées de vent montant du fleuve. Quelque part un enfant chantonne, une fille éclate de rire. Une compagnie de choucas s'éparpille au-dessus des labours.

La récolte de noix sera bonne, malgré les gelées de printemps. Le regain a été abondant après les dernières pluies, et nous avons suffisamment de seigle et de blé pour tenir jusqu'à la prochaine récolte. Le chanvre n'a pas donné autant que nous l'attendions, mais nous ne comptons pas sur cette récolte pour faire vivre la maisonnée ; il y en aura en suffisance pour faire confectionner quelques draps par le tisserand du village, le reste étant destiné à la marine royale.

J'aurais aimé mettre rapidement un terme à ce récit issu de mes souvenirs et des documents que j'ai apportés de Paris, mais je trouve chaque jour de nouveaux sujets à traiter et, de toute manière, je ne puis m'arrêter en cours de route. Je m'astreins chaque jour à ce travail, comme on descend à la cave soutirer le vin des repas, sauf que celui-ci est amer comme verjus.

Depuis quelques jours, en rangeant ma plume à l'heure où l'on allume les chandelles, je me sens saisi d'écœurement. L'envie m'obsède de tout planter là, de jeter au feu cette liasse qui prend du volume ou d'utiliser les feuilles pour envelopper mes fromages. Elles sont couvertes de cette écriture de notaire qui plaisait tant à Françoise.

Renversé dans mon fauteuil en bourrant ma première pipe de la soirée, j'ai l'impression d'émerger d'un marécage et de tempêtes qui me laissent sur le flanc. Ce n'est que de très loin, après l'avoir quitté depuis longtemps, qu'un passé comme le mien prend toute sa signification. Plongé dans le monde dont je parle, aussi passionnant ou exécrable fût-il, je m'en devine en quelque sorte solidaire, imprégné de la même substance que ces gens, soumis, à peu de chose près, au même mode de vie, au point de ne pas m'y sentir étranger.

Ce petit univers où j'ai passé la plus grande partie de mon existence m'a pourtant déçu et blessé autant que passionné. Dans la solitude relative qui est aujourd'hui ma condition, je le sens encore présent autour de moi. Il souffle son air fétide, comme ces vents coulis qui se glissent sous ma porte les nuits d'hiver. Le monde de la Cour où s'est achevée ma modeste carrière me pèse encore de tous ses souvenirs, la nuit surtout, où je n'ai plus ma plume et mon papier pour m'en délivrer.

C'est un peu par désœuvrement, mon âge m'exemptant des travaux pénibles, et pour éprouver l'agrément et l'intérêt d'une survie en trompe-l'œil, que je me suis résolu à effectuer ce travail de mémoire. Un pensum ? Sans doute, car il me donne parfois l'impression d'avoir à démêler un nœud gordien. Un plaisir ? à l'évidence, lorsque mes souvenirs se rattachent à Françoise, cette femme que j'aimais, qui ne le sut jamais, ou fit semblant de l'ignorer.

Viendrai-je à bout de cette tâche que je me suis assignée ? Je l'ignore. Le temps me ronge la chair et les os, il m'est à la fois dictame et poison, aire de repos forcé et chambre de torture, mais je me flatte d'être encore vert, et je fais des efforts pour le paraître.

Chaque soir, lorsque Mariette se déshabille à la chandelle pour se glisser dans notre lit, je sens frémir mes fibres les plus profondes. Il m'arrive de retrouver entre ses bras la virilité de mon jeune âge.

Je me dis qu'avec quelques années de moins, Nicolas Chabert serait le plus heureux des hommes.

Le roi aimait la guerre.

Alors qu'il ne portait pas encore les chausses à cul, il avait pour jouets des armes et des soldats de plomb ; il organisait des batailles, installait des batteries de canons en faisant « boum ! boum ! ». L'adolescence venue, il se mêlait aux mousquetaires, se faisait raconter par le capitaine-comte de Montesquiou d'Artagnan, campagnes et victoires. Quelques années plus tard, devenu roi, il se plaisait à faire la revue de ses gardes ou de ses troupes, à organiser parades et manœuvres, toujours en compagnie des belles dames de la Cour. Il a de tout temps tenu à associer l'amour à la guerre, comme si ces deux activités étaient de même nature ou complémentaires, comme si la conquête d'une femme et celle d'une ville procuraient les mêmes jouissances.

Un jour, à Saint-Germain, Françoise me dit, l'œil pétillant et les joues en feu :

— Mon petit Nicolas, ouvrez bien vos oreilles ! Je vais partir en campagne avec Sa Majesté...

— Diable ! Comptez-vous en découdre ? Vous n'avez, que je sache, jamais touché une arme. Savez-vous ce que vous risquez ?

— Je le sais... soupira-t-elle. Je vivrai des moments pénibles, mais c'est une expérience que je souhaitais tenter depuis longtemps. Les dames qui en sont revenues, les années passées, sont prêtes à repartir. Il me plairait que vous soyez de la partie. Je vais en parler au roi.

— N'en faites rien ! Vous savez ce que je pense de la guerre et combien je la déteste. Grand bien vous fasse... Je la suivrai de loin, par les nouvelles que vous daignerez m'en donner.

— C'est promis. Je vous écrirai chaque jour.

Lorsque, dans un carrosse de dames toutes caquetantes de joie, elle quitta Saint-Germain et que, de la portière, elle m'eut envoyé un baiser, je sentis une inquiétude poindre en moi. Quelques-unes de ces « guerrières » avaient laissé leur vie dans cette aventure redoutable, où elles n'avaient que faire, sinon admirer les exploits de Sa Majesté. Non sous la mitraille, mais par suite des privations, de l'inconfort et des maladies qui étaient leur lot commun. Dieu merci, Françoise avait une santé de fer. Il n'empêche...

Avec le temps, je ne me souviens plus de quelle campagne il s'agissait. Chaque année, le printemps stimulait les ardeurs guerrières du roi et suscitait en lui des prurits de puissance, qui se traduisaient par des hécatombes en forme de sacrifice rituel. Louvois lui avait préparé la plus belle armée du monde, avec de valeureux capitaines qui avaient nom Turenne, Condé, Luxembourg, Philippe... Il aurait pu, comme Alexandre, traverser la poussière d'États de l'Europe et mener ses troupes à la conquête de l'Orient.

La promesse de Françoise de me faire tenir un courrier chaque jour était illusoire. De toute cette campagne, qui ne dura que quelques mois, je ne reçus que trois lettres, mais qui en disaient long sur cette équipée. Je les ai conservées. Elles sont fripées comme une peau de vieille, maculées de boue, de gras et de vin, et l'encre en a jauni.

Elle me disait :

Nous sommes arrivées ce soir en la ville de X... Le bourgmestre nous a reçues et traitées comme des filles de Mars. Nous avons couché à quatre dans un grand lit, sous une courtine en brocart de Flandre, et nous sommes amusées comme des folles. Nous sommes reparties, les bras chargés de cadeaux...

Ou encore :

Quelle tristesse que la guerre ! J'ai vu mourir hier de jeunes soldats, j'ai soigné des blessés, et j'avais de leur sang jusqu'aux yeux. Tous ces cadavres d'hommes et de chevaux, quel spectacle navrant ! Malgré les remontrances de ses généraux, le roi fait montre d'imprudence. Un boulet a éclaté ce matin à quelques pas de lui. Son habit en a été souillé de boue. Nous avons pris la ville de Y... et marchons sur celle de Z..., au son des tambours et des fifres. L'ennemi fuit comme dans une chasse à courre. Nous lui faisons beaucoup de morts et de prisonniers...

Et enfin :

Je suis épuisée. Cette guerre me tue. Nous avons couché hier au soir sur une paille grouillante de vermine, au milieu des rats qui nous couraient sur le corps. J'en suis couverte de boutons et de dartres. J'ai la faim au ventre, mes selles sont noires et je souffre d'hémorroïdes qui saignent. La reine elle-même est malade. Elle ne sort pour ainsi dire plus de son carrosse où il fait une chaleur d'étuve. Mme de Montespan a pleuré hier pour la perte d'une broche de diamant que lui a offerte le roi. Son carrosse a versé dans un fossé et l'une de ses roues s'est brisée. Nous avons dû abandonner dans une chaumière quelques-unes de nos compagnes malades et reprendre ce train d'enfer qui nous mène je ne sais où... Priez, si vous en êtes capable, pour que je revienne en vie...

Françoise est revenue bien vivante de cet enfer, mais avec un visage émacié, un corps efflanqué et des difficultés à parler en raison des aphtes qui lui tapissaient le palais.

Dieu merci, à quelques jours de là, elle avait recouvré ses couleurs, ses formes et sa santé. Prête à repartir ? Certes, non ; l'expérience l'avait convaincue de tenir ses distances avec ce genre de divertissement.

Une autre sorte de guerre, d'ailleurs, l'attendait.

Les rapports de Françoise avec Mme de Montespan étaient d'une extrême complexité, avec une alternance d'aigreur et d'effusion.

Entre elles deux : le roi. Il était, l'ai-je dit, timide avec les femmes ; il les aimait, mais s'en méfiait, peut-être par crainte de les voir prendre trop d'empire sur lui. Faire les premiers pas lui était difficile : sa condition ne le mettait pas à l'abri d'une rebuffade. Il n'avait pas à patienter longtemps : dames et demoiselles venaient à lui, poussées moins par l'amour que par la gloriole et les avantages qu'elles pourraient tirer de leur succès. Être remarquée par le roi au cours d'une cérémonie ou d'un bal était un honneur très recherché, et se retrouver dans ses bras était la promesse d'une carrière de favorite.

Sa première rencontre avec Françoise l'avait troublé. En la voyant entourée de ses enfants, il avait confié à une dame de sa suite, qui l'avait rapporté à la gouvernante :

— Cette femme sait bien aimer. Il y aurait du plaisir à être aimé d'elle...

Être aimé de la « veuve Scarron » ? Il semblait, à la vérité, que le roi ne fût guère disposé à tenter l'aventure. Au cours des rencontres suivantes, il ne lui marqua que froideur, lui parla peu et sembla même éviter son regard. Il doubla pourtant sa pension, signe qu'il se montrait satisfait de son service, qu'il lui conserva lorsque nous passâmes de Vaugirard à Saint-Germain.

J'allais, dans cette nouvelle résidence, être le témoin d'un jeu étrange et feutré entre ces trois personnages.

Françoise se plut d'emblée au château. Le roi était présent et, chaque jour, rendait visite aux enfants, leur apportant des cadeaux ou des friandises, s'enquérant de leur santé. Il bavardait familièrement avec Françoise, mais sans qu'à aucun moment on pût parler d'intimité. Il gardait ses distances avec celle qu'à la Cour on appelait avec un air de mépris la « veuve Scarron ». Malgré l'admiration sans réserve qu'elle gardait au monarque, Françoise se gardait du moindre propos ou de la moindre attitude équivoque.

— J'ai du mal à comprendre le roi, me disait-elle parfois. Un jour je le trouve tout sourire, volubile, plaisantant avec moi et jouant avec les enfants. Le lendemain, il semble ignorer ma présence, comme si j'avais moins d'importance qu'un paravent. Voilà qui a de quoi me troubler. Je n'ai pourtant pas souvenir de lui avoir manqué en quoi que ce soit... Qu'en pensez-vous ?

Ce que j'en pensais ? Je devinais vaguement que, déjà, ce comportement contradictoire pouvait bien être la conséquence d'une trop grande réserve de la part de la gouvernante, soucieuse d'éviter les dangers d'une tentative de séduction de la part du roi.

Cette impression se confirma le jour où Françoise, rouge de confusion, m'annonça que la Montespan avait décidé de la marier. Si calme d'ordinaire, elle regimba violemment et me jeta :

— Eh quoi ! on prétend disposer de ma vie comme si j'étais une caillette de province. Savez-vous, mon ami, à qui l'on me destine ? Au duc de Villar-Brancas, un gueux sans foi ni loi ni religion ! Me marier, moi ? Abandonner mes petits chéris ? Seule, Sa Majesté pourrait l'exiger de moi, et encore ! Vous savez ce que nous pensons tous deux du mariage ! Il fait le malheur des trois quarts du genre humain. J'ai payé pour l'apprendre...

Françoise échappa au sacrifice. Elle avait deviné la manœuvre de la Montespan : l'éloigner du roi sans la séparer des enfants. C'était la marque d'un esprit pervers.

Le roi les surprit alors qu'elles se disputaient à ce propos. Il surgit au moment où, dressées l'une contre l'autre comme des tigresses, elles s'apprêtaient à sortir leurs griffes.

Cette affaire réglée, le danger du mariage écarté, un autre motif d'inquiétude survint pour la favorite.

Sa première femme de chambre, Mlle Claude de Vin des Œillets, en qui elle avait placé sa confiance sur des matières dont le roi n'avait pas à être informé, la trahissait avec son amant. Leur manège avait débuté alors que la favorite était malade et que le roi venait prendre de ses nouvelles. La suivante les lui confia, derrière un paravent, avec quelques détails sur la qualité des urines et des selles de la malade. L'entretien parut plus long qu'il n'était convenable.

La liaison du roi avec Mlle des Œillets allait durer le temps de lui faire quelques bâtards.

J'ai toujours eu quelque mal à imaginer le roi, soucieux de sa majesté dans son apparence, en train de *froisser le velours* avec la première catin venue, grande hétaïre ou simple servante. Ce contraste me choque. Les images qui en naissent se superposent et se détruisent l'une l'autre.

Lorsque le grand flux de la guerre emportait vers les frontières du nord ou de l'est les gentilshommes de la Cour, toujours prêts à répondre au premier coup de clairon pour l'amour du roi, Saint-Germain, Versailles ou Marly se vidaient de leur population mâle. Il ne restait que des vieillards, des invalides, des serviteurs et quelques personnages qui, par philosophie ou par couardise, préféraient garder l'épée au fourreau.

Restaient aussi la plupart des femmes. C'est dire si, à l'arrière, les hommes étaient sollicités, ceux surtout qui, comme moi, n'avaient pas d'attaches contraignantes et n'étaient pas des remèdes contre l'amour.

J'avoue avoir profité sans scrupule de cette situation. Ces solitaires ne m'envoyaient pas dire leurs sentiments à mon égard. Je leur rendais leurs avances dans ma chambre, dans la leur, dans celles, nombreuses, qui se trouvaient désertées, dans l'orangerie ou derrière un buisson. Elles retroussaient leur robe sans préliminaires. Certain de ne pas être découvert, je renouvelais mes ébats à satiété. J'y pris à trois reprises le mal italien qu'un vieux médecin du roi a traité au mercure. Ces grandes hétaïres vérolées cachaient bien leur venin sous la dentelle.

Françoise de nouveau en campagne, c'est Nanon Balbien qui, avec mon aide, sous l'œil de la marquise, prit soin des enfants. Elle s'en tirait sans trop de peine avec les plus jeunes, qu'il suffisait de câliner et de dorloter. Avec leurs aînés, garçons et filles issus d'autres génitrices que la favorite, c'était une autre affaire : ils n'en faisaient qu'à leur tête et exigeaient une vigilance permanente. Ils se réunissaient pour pétuner ou boire des liqueurs fortes, avachis dans des fauteuils et des divans. Punis lorsqu'on les surprenait, ils juraient de s'amender mais reprenaient vite leurs mauvaises habitudes.

Un jour de novembre de l'année 1674, Françoise m'annonça une nouvelle importante, qui allait changer beaucoup de choses dans sa vie : le roi venait d'acquérir pour elle un domaine situé au nord de la Beauce, sur la rivière l'Eure, à quatre lieues à l'est de Rambouillet : Maintenon. Ce château de vastes dimensions, édifié quatre siècles auparavant, remanié, avait été érigé en marquisat.

— Nicolas, me dit-elle, je n'ose y croire. Me voilà marquise ! Si ma tante, Mme de Neuillant, était encore de ce monde, elle serait fière de moi.

Rien ne laissait présager cette faveur, et rien, en apparence, ne la justifiait. Elle faisait de Françoise Scarron l'égale des grandes dames de la Cour qui l'écrasaient de leur mépris.

À la réflexion, je me dis que ce don royal venait d'une manœuvre de la Montespan, en vue d'inciter la gouvernante à s'éloigner du roi. Perspicace comme elle l'était, la favorite avait dû deviner en Françoise une rivale.

La froideur, l'attitude arrogante et dominatrice que le roi témoignait parfois à la gouvernante et qui l'affligeaient, fondirent peu à peu à Saint-Germain. Elle s'intégrait à un milieu plus propice à mettre en valeur son charme et sa beauté que le petit hôtel de Vaugirard. Le roi semblait sensible à ce changement. Dire qu'il lui faisait les yeux doux serait exagéré, mais il n'avait plus pour elle que sourires et compliments.

Je les surpris, par une belle soirée d'été, sous la terrasse, à l'abri d'un tilleul, à papoter en regardant les enfants s'amuser dans le sable, monter des poneys ou jouer à la guerre. Sa canne en travers des genoux, Louis lui tenait la main. Il avait ôté, ce qu'il ne faisait jamais, son chapeau et sa perruque, moins en raison de la chaleur que pour marquer entre eux une certaine familiarité.

Françoise gardait le silence sur les changements qu'elle observait, au jour le jour, dans l'attitude du souverain. J'appris pourtant que la Montespan en prenait ombrage et qu'entre elle et Françoise, ça sentait le roussi. Aux piques que lui adressait la favorite, la gouvernante répondait avec aplomb.

Retour de son domaine de Maintenon, en compagnie de son frère, Charles, personnage instable qui vivait de ses libéralités, elle m'annonça son intention de se retirer dans ce château qui lui plaisait. Je bondis et m'écriai :

— Allons donc ! Vous plaisantez ? Quitter vos « petits chéris », la Cour, le roi ? Vous n'y songez pas sérieusement ?

Elle me confia qu'elle était lasse de la vie qu'elle menait, de ces marmots qui ne savaient qu'inventer pour la faire endêver, de l'ennui pesant et des turpitudes de la Cour, des soupçons de la favorite...

— Du roi aussi ?

— Il m'en coûtera de le quitter, en raison de ses bienfaits. Ce serait de ma part une marque d'ingratitude qu'il ne me pardonnerait pas.

— Que deviendrai-je, si vous partez ?

— Croyez-vous que je vous abandonnerai ? Vous me suivrez si cela vous convient, mais je ne vous en voudrai pas si vous restez.

Quitter cette vieille amie, tirer un trait sur toutes ces années sans le moindre nuage entre nous ? Sans elle, j'aurais perdu jusqu'au goût de vivre, et peut-être, livré à moi-même, aurais-je mal tourné.

Dans les mois qui suivirent, elle revint à plusieurs reprises à Maintenon. Il m'arrivait de l'accompagner. Ce « gros château au bout d'un grand bourg », comme elle disait, avait une allure singulière, avec les deux tours massives, l'une ronde, l'autre carrée, qui flanquaient l'entrée et la disparité de sa construction, de pierre ou de brique. On eût dit que la main d'un esprit malin avait présidé à cet assemblage. Le parc était vaste, mais dans un état voisin de la friche. L'Eure coulait à proximité, derrière un rideau de peupliers.

Françoise promenait dans cette bâtisse un regard chargé d'inquiétude, en soupirant :

— Décidément, il s'agit d'un cadeau empoisonné. Il faudrait une fortune pour le meubler, entretenir une compagnie de serviteurs et de jardiniers... Je risque de payer fort cher mon titre : Mme de Maintenon !

Le fait qu'elle usât alternativement du futur et du conditionnel me laissait deviner l'embarras où elle se trouvait. Je lui suggérai de vivre une partie de son temps à la Cour, l'autre dans son domaine, et de demander le secours du roi pour venir à bout de ses problèmes. Elle ne tint pas compte de ce conseil : elle détestait les situations fausses et les demi-mesures.

Aimait-elle le roi ? Je suis enclin à répondre par la négative. Qui avait-elle aimé dans sa vie ? Villarceaux, à coup sûr, et à la passion. Quelques autres, peut-être, mais elle ne m'en parla jamais. Il est vrai, comme je l'ai dit, que je ne lui avais pas servi de chandelier.

Quant au roi...

Françoise acceptait avec reconnaissance ses bonnes dispositions et ses faveurs, mais elle repoussait la perspective d'une aventure galante qu'il semblait lui suggérer avec de moins en moins de timidité. Il s'obstinait et, quand elle résistait, il ne l'en aimait que davantage. Car c'est bien d'amour dont je parle. Ils évoluaient sur la Carte du Tendre par des itinéraires biseautés ; il se trouvait face à une forteresse à prendre en apparence, mais en réalité bien campée sur ses défenses, qui ne lui témoignait aucune animosité mais tenait ses portes fermées ; il tournait en rond autour du lac d'Indifférence pour chercher une faille qu'il ne trouvait pas...

Le maréchal de Lorges m'a rapporté une scène à laquelle il avait assisté, entre le roi et la Montespan, qui ne laisse pas de m'intriguer. Comme la favorite quémandait une nouvelle faveur pour la gouvernante, il s'était assombri.

— Encore cette femme ! J'ai déjà trop fait pour elle. Ma chère, j'ai du mal à comprendre votre obstination à la garder, alors que je vous ai priée maintes fois de la congédier. Cette femme est insupportable, à la fin !

S'agissait-il, de la part du roi, d'une nouvelle déception essuyée auprès de la gouvernante, ou d'une habile parade propre à dissiper les soupçons de la favorite ?

À la Cour, les commentaires allaient bon train derrière les éventails, à propos de cette comédie à trois personnages, dont Molière eût pu tirer une pièce. Elle fut contrariée par un bel orage.

Le jour de Pâques de l'année 1675, scandale à la Cour ! Le prêtre auquel Mme de Montespan venait de se confesser refusa de l'absoudre. Il fallait que ses péchés fussent de la dernière gravité pour justifier ce refus. Lui avait-elle révélé des menées occultes destinées à lui conserver l'amour du roi ? Le secret de la confession fut bien gardé. Toujours est-il qu'elle en fit une maladie et que le roi en conçut de l'animosité contre le confesseur et des soupçons pour la confessée.

Cet événement déplorable contribua à rapprocher Louis de Françoise. Il persista à en faire le siège, promettant de mettre bas les armes si elle consentait à baisser le pont-levis.

Il dut croquer le marmot quelques années encore.

En ce temps-là, l'éclatante beauté de la Montespan commençait à se faner, sans que les grâces de son visage en fussent affectées. Elle était devenue quasiment obèse, si bien que son amant commençait à se lasser d'elle, malgré les drogues qu'elle lui réservait et qui n'avaient d'autre résultat que d'accroître sa passion naissante pour la gouvernante.

Il compensait ses élans inassouvis par une ronde de passades. Tour à tour ou simultanément, il honorait Mlle des Œillets, Mme de Soubise, Mlle de Louvigny, Mme de Ludres, Mme de

Thianges, la propre sœur de la Montespan... et la reine ! Jamais il ne distribua autant de bois de cerf et de cornichons qu'en ce temps-là. Il se comportait comme un sultan dans son harem, choisissant selon son bon plaisir telle ou telle de ces dames complaisantes.

C'est de cette époque, au début de l'affaire des Poisons, que date le goût du roi pour les bals masqués.

Folie est le mot qui convient pour parler de ces spectacles. La mode en est-elle venue d'Italie, de Venise, des Pays-Bas ? Je ne sais. Nous fûmes conviés, Françoise et moi, à l'un de ces divertissements. Il nous fallut improviser les déguisements. Françoise, que cette momerie agaçait, se contenta d'une robe de pénitente semée de lys d'argent ; je choisis de me costumer en mauresque : manteau pourpre et tunique noire serrée à la taille.

Tout cela était grotesque, mais nous prîmes le parti d'en rire. D'autres déguisements plus extravagants encore évoluaient sous les lustres. Philippe d'Orléans, qu'on appelait le « Prince de Sodome », apparut dans des langes de nourrisson, la princesse de Conti en nourrice à la poitrine avantageuse, le duc de Chartres en Mascarille de Molière... Il y avait pis ! Je ne pus cacher mon hilarité en voyant le prince de Rohan costumé en guéridon, avec sur le chef un chandelier allumé.

La passion du roi pour les animaux fut satisfaite. Une porte libéra une ménagerie burlesque, composée de singes, de perroquets, d'autruches, et même d'un vieux lion réputé inoffensif.

Le festin qui suivit, digne de celui de Trimalcion, fut présidé par le roi et la reine qui, par dignité, avaient renoncé à se travestir. Sa Majesté paraissait fort joyeuse et se moquait de sa favorite et de sa sœur, jetait dans leur potage des poils de sa perruque et des rogatons. Mme de Montespan se fâcha tout de bon et menaça de lui jeter son assiette au visage.

Au deuxième service, les agapes tournèrent à la farce. Le roi envoyait des boulettes de pain à ses convives, en visant le décolleté des dames. On le cribla de projectiles de même nature, si bien qu'il cria grâce. Au dessert, on se bombarda de raisins, de pommes, d'oranges et d'autres fruits. Ce divertissement faillit mal tourner lorsque le roi, ayant fait mouche, avec une figue, sur le visage de Mme de Viantais, elle lui jeta à la face une poignée de laitue.

Un groupe de garnements prit à partie Mme Panache, une vieille dame édentée, maigre à pleurer, qui, disait-on, avait *tourné gratte-cul*, pour dire qu'elle prenait mal la plaisanterie. On versait du vin dans sa crème, on bourrait son réticule de viande et de sauce, on lui retirait sa chaise lorsque, s'étant levée, elle voulait se rasseoir. Elle glapissait et distribuait des horions à tort et à travers, sans mettre un terme à ces impertinences.

À minuit, le roi fit annoncer un médianoche. Il précéda quelques créatures et une poignée de gentilshommes dans une pièce attenante, où l'on avait disposé des bouteilles de champagne, de liqueurs, et de quoi pétuner.

Françoise m'informa de son désir de se retirer.

— Venez, me dit-elle. La soirée est finie pour nous. Je sais trop comment ces fêtes se terminent.

Fidèle amie de Françoise, Mme de Sévigné avait tenu à assister à l'exécution de la Voisin, en février de l'année 1680. À son retour, encore bouleversée, elle lui avait dit :

— J'ai la conviction que la justice du roi ne s'arrêtera pas en si bon chemin, et que cette affaire aura des suites qui nous surprendront.

Je n'ai pas oublié cette phrase prophétique.

Le nom de Mme de Montespan n'avait pas été prononcé par la Voisin sur la sellette. Il n'en fut pas de même avec sa fille, Marguerite Monvoisin. Elle raconta, sans se départir de son calme, ce qu'elle savait des agissements de la favorite.

La Reynie crut en perdre la tête. Il aurait pu penser que cette fille de mauvaise vie faisait partie d'une famille où le crime était un exercice quotidien, et que sa déposition pouvait être sujette à caution, si ses propos n'en avaient recoupé d'autres. Dès lors, comment douter ?

Il convenait d'en informer le roi, ne rien lui cacher de ces manœuvres criminelles. La Reynie choisit de se confier en premier lieu au ministre Louvois. Il lui remit des documents secrets, en lui demandant s'il était bon d'en donner connaissance au souverain qui avait demandé, ce qu'il lui rappela, de faire éclater *toute la vérité* sur cette affaire.

Le roi en fut comme foudroyé. On émit le souhait d'en connaître davantage ; on lui donna satisfaction. Il n'en croyait ni ses yeux ni ses oreilles. Sa belle maîtresse avait envisagé d'empoisonner sa rivale et sans doute aussi la reine, afin de lui voler sa couronne. Et lui aussi peut-être. Qui sait où elle aurait pu arrêter ses crimes ? Il se souvint d'une homélie du père Bourdaloue, le prédicateur préféré de la Cour. Il disait, s'adressant à lui : *Sire, c'est par l'esprit impur que l'homicide fait couler le sang, et c'est pour lui que les perfides préparent leurs poisons...*

Que pouvait-on faire, en évitant de provoquer un scandale qui aurait déshonoré le roi, sa famille et la Cour ? Condamner la favorite, mère de ses enfants, lui paraissait inconcevable. Il était plus raisonnable de l'écarter de la Cour, afin de lui montrer qu'elle avait perdu la confiance et l'amour du roi.

Il l'assigna à résidence dans le château qu'il avait fait construire pour elle à Clagny, à proximité de Versailles, par Mansart et Le Nôtre. Elle y vécut quelques semaines mais s'y ennuya tant qu'elle supplia le roi de la laisser revenir à la Cour. Il céda.

Elle y retrouva ses habitudes mais pas le moindre signe d'affection de la part du roi. Elle vit d'un mauvais œil débarquer à Versailles une caillette de province à laquelle le roi semblait porter beaucoup d'attention. Une nouvelle rivale, sans doute. Elle ravala sa déception et sa colère et se dit qu'elle n'aurait guère de mal à se débarrasser de cette garce au cas où son amant s'amouracherait d'elle.

Elle savait comment s'y prendre...

12

La belle Angélique

J'ai mal vécu les quelques années qui séparent l'entrée de Françoise à la Cour et l'affaire des Poisons.

Outre que la gouvernante des bâtards de France, devenue par grâce royale Mme de Maintenon, ne me manifestait plus le même attachement que par le passé, l'ambiance de Versailles, à laquelle j'étais mêlé, était devenue ennuyeuse et oppressante. À l'animation artificielle, aux fêtes, aux mauvaises mœurs, s'ajoutaient un laisser-aller, des odeurs d'urine et d'excréments, des incursions de rats jusque dans les appartements...

Sans être une sinécure, mes fonctions de secrétaire, doublées d'un rôle de factotum, me laissaient suffisamment de loisir pour ma passion : la lecture, et pour jeter sur le calepin dont je ne me séparais jamais des notes qui me seraient précieuses, la retraite venue.

J'avais sans peine obtenu de ma maîtresse la permission de renoncer à prospecter et à colliger les ouvrages posthumes de Paul Scarron, dont elle semblait se soucier comme d'une guigne. L'essentiel de ma tâche portait désormais sur les soins de l'intendance, les relations entre le royal géniteur, les mères, le gynécée et la gouvernante. Cela suffisait à m'occuper sans prendre tout mon temps, jusqu'à l'année 1678, où la Montespan donna naissance à Louis Alexandre, comte de Toulouse...

Mes rapports avec Sa Majesté furent sommaires et ne méritent pas qu'on s'y arrête. Il m'arriva assez fréquemment d'assister à son lever, une cérémonie hautement protocolaire, qui me divertit puis m'ennuya. Je représentais ma maîtresse aux réceptions et aux repas qui l'importunaient, où je me trouvais en présence de personnages à perruque poudrée et à canne enrubannée, qui me toisaient, se gardaient de m'adresser la parole et ne s'intéressaient à ma modeste personne que pour m'écarter de leur chemin.

Le roi ne daigna m'adresser vraiment la parole qu'à deux reprises : lorsque je lui présentai une requête de Françoise, malade et alitée, relative au renouvellement des habits de ses « petits chéris », et le jour où il me fit appeler pour une remontrance : je m'étais montré *insolent* envers sa favorite, dans une querelle avec Françoise, dont j'avais pris le parti. Il mit un terme à notre entretien par ces simples mots prononcés à voix basse :

— Décidément, Mme de Montespan n'en fait pas d'autres. Allez, monsieur, et ne vous tracassez pas pour si peu.

C'est seulement en ces deux occasions que le roi m'adressa la parole et que je le vis en tête à tête.

La quarantaine donnait quelques bouffissures à son visage et faisait ressortir les séquelles de la petite vérole. L'âge, l'excès de travail et de plaisir, la bonne chère, une hygiène déplorable l'avaient marqué. Il avait renoncé depuis longtemps aux bains dans la Seine, près de Montmédy, et répugnait à ceux que la Montespan lui imposait sous prétexte qu'il dégageait une insupportable odeur *sui generis*. Son ventre paraissait sur le point de faire éclater son gilet. Il s'exprimait d'une voix terne, sans relief, douce jusque dans ses réprimandes. Une voix que devaient aimer ses maîtresses, à condition de se tenir à distance de son haleine.

Où était l'adolescent beau comme un dieu de l'Olympe, à la fois Jupiter, Apollon et Mars, qui se pavanait dans les ballets, sur une musique de Lulli, et jouait à éblouir le monde ?

Je me plaisais parfois à espérer que Françoise, renonçant à la Cour et à ses marmots, dotée d'une pension, riche des revenus de son domaine, déciderait de se retirer à Maintenon. Je rêvais à l'existence champêtre que nous pourrions mener, occupant notre temps à lire, à visiter nos paysans, à nous aimer peut-être, encore que cette ambition m'apparût comme illusoire. Nous devions, à quelques années près, avoir le même âge ; elle était encore resplendissante de santé, de beauté, de vénusté, avec, en plus, une démarche majestueuse due à la fréquentation des dames de la Cour.

Entre ses va-et-vient des résidences de Louis à son propre domaine, elle ne parvenait pas à se décider. En fait, elle n'était à son aise que là où se trouvait le roi. Elle rêvait non de vivre dans son ombre mais d'être son ombre, indissolublement attachée à sa personne. On ne pouvait parler de relations passionnelles mais d'une sorte de fascination qu'il ne décourageait pas, au contraire. Peu à peu s'imposait cette évidence : elle ne finirait pas ses jours à Maintenon. Au fur et à mesure que le crédit de la Montespan diminuait, le sien augmentait. Elle repoussait avec un sourire compatissant les avances du roi, mais s'affolait s'il restait une journée sans lui adresser la parole.

Le temps que je séjournais sur ses terres, rarement sans elle, je le passais à découvrir une nature qui m'était quasiment étrangère et me donnait de grandes joies. J'appris à monter à cheval et pris plaisir aux randonnées solitaires en forêt et le long des étangs, à la compagnie furtive des animaux sauvages, renonçant à les chasser, respectueux que je suis de la vie sous toutes ses formes. Je ne revenais qu'au soir tombant, parfois dans les premières heures de la nuit, mon cheval couvert d'écume et moi transi jusqu'aux os dans mes vêtements humides de pluie. En me séchant devant la cheminée, j'écoutais, en souriant dans ma barbe, Françoise me chanter pouilles. Malgré nos chamailles qui ne duraient guère, nous étions heureux comme des enfants en écoutant Nanon nous jouer une musique italienne au clavecin.

Certains jours, son humeur faisait une volte inattendue. Elle se levait à l'aurore, me tirait du lit en me claironnant aux oreilles :

— Debout, paresseux ! Le roi nous attend. Prépare la calèche...

La route qui traversait Rambouillet me paraissait courte mais lui semblait à elle interminable. J'apercevais sans plaisir les premières fumées des faubourgs, le train des maraîchers en route pour les Halles ; elle s'animait, faisait voler ses mains comme des colibris en me parlant de ses « petits chéris », mais je n'étais pas dupe : c'est au roi qu'elle pensait.

Ces goulées d'air vif dont je m'abreuvais durant nos séjours champêtres, je n'allais pas tarder à m'en abreuver à la Cour, autour d'une jeune provinciale qui venait d'y faire son entrée à petits pas, durant l'automne de l'année 1678.

Marie-Angélique d'Escorailles et de Roussille, demoiselle de Fontanges, se présentait auréolée d'un double mystère : ses origines et son introduction à la Cour.

Selon certains, elle était née au château de Cropières, en Auvergne ; selon d'autres à Roussille, en Bas-Limousin, ces domaines, à la limite de deux provinces, n'étant éloignés que de quelques lieues. À l'heure où j'écris, on discute encore sur l'endroit précis de sa naissance, comme si cela importait.

L'autre équivoque porte sur sa présentation à la Cour. À qui ou à quelles circonstances devait-elle cet honneur ? au prince de Marcillac, fils aîné du duc de La Rochefoucault, l'auteur des célèbres *Maximes* ? à la duchesse de Ventadour, qui occupait une place privilégiée dans l'entourage du roi ? à M. de La Feuillade, gentilhomme du Limousin ? à Mme de Montespan ? S'était-il produit à la fleur de sa jeunesse un événement qui l'avait contrainte à cet exil doré ? Peut-être avait-elle été remarquée en raison de sa beauté, au mariage entre son frère aîné, Annet-Joseph, avec une dame de haut lignage, Marie-Charlotte de Tubières de Pesteil, Lévis et Caylus... Il dut, à cette occasion, se former un aimable complot pour lui ouvrir une carrière à Versailles...

Elle me raconta plus tard que ce n'est pas sans un profond sentiment de tristesse qu'elle avait renoncé à son château de

Roussille, à ses promenades à cheval dans la forêt, à ses deux servantes, Millette et Lionarde, à une existence faite de simplicité et de rudesse, son seul horizon. Il y avait de la nostalgie dans sa voix, parfois une larme sur sa joue.

Elle avait moins de dix-sept ans quand on la présenta au roi. Encore une enfant avec toute son innocence, son ignorance d'un monde étranger à celui de ses origines, mais avec une jolie tête pleine d'illusions romanesques qui la tentaient et l'effrayaient.

Naïve mais moins sotte qu'on ne l'a dit, elle s'était passionnée pour les romans de Gautier de La Calprenède, gentilhomme ordinaire de la Chambre du roi : *Cléopâtre et Cassandre* notamment, et avait parcouru les Cartes du Tendre de Mlle de Scudéry à l'ombre de ses châtaigniers, mais ces liqueurs à l'eau de rose ne lui étaient pas montées à la tête.

C'est assez dire ses désillusions lorsqu'elle avait fait ses premiers pas, elle, la sauvageonne, la petite paysanne vêtue de grosse toile, aux mains râpeuses de lavandière, dans cette sentine du stupre, ce trou punais, cette forêt de Bondy, qu'était la Cour du roi Louis !

Dans le sillage de la belle Ventadour, sa « payse », elle fit une entrée très remarquée, et pas dans le sens qu'elle aurait souhaité. Dans le secret des éventails, on dauba sur les allures gauches de cette paysanne de fabliau, son teint hâlé, sa tenue négligée, son accent qui sentait sa province et son manque d'esprit de repartie. En revanche, les courtisans se répandaient en commentaires flatteurs sur sa jeunesse et sa beauté : sveltesse de Diane et regard de source.

Sa protectrice l'introduisit dans la maison de Monsieur, le duc d'Orléans, « roi de Sodome », et de sa deuxième épouse, Charlotte-Élisabeth, qu'on appelait Liselotte : la princesse Palatine. La grosse Allemande l'agréa comme demoiselle d'honneur dans sa résidence du Palais-Royal.

Cette biche effarouchée pourrait-elle, me disais-je d'entrée de jeu, échapper à la convoitise de ce grand fauve perpétuellement à l'affût qu'était le roi ?

Il ne tarda pas à la remarquer, se fit expliquer ses origines et ses titres nobiliaires par M. de Beauvilliers, comte de Saint-Aignan, premier gentilhomme de sa Chambre : il la lui présenta comme une beauté rare (ce qui sautait aux yeux de tous) et naïve de surcroît. Sa Majesté, en se pourléchant les babines, sentit lui pousser crocs et griffes, laissa flotter ses regards concupiscents autour de cette proie facile et délectable, lui adressa la parole et, ce qui n'échappa à personne, se rendit au Palais-Royal sans motif valable, où il lui fit une cour discrète.

Le jour où il la convia à un bal à Versailles, Marie-Angélique crut fondre de bonheur. Elle s'empressa de confier la nouvelle à sa maîtresse. La Palatine haussa les épaules et leva les yeux au ciel.

— Petite dinde ! tu as tort de te réjouir. Je ne donnerais pas cher de ton pucelage. Louis va te le bouffer tout cru ! Avec lui, ça commence par des paroles aimables et ça finit sous la couette...

— Mais, madame...

— Sèche tes larmes, ma petite, et estime-toi heureuse. J'en connais qui aimeraient être à ta place !

Liselotte savait de quoi elle parlait. Elle avait été amoureuse du roi, mais avait dû, très vite, faire litière de ses ambitions. Si le roi s'intéressait encore à cette matrone, c'était pour les menus services qu'elle lui rendait implicitement : si elle l'attirait au Palais-Royal, c'était pour exposer à sa convoitise une collection de filles triées sur le volet et peu farouches. Mlle de Ludres avait été le fleuron de ce sérail : elle profitait, depuis des lustres, des faveurs royales.

À la veille du bal à Versailles, Liselotte dit à sa protégée :

— Il va falloir t'attifer autrement si tu veux plaire au roi. Tu ressembles à une tripotière ! Il faut faire déborder ta gorge, serrer ta ceinture et te parfumer. Nom de Dieu, tu sens comme si tu avais ton mois...

Marie-Angélique supportait mal le langage de dragon de cette virago. Elle s'en plaignit à Mlle de Ludres qui éclata de rire.

— Mon enfant, attendez-vous au pire avec elle. C'est la femme la plus mal embouchée de la Cour, mais cette vulgarité n'est qu'une parade : elle cache un cœur d'or, et elle vous aime.

Elle lui révéla, ce que cette pauvre fille n'avait pas observé : que le mariage de Monsieur et de l'Allemande constituait une singulière confusion des sexes : un mari efféminé et une épouse hommasse. Leur couple prêtait à rire : lui perché sur ses cothurnes pour exhausser sa taille ; elle boudinée, bardée comme une oie prête à mettre au four, tassée sur des rondeurs de cucurbite... J'aurais payé cher pour assister à leurs querelles qui se terminaient en pugilat et faisaient trembler le mobilier, et plus encore pour les voir s'ébattre sous la couette.

Les approches du roi en vue de séduire la petite bergère limousine ne tardèrent pas à porter leurs fruits, soit qu'il se répandît en promesses, soit qu'il fît appel aux bons soins de Beauvilliers pour lui révéler la chance qu'elle avait d'amorcer si tôt une carrière de favorite. La belle enfant se montra réticente. Il lui fit comprendre qu'aucune femme ne devait et ne pouvait résister à Sa Majesté sans risquer d'être exclue de son entourage et méprisée. Sur la Carte du Tendre, où Mme de Maintenon figurait une citadelle difficile à investir, Marie-Angélique se présentait comme une aimable gentilhommière campagnarde ouverte à tous les vents et exposée à toutes les convoitises.

Le roi s'informait auprès de Beauvilliers du succès de son entreprise.

— Alors, mon ami, où en est notre affaire ? Cette petite Roussille va-t-elle encore longtemps jouer les pimbêches ?

— Ma foi, sire, bredouillait le bonhomme, cette enfant est sensible à vos libéralités, mais on ne peut dire qu'elle soit déjà prête au sacrifice. Il faudra vous montrer patient.

— Patient... patient... Vous me la baillez belle ! Je ne suis pas disposé à faire longtemps le pied de grue devant cette... cette petite paysanne ! Que me conseillez-vous ?

— D'agir à la hussarde, sire ! Prenez-la par surprise et elle ne pourra se refuser à vous. Vous êtes le roi et elle n'est rien... ou peu de chose.

— Excellent conseil, Beauvilliers ! Je vais m'en inspirer sans plus attendre.

Une nuit de novembre, escorté d'une poignée de gardes, Louis se rendit subrepticement au Palais-Royal. Il y trouva Mlle des Adrets, que l'on avait mise dans le secret, et qui le guida jusqu'à la chambre de la belle. Ce qui se passa cette nuit-là relève du secret du roi et de Marie-Angélique. Je ne saurais en dire plus.

Ce que je puis affirmer, c'est qu'à dater de cette nuit on vit la bergère limousine paraître aux réceptions, aux fêtes, aux repas, accompagner Sa Majesté à la chasse et dans d'autres parties de plaisir. Louis lui vouait plus d'attentions qu'à la plupart de ses autres conquêtes, au point qu'on voyait en elle une nouvelle La Vallière. Elles se ressemblaient d'ailleurs par leur beauté, leur réserve, avec en plus, chez Marie-Angélique, cette naïveté qu'on a qualifiée de sottise.

Un jour que, chassant ensemble en forêt de Rambouillet, ils étaient revenus trempés par une ondée, après une étreinte buissonnière, elle avait la chevelure en bataille. Ils se séchaient dans le pavillon de chasse, auprès d'un grand feu, quand Louis s'écria, alors qu'elle se rajustait :

— Voilà qui est étrange !

— Quoi donc, sire ?

— Je veux parler de cette façon de vous recoiffer. Ces deux rubans qui attachent vos cheveux et pendent de chaque côté du visage... Est-ce ainsi que l'on se coiffe en Limousin ? Je trouve que cela vous va à ravir. Nous allons en lancer la mode !

Quelques jours plus tard, c'était chose faite. Mesdames de la Cour tinrent à se coiffer « à la Fontanges » : deux rubans qui encadraient le visage, auxquels on ajouta une sorte de petit éventail déployé au-dessus de la nuque. La mode gagna non seulement Versailles mais tout le pays, et certaines Cours étrangères l'adoptèrent.

Il y a quelques jours, une dame de mes voisines est venue me rendre visite dans ma gentilhommière du Périgord. Elle était coiffée « à la Fontanges ». Quand je lui révélai l'origine de cette mode et confiai que j'avais bien connu celle qui l'avait initiée, elle en fut éberluée.

Lorsque le roi se rendait à Saint-Germain, sa nouvelle favorite s'installait dans le château Neuf. Il lui rendait souvent visite, la nuit surtout, avant de regagner le lit conjugal. Une nuit, alors qu'il venait de la quitter, il se heurta au duc de Villeroy, un de ses maîtres de camp.

— Vous, Villeroy ! s'écria Louis. Que faites-vous ici ?

— Une simple promenade, sire.

— En pleine nuit et sous la pluie ? Vous vous moquez ? Avouez plutôt que vous m'espionniez. Eh bien ! vous le regretterez.

Villeroy paya son imprudence d'une disgrâce provisoire qui, fort heureusement, ne compromit en rien sa carrière militaire : il allait devenir maréchal de France.

Louis semblait, en quelques mois, avoir entamé une nouvelle jeunesse. Je le trouvais plus fringant, disert et, pour tout dire en un mot : heureux. Au cours de ses promenades en compagnie de Marie-Angélique et de ses proches, sur les terrasses de Saint-Germain, dans les jardins de Fontainebleau, autour des bassins de Versailles, il maniait sa canne avec une allégresse qui laissait deviner la qualité de ses succès amoureux.

Il avait beaucoup à apprendre à sa nouvelle conquête, ou à lui confier. Elle était pour lui une terre vierge, un peu sauvage, dont il prenait possession pied à pied, pour la *civiliser*. Elle n'avait que peu de choses à lui révéler de son existence passée, qui pussent retenir son attention. Il ignorait tout ou presque des paysans, de la vie qu'ils menaient, de leurs soucis et de leurs misères, sinon ce que lui en disait Colbert dans ses rapports ennuyeux et édulcorés.

Ils badinaient en se promenant, la main de Marie-Angélique

posée sur celle de son amant. Il s'amusait à apprendre le patois des rustres de Roussille.

— Comment, chez vous, ma chère, dit-on « le roi » ?

— *Lou rey*, sire.

— Et « monsieur » ?

— *Moussur.*

— Et « demoiselle » ?

— *Demesela.*

— Comme c'est drôle !

Elle lui parlait des *bujades*, ces grandes lessives à la rivière, des veillées devant la cheminée (le *cantou*), des jeux avec les petits valets, les *valetous.*

On avait glissé perfidement à l'oreille de Louis qu'avant d'être présentée à la Cour, sa jeune maîtresse avait *vu le loup*, pour dire qu'elle avait été déflorée. Informée de cette rumeur, elle avait protesté auprès de son amant. Il répondit que cette révélation le laissait indifférent, mais qu'en revanche il aurait aimé apprendre si elle avait un peu *galantisé* avec de jeunes nobliaux limousins. Allons, allons ! elle pouvait bien le lui avouer, il ne lui en tiendrait pas rigueur. « Jamais, sire ! protestait-elle. Il n'y avait entre nous que de l'amitié... » D'ailleurs, elle était si jeune... L'un d'eux l'avait embrassée dans le cou durant une bourrée, mais elle l'avait giflé et il lui avait demandé pardon. Il le savait bien, d'ailleurs, qu'il n'y avait eu personne avant lui ! Il éclatait de rire. Ce jeu innocent le changeait des mensonges et de l'hypocrisie de ses autres favorites, des bouderies et des éclats de Mme de Montespan, de la froideur persistante de Mme de Maintenon...

Un matin, dans les jardins du Palais-Royal, alors que je portais à Mme de Montespan des nouvelles de son dernier-né qui était souffrant, je fus surpris de trouver Marie-Angélique seule sous l'averse, debout au bord du bassin, comme sur le point de s'y jeter.

Je m'approchai et lui demandai ce qu'elle faisait là et si elle avait besoin d'une aide. Trempée comme elle l'était, sans manteau de pluie, elle risquait la mort. Elle secoua la tête en rongeant son pouce. Lorsque je jetai mon manteau sur ses épaules, j'entendis un timide « merci » et surpris son regard.

— Venez, lui dis-je. Allons nous mettre à l'abri sous la galerie.

Elle tourna vers moi un visage baigné de pluie, peut-être de larmes. Ses cheveux n'étaient pas coiffés « à la Fontanges » ; ils pendaient pitoyablement, et le fard qui avait coulé lui donnait l'aspect d'une catin battue. Je lui demandai son mouchoir ; elle n'en avait pas. Je dus me servir du mien pour essuyer son visage. Elle me remercia d'une esquisse de sourire, avant d'ajouter :

— Je ne souhaite pas rentrer tout de suite, monsieur. On m'a grondée et je me suis enfuie. Me connaissez-vous ? Moi, je ne vous connais pas.

Je répliquai en riant que tout le monde connaissait la favorite de Sa Majesté, déclinai mon identité et lui révélai la nature de mes fonctions auprès de Mme de Maintenon. Elle parut montrer de meilleures dispositions à mon égard. Mme de Maintenon... Oui, elle la voyait souvent, et même elles bavardaient, car elle donnait, par sa discrétion et son bon sens, l'envie de la prendre pour confidente. « Voilà, me dis-je, qui fera plaisir à Françoise. »

— Mme de Maintenon est à Versailles, lui dis-je, mais, si cela vous agrée, vous pouvez vous confier à moi. Cela restera secret, je vous le promets.

— Ne restons pas là, monsieur Nicolas. Il ne serait pas bon que l'on nous vît ensemble. Sa Majesté en serait informée dans l'heure.

Par chance, les jardins étaient déserts en raison du mauvais temps. Nous pénétrâmes dans le palais, à bonne distance l'un de l'autre, de manière à ne pas donner l'éveil. Je la retrouvai, comme elle me l'avait proposé, dans son oratoire, où personne ne viendrait nous déranger. Elle me fit asseoir sur une chaise basse et fit de même, en face de moi.

Un bruit insolite avait, dès notre entrée, attiré mon attention.

— Qu'est-ce là ? lui dis-je. Il semble que cela vienne d'un dogue à qui l'on veuille retirer son os.

Elle pouffa de rire derrière sa main.

— Cela vient, dit-elle, de Madame : elle ronfle en faisant sa sieste, comme chaque jour.

La prier de me parler de ses déboires eût été inconvenant. Elle me les livra d'elle-même, avec une spontanéité qui me ravit.

La veille, son carrosse tout neuf, tiré à huit chevaux, l'avait menée à Villers-Cotterêts, chez Monsieur, frère du roi, pour assister à une fête en l'honneur de la princesse Marie-Anne de Bavière, qui venait de franchir la frontière pour épouser le Dauphin Louis. Au cours du bal donné dans la soirée, Marie-Angélique, invitée à danser une courante, s'y prit avec une telle maladresse et une telle ignorance des pas qu'elle déchaîna des fous rires quand, perdant l'équilibre et s'entravant dans le fond de sa robe, elle dut s'accrocher au bras de M. de Marcillac pour éviter la chute. Le roi, d'un regard, fit cesser l'hilarité, mais le mal était fait. C'était l'une de ces fautes de goût que l'on pardonnait difficilement.

Le bruit de cette mésaventure parvint à l'oreille de Madame qui, souffrante, s'était abstenue de quitter le Palais-Royal pour paraître à ces festivités. Elle monta sur ses grands chevaux et libéra ses foudres.

— Où te croyais-tu, pauvre sotte ? En train de danser une bourrée dans ta grange ? Toute la Cour en parle ! Encore une bévue de ce genre et ton compte est bon. File avant que je ne me fâche !

Alors qu'un nouveau flux de larmes s'annonçait, je tâchai de la consoler de mon mieux, lui disant que la Cour oublierait vite cette maladresse, que la passion du roi en viendrait vite à bout, que sa faveur grandissante la préservait des rieurs.

Elle renifla ses larmes et soudain, changeant de ton, radieuse, me parla de son carrosse, du train de valetaille qui l'accompagnait, de sa toilette, de la partie de chasse à laquelle le roi l'avait conviée, du cerf qu'elle avait eu l'honneur de servir...

— Il faudra, ajouta-t-elle, que j'écrive cela à mon frère. Il faudra...

Une quinte de toux interrompit son bavardage.

— Voyez, lui dis-je avec un air de reproche, vous avez pris froid. Buvez une tisane et couchez-vous.

— C'est à quoi je vais me résoudre, monsieur, mais, auparavant, je vais dire un *pater* et un *ave* pour remercier le Ciel de vous avoir mis sur mon chemin. Je parlerai de vous au roi.

— N'en faites rien, je vous prie. Mieux vaut que cet entretien demeure secret.

— Vous avez raison. Le roi est fort jaloux...

Je racontai ce modeste événement à Françoise, que je trouvai une heure plus tard en train de faire goûter une bouillie d'orge au dernier-né de la Montespan qui gazouillait sur ses genoux.

— Vous avez été imprudent, me dit-elle. Si l'on vous avait surpris, imaginez le scandale !

— Selon vous, protestai-je, j'aurais dû la laisser mourir de froid ou se jeter dans le bassin, comme elle en avait peut-être l'intention ?

— Certes non ! mais vous auriez dû vous abstenir de l'accompagner jusqu'à ses appartements. Si le roi l'apprend...

— Il ne l'apprendra pas. Elle m'a promis le secret.

Françoise nous fit servir du vin chaud à la cannelle. Il tombait sur le parc une jolie neige de février qui avait succédé à l'averse. Elle soupira en jetant un morceau de sucre dans sa tasse et en le regardant se dissoudre.

— Cette pauvre enfant... Je crains qu'elle ne fasse long feu à la Cour. Son beau roman ne tardera pas à battre de l'aile. Le roi ne retrouve guère en elle, en dépit des apparences, ce qui l'avait attiré chez Mlle de La Vallière, et elle n'est pas de taille à lutter contre la Montespan, qui ne va pas lâcher cette proie facile. Mais la pire ennemie de cette fille est en elle-même : le roi, vous le savez, aime que ses compagnes aient de l'esprit pour compenser celui qu'il n'a pas...

Ce qu'elle ajouta, en remuant sa cuillère dans sa tasse, mit le comble à ma consternation :

— Sans doute cela vous a-t-il échappé, mon petit Nicolas, mais, derrière la faveur que le roi prodigue à sa nouvelle *sultane*, il faut voir une manœuvre de la Montespan. Elle a vu le parti qu'elle pourrait tirer de la présence de cette jeune beauté. Ce n'est pas la Ventadour ni M. de Marcillac qui l'ont jetée dans les bras du roi, mais elle ! Et savez-vous pourquoi ? Pour faire diversion aux faveurs que le roi me dispense et qui lui semblent présager une relation plus intime qui pour elle sonnerait le glas. Elle me jalouse et me déteste sous ses allures complaisantes, et je dois m'en méfier comme de la peste. De la peste ou du poison... Cette haine est sa seule arme. Elle ne peut plus compter sur ses charmes pour reconquérir le roi.

Ses charmes ? Ils avaient, comme on dit, *passé fleur* depuis des lustres. Je ne pouvais me défendre d'un sentiment de pitié lorsque je voyais cette femme aux allures d'oie grasse à la peau fanée, aux yeux battus, aux dents gâtées, déambuler sur les terrasses de Saint-Germain, au milieu de ses enfants menés par Françoise.

Je lui demandai comment se comportait la reine dans cet imbroglio. Françoise avala sa dernière gorgée de tisane avant de soupirer.

— Pauvre reine... pauvre femme...

Incapable de procréer de nouveau depuis des années, à la suite de la naissance et de la brève existence du duc d'Anjou, elle se cantonnait dans sa chambre en compagnie de la Molina, de ses nains et de ses chiens, se délectait de chocolat et faisait quotidiennement le compte de ses bijoux, dont elle était fière. On raconte que, recevant Mme d'Osnabrück, gouvernante de sa belle-fille, la princesse de Bavière, elle n'eut de cesse d'ouvrir sa cassette pour faire étalage de son trésor. À quoi la dame objecta qu'elle était venue pour rendre visite à Sa Majesté, non à ses bijoux. Marie-Thérèse éclata de rire. « Et moi, madame, je vous dis que ce sont ces bijoux qu'il faut admirer, et non moi ! »

— Voilà, dit Françoise, le genre d'esprit que l'on peut attendre de la reine. On se moque de celui de *votre* Marie-Angélique, mais il ne lui dispute pas la palme. Savez-vous ce que l'abbé de Choisy dit de la petite bergère limousine ? Qu'elle est « belle comme un ange mais sotte comme un panier ». Il aurait pu en dire autant de la reine. Le jugement est sévère.

— Sévère et injuste, du moins pour la favorite. Je crains que ce mot terrible ne la suive jusqu'à sa mort et même ne lui survive...

On n'en avait pas fini avec Versailles. Le chantier s'éternisait, les caprices du roi y ajoutant toujours quelque nouveauté.

Il avait fait construire pour la belle Athénaïs, au crépuscule de leurs amours solaires, une « folie » qui faisait l'admiration de la Cour et des ambassadeurs : le Trianon de Porcelaine.

J'eus le privilège, en accompagnant Françoise, d'en faire la découverte. Le décor, fait de céramiques multicolores, rappelle, dit-on, les demeures impériales de la Chine. Cela surprend au premier abord, mais ravit ensuite. On respirait dans cette demeure l'odeur des jasmins, des orangers et des citronniers. On s'y promenait entre des murs ornés de grandes tapisseries évoquant les victoires du roi Louis, des glaces de Venise, des porcelaines de Delft, des grands vases débordant de fleurs, des volières dorées peuplées d'oiseaux que Colbert faisait venir de Perse, de Constantinople et des Îles.

Dans ce palais en miniature, le roi, comme à Marly, donnait de petites fêtes intimes. Pour la belle Athénaïs naguère, pour Marie-Angélique ensuite. On y jouissait d'une aimable liberté, dans la musique des violons.

Peu à peu, avec une lenteur hallucinante, les grandes lignes des bâtiments et du parc émergeaient du magma, en dépit des dépenses engendrées par les guerres, les fastes de la Cour, et de la misère qui poussait les populations à l'émeute. Je me disais qu'il faudrait encore des années pour que ce chantier arrivât à son terme. On y travaillait sans relâche, avec acharnement, sous la pluie, la neige, le soleil torride des étés. Les arbres plantés par Le Nôtre poussaient dru, bordant les bassins et le canal d'une dentelle délicate. Les orangers et les citronniers enlevés au château du surintendant Fouquet embaumaient.

Je prenais plaisir à des promenades solitaires, m'informant auprès des ingénieurs, enjambant des riverettes par des ponceaux de bois ou de pierre, longeant la berge du grand canal qui se perdait au loin dans les épaisses futaies, vers un horizon sans limites.

Sur le plan humain, ces gigantesques travaux avaient leur prix : chaque jour, des carrioles partaient pour Paris, encombrées d'ouvriers malades ou blessés, dont certains, victimes d'épuisement ou de fièvre, ne reviendraient pas.

L'aspect grandiose de ce site dépassait l'entendement. Il n'était pourtant que le reflet timide de la gloire universelle qui auréolait Louis le Grand, pour qui rien n'était trop vaste ni trop somptueux. On eût dit qu'il souhaitait égaler Dieu dans ses créations et laisser dans la mémoire des hommes un souvenir indélébile de son passage sur cette terre. Ce n'était qu'un homme pourtant, avec ses faiblesses et ses défauts, mais il les occultait par des images de splendeur.

13

Mort d'un ange

Dans les semaines et les mois qui suivirent notre première rencontre au Palais-Royal, je n'eus plus le moindre rapport avec Marie-Angélique de Fontanges.

J'observais, non sans surprise, le changement qui s'opérait en elle. Elle jouait aux grandes dames, « faisait la reine », comme on disait et accumulait les bévues. Tancée par le roi, elle s'enfermait dans des bouderies obstinées mais fugaces, puis reprenait des attitudes faites de morgue et de condescendance qui tranchaient avec son naturel. On ne se privait pas de la brocarder en aparté. Si chansonniers et poètes des rues s'intéressèrent peu à elle, c'est qu'elle passa comme une comète dans le ciel de Paris.

Je la croisai un soir, au cours d'un repas à Fontainebleau, alors qu'elle revenait, en compagnie des demoiselles de Ludres et des Adrets, de donner à manger aux carpes du grand bassin. Elle détourna son regard. Au bal qui suivit, elle dansa le menuet et la gavotte avec le roi, sans manquer un pas, avec une aisance et une majesté qui m'éblouirent. Elle n'avait jamais été aussi séduisante. La femme avait percé en elle sans dégrader les charmes de l'enfance.

C'est Françoise qui m'apprit la nouvelle que beaucoup redoutaient : Marie-Angélique de Fontanges était enceinte. Ce fut comme un coup de tonnerre. Françoise arpentait sa chambre à grandes enjambées nerveuses, se prenait la tête à deux mains, se cognait aux meubles en marmonnant je ne sais quoi, les yeux au plafond.

— En est-on certain ? lui demandai-je.

Elle haussa les épaules, me répondit sur un ton condescendant :

— Un trimestre sans ses mois, on le serait à moins ! La naissance pourrait avoir lieu fin décembre ou début janvier.

Elle semblait prendre à cœur cette affaire, somme toute naturelle. Peu de favorites avaient été abandonnées du roi sans lui laisser un ou plusieurs bâtards sur les bras. Pourquoi Marie-Angélique aurait-elle échappé à cette règle ?

— J'ignore, lui dis-je, ce qui peut causer votre agitation. Quant à la Montespan, elle doit enrager...

— ... comme moi, mais pour d'autres raisons. Ce qui m'inquiète, c'est que le roi semble plus épris qu'il le fut jamais de cette nitouche. Il aime ses enfants, les bâtards plus que les légitimes. Elle a dû l'apprendre et risque de se donner plus d'importance qu'elle n'en a. Je connais le roi autant par ses faiblesses que par son autorité. Si cette fille sait mener sa barque, si elle le subjugue, si elle prête l'oreille à la camarilla qui l'entoure, il risque d'en oublier ses devoirs et de jouer les George Dandin, mais à l'inverse. Imaginez que cette petite sotte se mette en tête, inspirée par ses proches, de consacrer cet enfant à naître à fonder une nouvelle lignée !

Elle ajouta :

— Mon petit Nicolas, nous sommes au bord du gouffre. Un caprice du roi peut nous y précipiter...

Durant le mois d'août de l'année 1678, j'accompagnai Françoise à Fontainebleau. J'étais comme lié à sa personne, non de par ma volonté mais de par la sienne. À tout prendre, j'aurais préféré rester dans ma chambre de Saint-Germain pour y achever la lecture des *Métamorphoses* d'Ovide.

On célébrait au château le mariage de la fille de Monsieur et de la défunte Henriette, Marie-Louise d'Orléans, avec le roi Charles II d'Espagne qui, à dix-huit ans, vivait sous le joug des jésuites, des aventuriers et des putains qui pullulaient à la Cour de Madrid. Débile, disgracié, il avait hérité de son père le visage long, la mâchoire prognathe, l'œil trouble et l'air niais des Habsbourg. L'année précédente, le traité de Nimègue avait mis fin à sept ans de guerre entre les deux nations, laissant l'intégralité de ses territoires à la Hollande mais amputant l'Espagne d'une riche province : la Franche-Comté.

Au cours des festivités organisées à cette occasion, Marie-Angélique fit en sorte que l'on ne vît qu'elle. Certain soir, en traversant la salle de bal pour rejoindre son amant, elle souleva des murmures indignés.

Louis avait fait aménager pour elle, dans toutes ses résidences, un appartement proche du sien, de manière à faciliter leurs relations. Elle les faisait décorer et aménager par les meilleurs artistes et artisans, sans regarder à la dépense.

C'est au Trianon de Porcelaine, le « petit château à la chinoise », que Marie-Angélique alla passer ses derniers mois de grossesse. Elle semblait s'y plaire plus qu'à la Cour. Dans sa jeunesse et son enfance, tout comme Françoise, qu'elle retenait souvent pour le plaisir du bavardage, elle avait gardé les oies, les dindes et les vaches. Dans sa nouvelle résidence, elle jouait les bergères, sous la surveillance des mousquetaires de la garde royale.

Le roi lui rendait visite chaque jour pour prendre de ses nouvelles et lui apporter celles de la Cour, où la favorite était devenue « celle qu'on ne voit point et dont on ne parle point ». Dire que l'on regrettait son absence serait faux. On la palliait par des commentaires relatifs à la querelle qui s'envenimait, entre la Montespan et Françoise. Lorsqu'elle en parlait en aparté avec ses connaissances, la marquise de Sévigné, cette intarissable commère, les prénommait *Quanto* et l'*Enrhumée* (Françoise, qui redoutait les courants d'air, avait souvent la goutte au nez). Parlant du roi, elle disait *Le centre de toutes choses.* Langage de précieuse...

Excédé par cette petite guerre qui risquait de dégénérer en scandale, avec lui au milieu pour recevoir des horions, le roi décida d'y mettre le holà en les séparant. Nommée, faveur insigne, dame d'atours de la princesse de Bavière, Françoise dut renoncer à son rôle de gouvernante des enfants. Elle en fut contrite et me confia sa déception.

— Il m'est difficile, me dit-elle avec un sanglot dans la voix, de renoncer à mes « petits chéris ». Peut-être aurais-je dû tenter de transiger, mais le roi en aurait pris ombrage. Ces enfants, Nicolas, je les aime comme s'ils étaient miens. Je les ai dorlotés, veillés des nuits entières, soignés quand ils étaient malades. Je leur ai donné le meilleur de moi-même. Et voilà que le roi me prive de leur présence...

— Personne ne pourra vous interdire de les revoir, de veiller de loin sur eux.

— On voit bien que vous ne connaissez pas la Montespan comme je la connais ! Si je me risquais à leur rendre visite, elle me ferait chasser par ses valets ou ses chiens. Elle enrage de l'affection que me témoigne Sa Majesté mais se réjouit de mon départ. Elle doit avaler tantôt du miel et tantôt du vinaigre.

Parvenue au dernier mois de sa gésine, Marie-Angélique, apprenant que le roi donnait une fête à Fontainebleau, le supplia de l'y conduire. Il s'y opposa fermement, protesta que, dans son état, un voyage pourrait être fatal à son fruit. Elle insista, disant que l'ennui s'était emparé d'elle, au point que son enfant risquait d'en ressentir les effets. Le roi finit par céder.

Quelques semaines plus tard, elle donna naissance a un nourrisson chétif qui ne vécut que quelques heures, à la suite de couches difficiles qui avaient fait craindre pour la vie de la mère. Elle vécut, mais son chagrin dura des jours. La mort de son enfant condamna l'espoir qu'elle avait mûri de s'attacher plus étroitement le père.

À cette époque, l'affaire des Poisons défrayait l'opinion. Les femmes de Paris vivaient dans la terreur de voir enlever leur enfant pour le sacrifier sur l'autel des messes noires. Des rumeurs inquiétantes filtraient de la Chambre ardente comme, d'un athanor diabolique, des vapeurs de soufre. Les noms de la Montespan, de la Voisin, de leurs complices et de leurs clientes revenaient en sourdine dans les conversations. Insensiblement, la Montespan prenait, dans la rumeur publique, l'allure d'un monstre installé au sein d'une Cour complaisante.

C'est alors qu'on murmura que l'enfant de la Fontanges aurait bien pu être victime de ses sortilèges ou de ses poisons.

Quelques semaines après ses couches, à l'occasion du jour de l'an et de la Messe du roi, Marie-Angélique refit une timide apparition à la Cour. On fut frappé par sa pâleur, ses traits tirés, sa toilette, de la même étoffe et de la même façon que celle du roi, de sorte qu'un esprit non averti eût pu les prendre pour mari et femme.

À peine revenue de son « château à la chinoise », cette innocente commit des bévues surprenantes : elle offrit des étrennes somptueuses à la Montespan et à ses enfants. Loin de s'en réjouir, l'ancienne favorite en prit ombrage, jugeant que ces bienfaits étaient humiliants et la reléguaient à un rang subalterne.

Les disparités entre les deux favorites s'observaient jusque dans le cours des offices religieux. À Saint-Germain, elles se faisaient placer de manière à se trouver sous les yeux du roi : Mme de Montespan et ses enfants sur la tribune de gauche ; Mlle de Fontanges sur celle de droite. À Versailles, la première occupait le côté de l'Évangile et la seconde celui de l'Épître.

Deux mariages furent célébrés au cours de ce mois de janvier de l'année 1680.

Marie-Anne de Blois, belle et majestueuse créature d'une quinzaine d'années, née de Mlle de La Vallière, épousa Louis Armand de Bourbon, prince de Conti. Le roi adorait cette première-née de ses filles illégitimes, malgré son caractère capricieux, ses comportements scandaleux et ses mœurs débridées. Il lui passait tout, même de fumer ostensiblement la pipe des mousquetaires et de boire comme un soudard.

C'est à la fin de ce même mois qu'eurent lieu les noces, dont j'ai parlé précédemment, entre la princesse de Bavière, Marie-

Anne, fille du prince électeur, et le Dauphin Louis. Cette fille à l'allure de dragon n'avait rien des grâces de Mlle de Blois. Laide, acariâtre, dévote à l'excès, elle menait ses gens à la baguette. Françoise, sa demoiselle d'atours, me confia qu'elle lui rendait la vie impossible par ses exigences et ses caprices.

Des fêtes éblouissantes marquèrent ces deux mariages, et la Cour en fut comme rajeunie. On s'empressait autour de la dauphine et de la princesse, on les étourdissait de divertissements, on les entourait de mille attentions.

On se plaisait à comparer Mlle de Fontanges à Mlle de La Vallière, mais ce n'était plausible que dans les premiers temps de la « petite bergère » à la Cour, quand elle montrait une gaucherie attendrissante. Par la suite, alors que la bonne Louise se cantonnait dans sa modestie naturelle, la nouvelle *sultane*, grisée par les faveurs royales, jouait les grandes dames, encouragée par sa camarilla qui voyait en elle un pion à opposer à la Montespan. Elles étaient dissemblables jusque dans leurs dévotions : alors que Mlle de La Vallière voyait dans le couvent son dernier refuge, Marie-Angélique n'avait d'autre dieu que son royal amant et d'autre évangile que la réussite de ses ambitions.

Tout agitée, les nerfs à vif, Françoise épancha pour moi la lourde colère qui la possédait.

— Le roi aurait-il perdu l'esprit ? Savez-vous la requête qu'il vient de me présenter ? Prier sa jeune favorite de mettre un terme à des maladresses et à des propos prétentieux, qui passent les bornes de la décence ! Pourquoi ne le fait-il pas lui-même ? Craint-il de la vexer, de s'attirer ces bouderies qu'il supporte mal ?

— Pourquoi ne pas refuser ? Le roi comprendrait vos réserves.

— Dites plutôt qu'il m'en tiendrait rigueur et que je risquerais mon renvoi de la Cour. Non, mon petit Nicolas, je ne puis refuser.

La première expérience de Françoise dans cette mission de

confiance se solda par un échec. Au retour, elle me dit en agitant frénétiquement son éventail :

— Deux heures, Nicolas ! Je suis restée deux heures en présence de cette pimbêche et j'en sors épuisée et colère. Elle est persuadée que la Cour s'est liguée contre elle, lui tend des pièges, et cherche à l'humilier ! J'ai dû subir une effusion de larmes. Elle me demandait conseil. Je lui ai proposé le seul qui me paraisse logique : se résoudre à quitter le roi.

— Quitter le roi ? J'imagine sa réaction...

— Elle m'a ri au nez et m'a dit (je vous rapporte ses propres termes) : « Madame, vous me suggérez de me défaire de l'amour du roi comme on change de chemise ! Vous n'y pensez pas sérieusement ? » Eh oui ! le croirez-vous ? il lui arrive parfois, à cette sotte, de faire preuve d'esprit. À moins qu'on ne lui eût soufflé cette réplique digne de Molière...

— Elle refuse donc le sacrifice que vous lui suggériez. Je suppose que cette idée n'est pas venue du roi lui-même ?

— Non, et je le regrette. S'il l'apprend, ce que je redoute, je devrai affronter sa colère. J'ai poussé plus loin l'audace que je me reproche déjà : lui suggérer de modérer ses dépenses. Savez-vous qu'elle engloutit plus de cent mille écus par mois et qu'elle jette l'argent par les fenêtres ?

— A-t-elle conscience de ces excès ?

— Nullement. Cela lui paraît naturel. Elle est arrivée à la Cour pauvre comme Job et la voilà, au bout de quelques mois, riche comme Crésus, grisée, et ne sachant que faire de sa fortune.

Il faut dire, à la décharge de la favorite, qu'elle n'oubliait pas les petites gens de sa province.

À l'issue d'un souper, le roi proposa à ses convives de formuler leur vœu le plus cher. Quand vint le tour de Marie-Angélique, on s'attendit à ce qu'elle demandât à la Providence de lui conserver l'amour du roi. Elle répondit d'une voix timide :

— Sire, outre souhaiter que Dieu vous garde longtemps en vie, rien ne me serait plus agréable qu'une chaire pour l'église de Lamazière, en Limousin, proche de mon château de Roussille. Jadis, j'allais m'y recueillir, prier et porter des fleurs à la Vierge.

Ce vœu si simple fut exaucé sur-le-champ. L'humble sanctuaire est aujourd'hui, dit-on, doté d'une chaire que les cathédrales de Limoges et de Tulle pourraient lui envier.

Elle ne manquait pas non plus de faire profiter ses proches de sa bonne fortune. Ses sœurs notamment. Le roi dota l'une pour la marier au gouverneur de Nantes, et fit l'autre abbesse de Chelles.

Alors que le carrosse de Mlle de Fontanges prenait la direction de Villers-Cotterêts, à la rencontre de la princesse de Bavière, la Voisin, à l'issue de ses comparutions devant la Chambre ardente, était livrée au bourreau. Ce n'était que le début d'une hécatombe de sorciers et de sorcières. L'affaire jetait en pâture à l'opinion les noms de Mmes de Montespan, de Vivonne, de Beauvais, de Mlle des Œillets, et même du maréchal de Luxembourg. Cela fit grand bruit et jeta un voile de suspicion sur le roi et la Cour.

Le scandale menaçait de prendre une ampleur telle que Louis jugea prudent de mettre un terme aux investigations de la police et de dissoudre la Chambre ardente. Certains documents que La Reynie montra au roi, notamment les dépositions de la Voisin et de sa fille, Marguerite, furent jetés au feu. Ces soirs-là, dans le cabinet du roi, on ne craignait pas les rigueurs de l'hiver...

Athénaïs semblait avoir perdu la raison. Elle passait comme une ombre de son château de Clagny à Versailles pour repartir vers Marly, y rester trois jours et se précipiter à Saint-Germain, poursuivie par la crainte que le scandale qui commençait à tresser ses filets autour d'elle n'en fît une prisonnière promise au bûcher. Elle devait s'attendre à tout moment à trouver la police à sa porte. Elle se hasarda à la Cour, où on lui tourna le dos. Le roi la tint à distance pour lui signifier une disgrâce dont nul n'osait prononcer le nom.

Loin de faire amende honorable, elle s'efforçait, par sa morgue, de laisser croire que les rumeurs qui l'accusaient n'étaient pas fondées, qu'elle était victime d'une cabale. Elle vivait à l'écart, sans rien retirer de son train habituel, avec un fol espoir : le retour d'affection de son ancien amant, quand la rigueur de la Maintenon l'aurait rebuté et quand les charmes de la Fontanges se seraient fanés.

Je ne sais ce que l'on peut penser du bruit qui a couru à la Cour à cette époque, selon lequel elle était entrée dans la voie de la pénitence. Elle pratiquait, à ce qu'on disait, mortifications et macérations, portait à même la peau, sous forme de bracelets, de jarretières et de ceinture, des cilices à pointes de fer. On ajoutait qu'elle laissait toute la nuit une chandelle allumée dans sa chambre, tant l'ombre lui faisait peur.

Ce qui est certain, c'est que le comportement du roi, à la suite de cette alerte qui le discréditait, se modifia, notamment au chapitre de la foi. On a dit abusivement qu'il s'était *converti*, comme si, auparavant, il avait épousé quelque dogme hérétique. Il se montrait simplement plus assidu aux offices qu'au jeu, passait plus de temps avec son confesseur qu'avec sa favorite, donnait davantage d'attention à la reine. Ses proches prétendaient qu'il avait peur du diable et de l'enfer ; venant d'un esprit rassis comme l'était le sien, cela me surprenait.

Sans renoncer à ses amours, il orienta ses sentiments vers celle qui ne lui avait jamais manqué, lui vouait une amitié indéfectible, se montrait toujours prête à recevoir ses confidences : Françoise de Maintenon.

De temps à autre, selon ses humeurs et sans en trahir les secrets, elle me faisait part de ses entretiens avec le roi. Elle lui suggérait de renoncer une fois pour toutes à ses égarements amoureux, de revenir vers sa femme légitime et vers Dieu. Il hochait gravement la tête, promettait de s'engager bientôt dans la voie du salut mais retournait à ses turpitudes, avec cependant une volonté de plus en plus ferme de s'en détacher.

Sensible à ces changements, la reine disait à Françoise :

— Ma chère, je ne reconnais pas mon époux ! Il est de plus en plus assidu, tendre, et il me fait l'amour toutes les nuits ou presque. C'est à vous que je dois ce miracle. Persévérez, madame, je vous en prie...

Au mois de mars de l'année 1680, Marie-Angélique, après avoir, durant des mois, flotté sur un nuage, se retrouvait à l'empyrée, dans le soleil dont le roi l'inondait. Il lui avait donné le titre de duchesse, lui versait une pension princière, l'inondait de présents. Elle s'en flattait étourdiment et proclamait que Sa Majesté n'avait rien à lui refuser.

— Cette pauvre enfant... me dit Françoise. Elle a tort de se réjouir. On a négligé de lui apprendre que, lorsque le roi souhaite se débarrasser d'une favorite, il l'inonde de faveurs, pardonnez-moi l'expression, pour faire « passer la pilule ».

— Croyez-vous vraiment que le roi veuille se débarrasser d'elle ?

— Sans aucun doute ! Et de la Montespan du même coup. Le décret est déjà pris et son exécution ne saurait tarder. Pardonnez-moi si je ne puis vous en dire plus...

Concevoir le roi sans favorite était donner de lui une image imparfaite. Depuis le début de son règne, et même avant, l'habitude était prise de le voir flanqué, comme de son double, d'une de ces créatures qui, rehaussant son prestige, constituaient l'élément indispensable à sa majesté et à sa puissance. Eût-il risqué d'éprouver du remords, l'exemple de ses ancêtres l'en eût préservé.

— Les deux favorites éliminées, dis-je à Françoise, sur qui Louis jettera-t-il son dévolu ?

Elle parut embarrassée, se mit à frapper nerveusement sa cuisse avec son éventail replié puis s'administra une dose généreuse de tabac à priser.

— Qui donc ? qui donc ? comment le saurais-je ? Le roi ne m'en a pas fait la confidence. Ce que je puis vous dire, c'est que l'avenir pourrait nous révéler bien des surprises...

Mon travail de secrétaire et de factotum auprès de Françoise, les courriers qu'elle me chargeait d'acheminer vers les diverses résidences royales pour des problèmes d'intendance ou de simples signes d'amitié et de prévenance laissaient peu de temps libre à ma vie privée, alors que, la quarantaine proche, j'étais en pleine possession de tous mes moyens, plein de désirs et apte à les assumer.

Le vent de débauche qui flottait autour de moi, les spectacles permanents que m'offrait la Cour, sans que j'eusse à lorgner par le trou d'une serrure, m'autorisaient à donner libre cours, sans scrupule, sans remords, à mes penchants. Informée, malgré leur discrétion, des conquêtes dont j'aurais pu me flatter, dans l'entourage de Marie-Anne, la princesse de Bohême, Françoise se montrait indifférente.

— Au moins, me disait-elle, vous soumettez-vous à la confession ?

— Je n'y manque pas, madame, à l'occasion.

Ces occasions étaient rares, pour ne pas dire inexistantes. Ce comportement, peu conforme aux dévotions de Françoise, aurait pu me valoir, sinon la Bastille ou le bûcher, du moins de sévères réprimandes de son confesseur, ce dont il se garda. Il évitait de se frotter aux arguments que je lui avais opposés, lors de ses premières tentatives pour me sonder les reins et le cœur. Entre nous, l'éternel conflit de la raison et de la foi aurait vite pris l'allure d'un schisme où j'aurais eu tout à perdre et lui rien à gagner. J'aurais aimé lui faire admettre que j'étais suffisamment lucide envers moi-même pour ne pas faire de mes péchés des blasphèmes, et que j'assumais mes repentirs sans son aide ni celle du Seigneur que je respecte mais dont je me refuse à être l'esclave.

Je connus à cette époque une idylle avec Marie Dufayet. Elle présentait un double avantage : servir d'exutoire à mes sens et, par procuration, m'introduire dans l'entourage, sinon dans l'intimité de Mlle de Fontanges.

Nos relations datent du jour où, chargé par Françoise d'un courrier destiné à l'intendant de la duchesse, je fus témoin d'un incident.

Mission accomplie, je m'apprêtais à retourner au Palais-Royal, lorsque mon attention fut attirée par des cris de femme et une rumeur de querelle venant du coin du jardin où séchaient des linges suspendus à des cordes. Je m'approchai et surpris une scène révoltante : un homme dont j'ignorais l'identité poursuivait une jeune femme affolée, vêtue comme une servante. Il venait de la rattraper, la rouait de coups de canne et menaçait de la tuer. En tentant de m'interposer je reçus au front un coup qui faillit m'assommer et dont je porte encore la marque.

— Cessez, monsieur ! m'écriai-je. On ne frappe pas une femme comme un chien, quoi qu'elle ait pu faire !

Le butor répondit avec une morgue méprisante :

— De quoi vous mêlez-vous, monsieur ? Passez votre chemin, ou gare !

Comme il s'acharnait sur cette pauvre créature gémissante, je lui arrachai la canne des mains et la brisai sur mon genou. Il bondit sur moi, me prit au col avec une énergie qui m'ébranla. D'une bourrade, je l'envoyai sur le gravier. Il disparut sous le drap auquel il s'était accroché.

Après s'être dépêtré tant bien que mal du linceul, il aboya une menace : j'allais payer cher l'humiliation que je lui avais infligée.

— Faites donc ! rétorquai-je. J'aurai de bons arguments pour ma défense...

Sans l'intervention de Françoise, l'affaire aurait pu avoir pour moi des conséquences funestes.

— Je ne puis vous reprocher votre générosité et votre courage, Nicolas, me dit-elle, mais vous colleter avec le Grand Dauphin et briser sa canne pourrait vous coûter cher.

— Le Grand Dauphin, dites-vous ? Au diable si j'aurais pu le reconnaître ! Cette jeune brute ne portait que la culotte et la chemise, sans la perruque...

— Cette « jeune brute », comme vous dites, s'est plainte à Philippe, son oncle, lequel a informé Sa Majesté de cette algarade. Cela m'a valu une rude semonce. J'ai plaidé votre cause, fait valoir vos états de service, si bien que Sa Majesté a daigné vous pardonner. Si vous aviez quelque titre de noblesse, votre victime aurait pu demander réparation sur le pré. Imaginez un peu ! Vous qui n'avez jamais tenu une épée de votre vie... Quoi qu'il en soit, l'affaire en restera là, mais toute la Cour en parle !

Elle ajouta, en défaisant la charpie qui entourait mon front et me donnait l'apparence d'un muphti :

— Voyons comment se porte votre blessure. Bien... bien... vous n'en mourrez pas.

Je n'en suis pas mort, mais j'ai hérité à la fois de la haine tenace de Mgr Louis et de l'amour de sa victime : Marie Dufayet.

Suivante de la Dauphine Anne-Marie, chargée de la toilette et de la surveillance de la lingerie, cette demoiselle était en butte aux assiduités de l'époux de sa maîtresse. Pour venir à bout de sa résistance en l'humiliant, il avait usé d'un stratagème indigne de sa qualité : il lui avait reproché la mauvaise qualité de son travail ; elle s'en était défendue ; il l'avait bastonnée. C'est alors que je m'étais porté au secours de la malheureuse.

À trois jours de cet incident, je trouvai dans le courrier adressé à Françoise un billet à mon intention, venant d'une personne dont le nom, Marie Dufayet, ne me disait rien.

Monsieur, je ne saurais trop vous remercier d'être intervenu l'autre matin pour me sauver d'un châtiment immérité. J'ai craint, à la suite de cet acte de courage, des conséquences néfastes pour vous et pour moi. Il semble qu'il n'en sera rien. Je m'en réjouis et vous témoigne toute ma reconnaissance.

Le lendemain, appelée à se présenter à la réception d'une nouvelle demoiselle d'honneur de la Dauphine, ma maîtresse, que cette cérémonie importunait, me pria de la chaperonner. La crainte de me retrouver en face du butor que j'avais malmené et de faire figure de provocateur faillit me faire renoncer. Françoise me rassura : la cérémonie se déroulerait dans les appartements de la Dauphine, et monseigneur en serait absent.

Dans l'assistance, composée pour l'essentiel de dames, je n'eus aucun mal à reconnaître celle que j'avais sauvée de la bastonnade. Debout derrière sa maîtresse, elle faisait contraste, par sa beauté simple et lumineuse, et malgré sa discrétion, avec cette fille renfrognée, bouffie, vulgaire et mal fardée. Marie Dufayet me salua d'un sourire et d'un hochement de tête.

Alors que l'on servait la collation, elle vint vers moi et me tendit sa main à baiser. Je la remerciai de son message : elle me renouvela l'expression de sa gratitude et m'invita à boire un chocolat et à grignoter quelques friandises en sa compagnie, dans l'embrasure d'une fenêtre. De loin, Françoise me fit un clin d'œil et me sourit.

— Vous ne savez rien de moi, me dit-elle, mais moi, je vous connais par ouï-dire. Mme de Maintenon, votre maîtresse, ne tarit pas d'éloges sur votre personne. Vous lui êtes, dit-elle, *in-dis-pen-sa-ble*. Voulez-vous que nous bavardions ?

Elle m'apprit que Françoise allait accéder à une nouvelle faveur : elle porterait le titre et assumerait les fonctions de seconde dame d'atours de la Dauphine, et devrait veiller principalement à la toilette de sa maîtresse, qui s'obstinait à se costumer à la mode de Bavière.

— Ainsi, me dit-elle, nous serons appelés à nous revoir en des circonstances plus agréables que la semaine passée !

J'aimais son rire à la fois franc et léger, qui allait avec son teint légèrement basané, ses pommettes hautes saupoudrées de taches de rousseur, sa bouche charnue, ornée d'une mouche à la commissure. Je me dis que je n'avais pas tardé à lui plaire quand, tournant le dos à l'assistance, elle se mit à picorer du bout des ongles les boutons de mon gilet brodé et à faire glisser ses petites mains sur les revers de mon habit. Ce comportement me laissait clairement entendre que je ne lui étais pas indifférent et que je pourrais avoir auprès d'elle une autre fonction que celle de garde du corps.

Elle ajouta avec un soupir :

— Je crains pourtant que notre cohabitation soit de courte durée, monsieur Nicolas. Après l'esclandre de la semaine passée, monseigneur a exigé mon départ.

— Vous allez donc quitter la Cour ?

— Par Dieu, non ! Simplement changer de maison. À la fin du mois, je quitterai celle de Mme la Dauphine pour entrer au service de Mlle de Fontanges. Je ne perdrai pas au change. Madame est insupportable et mène ses serviteurs à la fourche.

Elle m'apprit que la santé de sa future maîtresse donnait des inquiétudes au roi.

— La pauvre... elle est plus malade qu'il n'y paraît. Les médecins attribuent son état à la suite de ses couches, et d'autres à certaines pratiques dont je préfère ne rien dire...

J'obtins sans peine la permission de revoir Marie. Non pour jouer aux dés ou à la bassette, mais dans sa chambre, pour des jeux différents. Elle me donna autant de plaisir que jadis Dorine et davantage que, naguère, cette folle de La Mothe. Je la retrouvais le plus souvent la nuit, dans le modeste réduit éclairé le jour par un simple pertuis donnant sur les jardins. À chacune de nos retrouvailles, la tempête qui agitait sa couche me laissait sur le flanc.

Après nos étreintes, nous bavardions dans la clarté de la chandelle, en buvant du vin pour nous redonner des forces. Elle était satisfaite de sa nouvelle maison, de ses fonctions et de ses rapports avec sa nouvelle maîtresse.

Elle me dit un soir :

— Nicolas, je suis au regret de vous dire que nous allons devoir nous séparer quelque temps. Le roi doit faire ses Pâques. On va donc, par décence et pour lui éviter toute tentation, éloigner ma nouvelle maîtresse.

— Devra-t-elle revenir en Limousin ?

— Certes non ! c'est bien trop loin de Paris. Elle fera retraite à l'abbaye de Maubuisson, à quelques lieues de Pontoise. Je ferai partie de sa suite. Vous et moi ne serons séparés qu'une semaine, ou peut-être deux. Soyez sage en attendant mon retour...

Deux semaines sans Marie, alors que notre passion atteignait son empyrée, était pour moi une épreuve insupportable. Je lui promis de la rejoindre à Maubuisson dès que possible. Elle tenta de m'en dissuader, mais j'insistai avec une telle conviction qu'elle finit par se plier à ma décision.

Je demandai à Françoise un congé qu'elle m'accorda sans rechigner, et trouvai refuge dans une auberge des bords de l'Oise, située au milieu d'un bois de peupliers. Marie, sous des prétextes fallacieux, parvint à me rejoindre chaque jour, et nous fîmes les Pâques à notre façon. Je lui livrai les nouvelles de la Cour ; elle m'en donnait de sa maîtresse.

— Sa santé, me dit-elle, nous donne de plus en plus d'alarme. Nous trouvons chaque matin ses draps maculés de sang. Malgré ses parades de bonne humeur, elle s'affaiblit de jour en jour, au point que nous redoutons qu'elle ne puisse regagner Paris. Le médecin que le roi lui a envoyé persiste à croire que ces flux de sang viennent de ses couches et que cela passera avec le temps.

Mlle de Fontanges avait prévu de retourner à Paris au lendemain de Pâques, le 22 avril. Une semaine passa sans qu'elle y reparût. Le roi, de plus en plus inquiet, faisait prendre chaque jour de ses nouvelles.

Il lui envoya un curieux personnage : Charles Trimont,

connu sous le nom de Prieur de Cabrières, un moine rebouteux que l'on avait fait venir à Paris pour dispenser ses soins à l'un des bâtards de la Montespan. Originaire du Languedoc, il avait choisi le métier des armes, mais des blessures et une santé fragile avaient interrompu sa carrière pour lui ouvrir celle des ordres et de la médecine empirique, où il excellait.

Profitant de sa présence, le roi l'avait prié d'aller visiter sa maîtresse. Françoise elle-même avait mis à l'épreuve les connaissances de ce mage. Elle soignait ses rhumatismes avec l'huile de Saint-François, mais ce remède ne procurait aucun répit à ses douleurs. Le rebouteux du roi l'avait soulagée. Elle chantait ses mérites sur tous les tons.

Ce grand diable sec comme un fagot de sarments, au visage grisâtre constellé de verrues, voyageait avec un coffre de cuir râpé où il entreposait tisanes et onguents. Il en avait, disait-on, contre tous les maux dont le diable accable l'humanité. D'autres relevaient d'une pharmacopée plus insolite, comme la poudre de sardoine qui rend les hommes fous et les fait mourir de rire, l'aconit qui engendre le mal caduc, la fleur de pêcher distillée qui provoque une mort lente sans laisser de traces...

C'est ce louche thaumaturge que le roi envoya auprès de sa maîtresse, à l'instigation de la Montespan, satisfaite des soins donnés à leur enfant. Autant lui envoyer un serviteur du diable !

Durant le séjour de ce charlatan à Maubuisson, deux filles de cuisine moururent d'un mal mystérieux, que le bonhomme attribua aux pluies printanières, aux marécages environnants et aux moustiques nés des premières chaleurs...

— Au couvent, me confia Marie, tout va de mal en pis et nous en sommes tous retournés. La mort des deux filles de cuisine, la santé de mademoiselle qui ne s'améliore pas... Ce qui m'intrigue plus encore, c'est la présence constante, auprès de notre malade, d'une créature de la Montespan, Mlle des Œillets, et d'un personnage inquiétant, la Filastre, une femme qui vient de Gannat, en Auvergne. Que font-elles là ? je l'ignore, mais cela m'intrigue. On parle encore beaucoup de cette affaire des Poisons, où la des Œillets et sa maîtresse...

Je plaquai ma main sur ses lèvres en lui demandant de ne pas en dire plus.

Mlle de Fontanges ne revint à la Cour qu'au mois de mai.

À une semaine de son retour, l'occasion me fut donnée de la revoir. J'en restai ébahi. Son visage avait pris la teinte d'un mauvais suif, ses paupières s'étaient épaissies sur un regard atone, et son allure, naguère dansante comme celle d'une bergeronnette, lui donnait l'aspect d'une matrone arthritique. On la disait guérie, mais elle n'en avait nullement l'apparence.

— Je garde ma confiance au Prieur de Cabrières, me dit Françoise. Il a dû traiter Marie-Angélique avec autant de soins qu'il en mit pour moi, et je le crois sans reproche. En revanche, la présence de ces créatures autour de la malade ne me dit rien qui vaille. Pas plus, d'ailleurs, que celle de cette fille dont vous paraissez épris.

— Marie ? que peut-on lui reprocher ? Elle adore sa maîtresse et m'en parle avec beaucoup d'émotion.

— Mensonges ! Cette fille est une sorcière. Ce que je viens d'apprendre sur elle m'incite à vous conseiller de vous en défaire au plus tôt.

Je chancelai, m'accrochai au rebord de la table.

— Eh bien, mon ami, me dit Françoise, qu'avez-vous ? Vous voilà tout pâle. Je vais vous faire servir un cordial.

— N'en faites rien. Cela va passer. Dites-moi plutôt ce que vous avez appris sur ma maîtresse. J'ai assez de courage pour entendre le pire.

— Asseyez-vous, cela vaut mieux. Or donc, cette Marie Dufayet n'est pas l'innocente que vous croyez. Elle a un protecteur généreux, un *payeur*, comme on dit : le père jésuite Berthet, et un amant de cœur : Bouchard.

Je m'enfonçai dans le fauteuil comme si un quintal de plomb me pesait soudain sur le corps.

Le père Berthet n'était pas un inconnu pour moi : je l'avais rencontré à diverses reprises dans le cabinet de Françoise. Natif de Tarascon, doté du solide accent de sa province, il s'était acquis une réputation de gastronome. Les cuisiniers de la Cour faisaient souvent appel à ses services, notamment pour préparer et tourner les salades. Il avait des secrets pour les accommoder aux herbes de Provence et une habileté incomparable pour les mélanger en un tournemain.

Pour ce qui est du dénommé Bouchard, Françoise n'en savait pas plus que moi, autrement dit, pour ce qui me concernait, rien. Tout ce que j'appris, c'est qu'outre ses relations suspectes avec la Filastre, il entretenait avec Marie des relations galantes. Le lieu de leurs rendez-vous était l'Auberge de la Cornemuse, près de Saint-Germain.

Ces révélations consternantes me laissaient un goût amer. Lorsque, à quelques jours de là, encore animé d'une sourde colère, je retrouvai Marie, l'envie me prit de la bastonner, comme l'avait fait Mgr le Dauphin, mais je me maîtrisai. Elle fondit en larmes et, entre deux sanglots, vida son sac. Elle ne décourageait pas les assiduités du père Berthet, généreux et peu exigeant qu'il était en raison de son âge. Pour ce qui était de Bouchard, elle me jura qu'elle avait rompu avec lui dès qu'elle m'avait connu. Quant aux rapports qu'on lui prêtait avec Mlle des Œillets et la Filastre, ce n'étaient que billevesées ! J'étais, m'assura-t-elle, son seul amant ; elle souffrirait d'être éloignée de moi et plus encore d'une séparation définitive.

C'est pourtant la décision que je pris, la mort dans l'âme, sur les conseils de Françoise.

— Nicolas, si vous ne renoncez pas à vos amours avec cette lingère, votre nom pourrait être mêlé à ceux des personnages louches qui entouraient Mlle de Fontanges à Maubuisson. Tout cela pourrait bien finir à la Bastille ou en place de Grève.

Il n'était bruit que des extravagances de la Montespan.

Elle ne pardonnait pas au roi de lui avoir interdit de paraître aux cérémonies et aux fêtes de la Cour. Dans l'humiliation qui la rongeait, elle devait percevoir en écho le rire sardonique de son époux. Elle en voulait à Mlle de Fontanges de l'élévation qui avait précédé sa propre déchéance, à Mme de Maintenon de ses nouvelles faveurs, à la Palatine qui l'exécrait et disait d'elle pis que pendre, à son propre fils, le duc du Maine, qui lui interdisait sa porte... Elle en voulait au monde entier.

Cette excentrique avait décidé de ne pas se laisser oublier. Elle y parvenait à merveille.

À Versailles, elle avait lâché un ours dans les appartements du roi. À Saint-Germain, elle avait demandé à un peintre et sculpteur, Charles Le Brun, de construire au milieu de sa chambre une grotte de rocaille pour s'y délasser. Elle s'adonnait au jeu comme on se jette à l'eau, avec une stupide étourderie. Un soir, ayant perdu un million, elle réclama une avance qui lui fut refusée. Elle lança à la cantonade : « Je joue les sommes que je veux, et vous n'avez rien à dire puisque c'est le roi qui paie ! » Elle en vint à des propos injurieux envers Louis, disant que les Rochechouart-Mortemart, dont elle était issue, ne le cédaient en rien aux Bourbons...

Informé de cette conduite, le roi éclata d'une colère jupitérienne, la convoqua et lui servit son paquet : il la renverrait de la Cour si elle persistait dans ses excentricités ; en attendant, il lui interdisait l'entrée des salles de jeu.

— Veillez aussi à votre tenue, madame. Vous êtes obèse et mal fagotée !

— Et vous, sire, vous puez comme harengs en caque !

Elle alla cuver ses aigreurs dans son petit château de Clagny, mais n'y resta que quelques jours car elle s'y ennuyait. Elle se rendit à Paris et disparut quelque temps. Pour éviter de nouvelles extravagances, le roi racheta à Olympe Mancini, comtesse de Soissons, pour deux cent mille écus – une fortune ! – la charge de surintendante de la maison de la reine, pour l'offrir à son ancienne maîtresse : un titre ronflant qui cachait une sinécure et l'annonce d'un congé définitif. Elle dut trouver cette faveur indigne d'une Rochechouart-Mortemart. Le roi la fit duchesse.

— Cette fois-ci, me dit Françoise, son sort est réglé.

Il l'était bel et bien. À quelques mois de là, la belle Athénaïs entrait au couvent.

La Chambre ardente avait fermé ses portes, mais la police de La Reynie était toujours sur les dents et allait de surprise en surprise. Le bourreau, Guillaume, avait du pain sur la planche et le bon peuple de Paris des divertissements gratis en place de Grève.

Après que l'on eut découvert, dissimulés dans l'épaisseur de sa chevelure, des sachets de poudre suspecte, la femme Joly monta sur l'échafaud. Une autre créature diabolique, la Méline, connut la même fin pour impiété et fabrication de fausse monnaie. Jeanne Chanfrain, l'une des assistantes de l'abbé Guibourg pour les messes noires avec égorgements de nouveau-nés, Jean Barthomynat, complice de l'aventurier Vanens, furent pendus et jetés au bûcher. Un sort identique fut réservé à la femme Bosse, spécialisée dans la préparation de chemises traitées à l'arsenic pour des maris encombrants, à la Filastre qui avait, disait-on, exercé ses talents d'empoisonneuse auprès de Mlle de Fontanges, à la femme Vigoureux et à quelques autres créatures du même acabit.

Dans la cheminée du roi, on faisait de belles flambées de papiers compromettants. On peut imaginer, sans risque de se tromper, que les noms de la Montespan et de quelques personnages de la Cour durent s'évanouir en fumée dans le ciel de Paris.

Familier que j'étais de Françoise, je ne pouvais manquer d'observer quelque évolution dans son comportement.

En me dictant ses dépêches ou de simples billets qu'elle se contentait de signer de sa belle et haute écriture, elle était en proie à des absences. Elle s'interrompait au milieu d'une phrase, se levait, soulevait sa robe devant la cheminée par temps froid, car elle était frileuse et se plaignait constamment des courants d'air, marchait en rond autour de la table et s'arrêtait pour me demander de relire ce qu'elle m'avait dicté.

Françoise songeait au roi. Je peux même avancer qu'elle ne songeait qu'à lui, au point d'en être obsédée. Il ne cessait, sinon de la harceler, ce qui n'était pas dans ses manières, du moins de la presser de répondre à ses avances. Leurs entretiens pouvaient durer une heure, parfois plus.

Elle finit par céder. J'en eus la certitude le matin où je découvris un feuillet froissé de sa main, jeté dans la corbeille. Elle y remerciait son *héros* de lui avoir fait connaître des *émois* auxquels elle avait cru devoir renoncer à jamais. Des *émois* ? diable ! Voulait-elle dire qu'elle et lui... Ma Françoise dans les bras de Louis... J'avais peine à imaginer la scène, mais cette ébauche de « poulet » était suffisamment révélatrice. Françoise qui, chaque jour, dans son oratoire, confiait la sauvegarde de son âme au père Gobelin, son confesseur... Françoise qui ne manquait pas une messe, au point qu'on la disait dévote... Françoise s'adonnant à l'adultère !

J'imagine qu'ils devaient, pour se retrouver dans une stricte intimité, user de divers stratagèmes. À aucun moment, en aucune circonstance, il ne me fut donné d'éprouver le moindre soupçon. Jamais, dans le fatras de documents que j'ai amassés et qui émanent des sources les plus diverses, ne m'est apparue la moindre preuve de ce qu'il faut bien appeler des relations coupables.

Aujourd'hui encore, une énigme m'obsède : Françoise aimait-elle Louis ? Beaucoup l'ont nié et persistent à ne pas y croire. Quant à moi, amoureux que j'étais d'elle, à ma manière qui était la discrétion même, moi qui la connaissais mieux que quiconque, je ne puis me prononcer. Elle cachait ses sentiments, au point que je n'eus jamais connaissance d'un autre amant que le marquis de Villarceaux, mais ce fut en raison des papotages de Ninon de Lenclos. Lorsqu'elle le jugeait propice à ses intérêts ou attentatoire à sa pudeur, elle s'abritait derrière un rempart de silence. J'avais parfois l'impression, en sa présence, de me trouver devant un sphinx. Apprivoiser cette énigme vivante m'avait demandé beaucoup de patience. Je n'y étais parvenu, imparfaitement, que par notre longue cohabitation, l'amitié, l'affection, la confiance indéfectibles qui nous liaient, les menus services que nous nous rendions. Jamais, pourtant, elle ne me donna la clé de son armoire secrète.

On la disait froide et réservée. Cette froideur cachait un feu discret ; sa réserve, toute d'apparence, était due aux petits mystères qui l'entouraient dans la garde du gynécée royal, qu'elle défendait avec un zèle de cerbère. Cette pécore de Sévigné elle-même, quoique son amie intime, ne put en tirer de matière pour sa correspondance.

La quarantaine passée, elle était encore d'une beauté rayonnante : une taille majestueuse sans être opulente, un visage marmoréen exempt de rides, des yeux vifs et sombres à la fois. Une amorce de double menton lui donnait, sans l'enlaidir, un air d'autorité.

On ne pouvait, en revanche, observer chez son royal amant d'aussi agréables attraits. Malgré la dépense d'énergie à laquelle il se livrait chaque jour, l'âge pesait sur lui. Il s'était empâté de visage et de corps, sa démarche était devenue lente et lourde, ses dents s'étaient gâtées et son haleine indisposait ses proches. Son premier médecin, Fagon, l'incitait à modérer son appétit. Peine perdue...

J'ai rarement surpris chez Françoise des critiques concernant Mlle de Fontanges, et pas le moindre mouvement d'humeur. Elle paraissait même sincèrement affectée par le mal qui la rongeait, cette blessure reçue, disait la Sévigné, « au service du roi ». Elle s'était même réjouie de la voir reparaître après sa convalescence à Maubuisson, encore auréolée des faveurs de son amant, mais comme d'un soleil d'arrière-saison. Il aurait fallu être aveugle pour ne pas voir s'amonceler au-dessus d'elle des nuages d'hiver.

La *belle beauté* (le mot est de la Sévigné) fit long feu à la Cour. Très vite, sa santé se détériora de nouveau, ce qui la rendait impropre au « service du roi ». Elle laissait parfois des traces de sang sur son sillage, vacillait sur son tabouret de duchesse, le quittait ex abrupto pour des besoins urgents.

En dépit de la répugnance qu'il éprouvait pour les malades, le roi lui rendait visite chaque jour, la rassurait quant à ses rentes, sa pension et ses dettes qui s'étaient accumulées. À cette assiduité dans l'affection, son entourage ne faisait pas écho : un flux avait poussé vers elle les courtisans, aux premiers temps de la faveur royale ; un reflux les avait emportés. Aux fêtes de Noël, elle n'eut pour compagnie que celle de sa maison. Prise de pitié, Françoise lui rendit visite au lendemain de la Nativité et au premier de l'an, afin de lui témoigner son affection. Marie-Angélique avait pleuré en lui racontant les Noëls de son enfance sur le plateau limousin, au milieu de sa famille, de ses *valetous* et de ses paysans.

Françoise revint bouleversée de sa dernière visite. Outre qu'elle s'était enrhumée une nouvelle fois dans son carrosse, malgré la chaufferette posée sous ses pieds, elle avait constaté une nette détérioration dans l'état de Marie-Angélique, en dépit des soins dont semblait l'entourer sa chère Dufayet. Elle était encore moite d'indignation en me disant :

— On ne m'ôtera pas de l'idée qu'elle subit les effets du poison. La Reynie m'a confié que l'on a relevé sur le nourrisson mort-né des traces de pommade à l'aconit. Je n'ai aucune peine à imaginer de qui cela vient, qui avait intérêt à voir la Fontanges disparaître avec son enfant. Vous comprenez, je suppose, à qui je fais allusion ?

Elle frappa violemment le parquet avec le talon de son escarpin, en maugréant :

— Le comportement du roi me désole ! Il sait tout de ce

complot et ne fait rien pour confondre les responsables. Il semble concevoir la lente agonie de cette favorite tant aimée comme une fatalité. « Un décret du Ciel », m'a-t-il dit. Est-il aveugle ? Quand les écailles lui tomberont-elles des yeux ? Aujourd'hui, *celle que vous savez* pavoise avec insolence et se vante de reconquérir le roi. Cette folle ! cette criminelle ! Elle aurait dû, depuis longtemps, finir sur le bûcher !

Le moins qu'on puisse dire, c'est que Françoise détestait la Montespan. Elle n'avait pas oublié ce qu'elle lui devait : rien de moins que son accession à la Cour, comme gouvernante de ses bâtards, mais elle ne s'était jamais laissé aveugler par la gratitude. Quoi qu'on fasse, une criminelle demeure une criminelle.

Alors que le roi et ses proches prenaient la route des Flandres pour ce qu'on appela pudiquement un *voyage*, Marie-Angélique montait dans son carrosse à huit chevaux et prenait avec les gens de sa maison, dont la Dufayet, le chemin de l'abbaye de Chelles, sur la Marne, à moins de cinq lieues de la capitale.

Elle n'avait choisi cette retraite, de préférence à Maubuisson, que parce que sa sœur en était devenue abbesse par faveur royale. C'était un des plus prestigieux et des plus anciens couvents de France. Depuis sainte Bertille, qui avait assumé en ces lieux des fonctions d'abbesse, des filles de roi s'y étaient succédé. Rentes et donations avaient assuré sa fortune et sa renommée. La mère supérieure, bénéficiant d'un titre nobiliaire, assurait la garde de cette opulente seigneurie, avec autorité sur le gibet et les prisons.

Je ne pus apprendre si Mlle de Fontanges tira avantage, quant à sa santé, de cette nouvelle retraite, et comment elle s'y comporta. J'imagine de courtes promenades autour des étangs, des visites aux paysans briards, des caresses à leurs enfants. Elle avait, m'a dit Françoise, élu domicile non dans une cellule inconfortable, mais dans une chambre. Chaque matin, elle confiait son âme à l'aumônier et assistait aux messes dominicales en présence des notables de la ville.

Dès que sa santé le lui permit, elle reçut des visites : celles du roi, retour des Flandres, qui ne s'attarda pas ; celles des mondaines des environs, venues la distraire et boire son chocolat. Certains jours, sa chambre rappelait le salon des précieuses. On y parlait des romans de Madeleine de Scudéry, des pièces de Racine, des *Fables* de La Fontaine, on y jouait au clavecin des musiques de Rameau et de Lulli...

En septembre, on fit une agréable surprise à la malade : on lui présenta un hommage en forme d'ode, que le célèbre fabuliste lui avait dédié. J'ai gardé une copie de cette œuvrette ; j'y retrouve ce galimatias ampoulé que les poètes prennent pour du beau style, ces flagorneries qui ne visent qu'à obtenir une rétribution. Rien, de toute manière, qui puisse se comparer aux *Fables* du même auteur, dont je me régale. La Fontanges y est comparée aux déesses de l'Olympe. *Divin objet !* s'écriait le poète, *voilà votre origine...* Si les *valetous* de Roussille pouvaient entendre ce phébus, ils en resteraient béats.

Mlle de Fontanges ne tarda pas à s'ennuyer au milieu des nonnes de Chelles. Il lui fallait l'air de Paris, de Versailles ou de Saint-Germain. Elle partait, revenait, repartait. On la comparait à la « comète à longue queue » qui avait traversé le ciel cette même année.

Françoise la rencontra alors qu'elle séjournait au château Neuf de Saint-Germain, où elle avait ses appartements.

— La pauvre fille... me dit-elle. J'ai caché mes larmes derrière mon éventail en la voyant. Il semble que ses jours soient comptés. Son visage a perdu ses bouffissures, elle a maigri et sa peau est devenue diaphane. J'ai le sentiment qu'elle vient d'effectuer son dernier voyage.

Pour lui éviter un nouveau trajet en carrosse, qui aurait pu lui être fatal, le roi la fit conduire en l'abbaye de Port-Royal, dans la paroisse de Saint-Jacques-du-Haut-Pas, où il pourrait lui rendre visite plus aisément. On la transporta un dimanche, à la fin du mois de mars de l'année 1681, dans cette bâtisse somnolente au milieu de jardins clos de hauts murs dans le murmure des *Salve Regina* et le chant des merles. L'arrivée en carrosse de la favorite du roi, précédant quatre calèches transportant des serviteurs et un monceau de bagages, causa un début de panique dans la communauté.

Françoise lui fit une visite peu après son installation et la trouva commodément installée dans une pièce du deuxième étage donnant sur le jardin.

— Cette pauvre créature, me dit-elle, est méconnaissable. Elle ne quitte plus sa chambre, une simple cellule dépouillée de tout ornement et dénuée de tout confort. Elle vit là comme une simple moniale, abandonnée par la plupart de ses serviteurs et de ses suivantes. J'ai abrégé ma visite car parler lui cause des douleurs à la poitrine. Je ne sais si je la reverrai. Cela me donne trop de peine, et nous avons si peu de choses à nous dire...

Pour combattre le mal mystérieux dont elle souffrait on avait tout essayé : saignées, clystères, tisanes, eau de la reine de Hongrie, or potable, poudre de sympathie. Une louche pharmacopée de sorcière. Le pire remède qu'on lui infligea, m'a-t-on dit, mais je rapporte ce détail avec des réserves, était une mixture composée de raclures de crâne humain mêlées à la limaille d'un écu d'or !

C'est le père Louis Bourdaloue qui recueillit la dernière confession de Marie-Angélique, duchesse de Fontanges. Prédicateur favori des dames de la Cour malgré la longueur de ses sermons, aussi ennuyeux que ceux de son *alter ego* Jacques Bénigne Bossuet, il était comme lui contempteur des mœurs libertines en général et de l'adultère en particulier, qu'il déguisait sous des périphrases et des paraboles pour ne pas heurter la susceptibilité du roi. Il se montra sévère avec sa pénitente, fustigea ses amours avec Louis, sa vie dispendieuse et frivole, lui tira ses dernières larmes avant de lui donner, non sans réticences, son viatique pour le Purgatoire.

La mourante attendit longtemps la dernière visite du roi. Il ne resta que le temps de lui baiser le front, d'épancher son chagrin et de l'entendre lui dire dans un souffle :

— Je meurs contente puisque j'ai vu pleurer mon roi.

Au moment de dicter ses dernières volontés, elle exigea que tous les présents du roi lui fussent rendus. On ouvrit ses cassettes : elles ne contenaient que les assignations relatives à ses dettes et à ses emprunts. La vente de ses biens : carrosses, attelages, atours, mobilier, n'en épongea qu'une faible partie. Où étaient passés ses bijoux ? Mystère.

Le 24 juin, un abcès ayant crevé dans sa poitrine, elle cracha du pus, du sang et son état s'aggrava de façon irrémédiable. Elle mourut quelques jours plus tard, en présence de son frère, Anet, et d'une de ses sœurs, Catherine, qui lui ferma les yeux.

Lorsque l'on posa les scellés sur ses appartements, il était trop tard. La valetaille, restée sans salaire depuis des mois, avait fait main basse sur ses œuvres d'art, sa vaisselle, ses bibelots. J'aimerais savoir si Marie Dufayet prit part au pillage...

Dans une lettre adressée au duc de Noailles, le roi souhaitait que l'on évitât une autopsie, afin qu'on ne pût révéler ce qu'il craignait d'apprendre. On se contenta de prélever le cœur pour le déposer en l'abbaye de Chelles. Les obsèques eurent lieu en toute simplicité, dans la chapelle de Port-Royal. J'y représentai Françoise. La présentation du corps donna l'occasion au prêtre de célébrer celle qui fut un *exemple touchant de son siècle*... On ensevelit le corps derrière la grille séparant le chœur de la nef.

J'ai retrouvé dans mes papiers ces quelques lignes extraites d'une gazette, *L'esprit de Trianon* :

Madame de Montespan, animée de rage et de dépit, fit porter à sa rivale [Mlle de Fontanges] *au lendemain de ses couches, par un valet à ses gages, un bouillon dans lequel elle avait jeté une poudre qui envoya la pauvre duchesse dans l'autre monde...*

Dans la *France galante*, c'est de lait et non de bouillon, qu'il s'agit. Quant à l'aumônier de Monsieur, Daniel de Cosnac, il accusa les médecins accoucheurs de *maladresse*.

Si je me suis complu, un peu longuement peut-être, sur cet épisode de la vie sentimentale du roi, c'est que Marie-Angélique, duchesse de Fontanges, fut sa dernière favorite, et que sa destinée, contrairement à celle des dames qui l'avaient précédée, se termina par un drame entouré d'un mystère qui, aujourd'hui encore, malgré des témoignages, plus ou moins crédibles il est vrai, n'a pas reçu de conclusion.

14

La Marquisette

En lisant ma prose, on ne pourra douter de la profonde affection qui m'a toujours lié à Françoise d'Aubigné, marquise de Maintenon. Ce sentiment sincère m'autorise à quelques réserves.

Devenue, l'année 1683, après la mort de la reine Marie-Thérèse, épouse morganatique de Louis, mais sans accès au trône de France, elle commit quelques erreurs lourdes de conséquences pour le pays.

La première à lui être imputable est sa haine du protestantisme, qui aboutit à la révocation de l'Édit de Nantes promulgué par le grand-père de Louis, Henri IV. Cet acte insensé déclencha les fameuses dragonnades du Languedoc et des Cévennes qui entacheront longtemps sa mémoire. Elle osa écrire : *Si Dieu conserve le roi, il n'y aura, dans vingt ans, plus un huguenot vivant dans notre pays.* Cette phrase est datée de l'année 1681, celle où, à la suite d'une campagne victorieuse sur les marches de l'Est, le monarque jouissait d'une gloire sans précédent.

Je me garderai d'entrer par le menu dans les opérations punitives qui ont succédé à cette révocation. Elles visaient des gens qui n'avaient commis d'autre crime que de revendiquer leur libre arbitre en matière de religion. Elles donnèrent lieu à des massacres dignes des sinistres exploits de Blaise de Monluc.

Lorsque je fis part à Françoise de mes réserves, elle le prit de haut et me répondit sèchement que je n'entendais rien aux affaires de la religion et du royaume, et que je la laisse en paix, moi et mes *ruades*.

Je me le tins pour dit. Durant quelques jours, elle me battit froid. Il est vrai qu'ayant le roi comme amant, elle prenait ses distances avec moi comme avec sa maison. Je poursuivis mon travail de secrétaire et d'argus avec cette liberté de manœuvre qui me plaisait tant. Elle ne passait plus dans son cabinet qu'une fois ou deux par semaine, nous jetait quelques consignes, dictait à la va-vite quelques lettres, bâillait en pianotant sur le gros crucifix qui ornait sa poitrine de matrone.

Au contact du roi, elle avait acquis une majesté qui m'en imposait. Le ton de ses propos et jusqu'à sa voix étaient devenus plus autoritaires, rudes parfois lorsqu'elle décelait quelque imperfection dans notre service.

Il faut bien reconnaître que, la quarantaine passée, elle vieillissait mieux que la Montespan et quelques maîtresses subalternes de Sa Majesté. Elle était belle, mais avec une froideur dans ses traits et ses attitudes qui ne laissait pas de me surprendre. Je me demandais comment le roi se comportait au déduit, avec cette effigie animée de la Rome antique.

Les dragonnades faisaient des ravages dans presque toutes les provinces. Le ministre Louvois, qu'on appelait « le Nord », en raison de son accueil glacial, avait approuvé la révocation et pris en main, avec un zèle incomparable, cette méthode de conversion par la terreur. Tous les abus étaient permis aux dragons qui s'invitaient à demeure chez les huguenots, sauf le viol et le crime, mais, impunément, ils passaient outre cette consigne. Celles des victimes qui refusaient de renier leur religion avaient le choix entre le martyre et l'exil. Des familles entières, bourgeois, artisans, petits nobles choisirent de partir pour l'Allemagne ou l'Angleterre. Le pays perdit ainsi sa sève la plus précieuse.

Durant l'année 1682, la gloire de Louis atteignit des sommets. Il devenait aux yeux du monde occidental, même de ses pires adversaires, le Darius des temps modernes, le Roi des rois, l'arbitre du continent : Louis le Grand. Pour les souverains de l'Empire, de l'Espagne, des Provinces-Unies, il était devenu l'ennemi irréconciliable.

Leur alliance était sur le point de se concrétiser et d'engager l'Europe dans un nouveau conflit sur terre et sur mer, quand un incident mit un frein à la conjuration : en révolte contre l'empire d'Autriche, les Hongrois avaient fait appel à la Sublime Porte. Trois cent mille mameluks s'apprêtèrent à foncer sur Vienne.

Louis profita de ce répit inespéré pour frapper l'alliance dans son ventre mou : les Pays-Bas espagnols. Il y lâcha ses troupes et en fit un désert.

Sur mer, nos navires donnaient de la tablature aux escadres barbaresques. Ils bombardèrent Alger mais durent interrompre leurs opérations, l'Angleterre venant de se joindre à la coalition.

Un traité signé à Ratisbonne mit fin à ce conflit larvé. Il assurait vingt ans de paix à l'Europe. Vingt ans... Comment y croire ?

Paris chanta. Paris dansa. Paris alluma ses lampions et ses feux de joie. On tira aux Tuileries des feux d'artifice visibles depuis la colline de Saint-Germain. Sur la place de la Victoire on édifia une statue équestre du roi dans l'attitude des *condottieri*. On pouvait lire sur le socle ses exploits guerriers sous des formes allégoriques : un cerbère tricéphale (l'Alliance), foulé aux pieds des chevaux, des files d'esclaves enchaînés... De quoi rappeler au peuple les conquêtes de César sur les peuples barbares.

Fonder trop d'espoirs sur cette paix inespérée eût été dangereux. Les alliés cuvaient leur humiliation et rêvaient de revanche. Tandis que le demi-dieu solaire paradait à Versailles et recevait fastueusement des ambassadeurs étrangers, l'ennemi affûtait ses armes et coulait des canons.

Louis venait de s'installer à demeure dans son nouveau palais : Versailles. Il n'avait encore sous les yeux, du haut des terrasses, qu'un chaos grouillant d'ingénieurs, de terrassiers, de fontainiers et de jardiniers. La rumeur du chantier faisait un écho discordant aux violons de la Grande Bande qui accompagnaient partout Sa Majesté. Dans les gazettes, on jouait encore à faire rimer *Versailles* avec *broussailles*. Il est vrai que l'on y piétinait encore les gravats et la boue, que les gentilshommes avaient de la poussière sur leur perruque, que les robes balayaient des détritus et que des compagnies de rats hantaient les appartements. On contemplait d'un œil morose les immenses salles vides aux murs tapissés d'échafaudages et les espaces défoncés du futur paradis. L'escalier des Cent Marches aboutissait à un cloaque. On mettait la dernière main aux appartements de la reine qui ne le cédaient en rien, pour la dimension et la magnificence, à ceux de son époux. Marie-Thérèse s'y promenait et battait des mains en prononçant des propos immortels que l'on recueillait pieusement :

— *Ay !* Molina... Que c'est beau ! Que c'est grand !

Sa chambre lui tirait des cris de ravissement. Le lit de vastes dimensions se dressait sur un socle de marqueterie entouré d'un balustre d'argent massif. Un soleil de gloire resplendissait au centre du plafond. Les voussures s'ornaient de scènes mythologiques imitées de l'antique par Gilbert de Sève. Des bas-reliefs mêlaient aux armes de France des images de lions, de sphinx, de gorgones et de chérubins.

La Cour aménagea tant bien que mal dans ce capharnaüm. Les violons du roi y répandirent un soir des airs de fête pour saluer la naissance de Louis, duc de Bourgogne, premier enfant du Grand Dauphin et de la princesse de Bavière. On fit parler la poudre, on fit carillonner toutes les cloches de la capitale, on distribua du vin gratis. La reine essuya une larme de félicité, puis une autre de tristesse : des six enfants qu'elle avait eus, il ne restait qu'un survivant, le Grand Dauphin. Dieu merci, sa santé n'inspirait aucune inquiétude et il ressemblait à son père.

Pauvre Marie-Thérèse... Elle n'eut pas à profiter longtemps des splendeurs de Versailles. La mort la guettait.

L'année 1683, celle de ses quarante-cinq ans, elle se montra beaucoup avec le roi. On la vit à une course de chevaux à Achères, dans les parages de Saint-Germain et dans le domaine de Monsieur, à Villers-Cotterêts. Elle fit ses Pâques avec son époux, puis l'accompagna pour un voyage en Alsace.

Rien ne laissait présager le drame. Elle jouissait d'une santé florissante et avait pris son parti des écarts de son époux. À condition qu'elle ne se mêlât pas aux conversations, elle faisait bonne figure à la Cour.

Un soir, au retour de Versailles où Le Nôtre avait improvisé des jeux d'eau en son honneur, elle fut accablée d'un accès de fièvre qu'elle prit pour une indisposition due à la chaleur et à la fatigue du voyage en Alsace. La Molina alerta le médecin du roi, Fagon, qui, après avoir examiné la malade, demanda un délai de réflexion de deux jours, « le temps, dit-il, que le mal se déclare ».

Quand il revint, les choses avaient pris mauvaise tournure. La reine se plaignait d'une douleur sous le bras gauche. Le médecin y décela un abcès d'où coulait un pus rosâtre. Il lui fit une saignée par acquit de conscience et posa un emplâtre d'herbes sur l'abcès.

Dans les jours qui suivirent sa dernière visite, le bruit courut à la Cour que la pauvre reine n'avait que quelques heures à vivre. Le roi convoqua à son chevet quelques sommités de la médecine, qui firent assaut de science. La majorité décréta qu'en l'absence d'un remède spécifique quelques saignées seraient bénéfiques pour évacuer les humeurs malignes. Il s'éleva dans cet aréopage savantissime deux ou trois voix discordantes. On se mit d'accord, cependant, pour des saignées au pied.

Qui donc, parmi ces Diafoirus, eut l'idée saugrenue d'ajouter à ce traitement de fortune une ingestion de vin émétique destiné à lui faire vomir d'autres humeurs ? Je l'ignore. Ce qui est certain, c'est que cette thérapeutie hâta la fin de la malade. Le roi suivit le saint sacrement comme à la procession. Penché sur son épouse agonisante, il l'entendit murmurer :

— Sire, depuis que Dieu a fait de moi une reine, je ne fus heureuse qu'un seul jour...

— Vraiment, madame ? demanda le roi. Quel jour, je vous prie ?

Il vit les lèvres de Marie-Thérèse bouger, sans qu'un son en sortît. Elle souleva sa main, la tendit vers le roi et la laissa retomber sur le drap. Lorsque le prêtre se présenta pour lui donner l'extrême-onction, il constata qu'elle avait cessé de vivre sans avoir eu le temps de prononcer le mot de la fin, historique, qu'on attendait.

C'était le vendredi 30 juillet, à trois heures de relevée.

Françoise, discrètement, était demeurée proche du roi dans cette épreuve.

— Il a dominé son chagrin mieux que je ne l'aurais pensé, me confia-t-elle. J'étais près du lit de la morte quand il m'a dit : « Madame, le Ciel m'a doté d'une épouse telle que je la souhaitais. Jamais je ne l'entendis proférer un *non.* C'est le premier chagrin qu'elle me cause. »

Ce qui avait surpris Françoise, c'est le détachement qui avait suivi chez le roi la première effusion de larmes. Dans les heures et les jours qui succédèrent à l'événement, il s'était soumis sans faillir et sans la moindre ostentation aux obligations requises en ces circonstances. Il n'avait eu que de l'affection pour cette infante que la raison d'État avait poussée dans son lit. Il avait accepté ce sacrifice en se disant qu'il éviterait une nouvelle guerre. Il lui fut fidèle à sa manière : il la rejoignait chaque soir dans leur couche, encore imprégné du parfum de ses maîtresses ou de ses favorites.

Le protocole lui faisant interdiction de demeurer sous le même toit que la morte, Louis prit ses quartiers à Saint-Cloud. En revanche, rien ne s'opposait à ce qu'il reçût des visites. Lorsque Mme de Maintenon vint l'y rejoindre en grand deuil, gémissante, quelques traces d'huile de senteur sur les joues pour faire croire à des larmes, il lui dit avec un sourire narquois :

— Allons, madame, pas de cette comédie entre nous ! Vous ne me ferez pas croire que vous allez mourir de chagrin.

Elle répliqua sur le même ton :

— Il semble, sire, que vous me donniez fort bien la réplique. Alors, jouons-la jusqu'au bout.

Le décès de la reine suscita chez les dames de la Cour un regain factice de religiosité. Les anciennes maîtresses du roi se pressèrent dans les chapelles de Versailles et de Saint-Germain en guettant les regards du roi. Certaines, parmi les plus audacieuses, firent mine de défaillir.

Son deuil terminé, Louis courut à Fontainebleau. Mme de Maintenon l'y attendait. Certains lui avaient soufflé à l'oreille : « Madame, tenez-vous près du roi le plus que vous pourrez. Il a plus que jamais besoin de vous... » Conseil superflu : la « veuve Scarron » était prête à assumer le destin prestigieux qui s'ouvrait à elle.

À quarante-huit ans, Françoise n'était pas la *vieille guenipe* dont parlait cette peste de Montespan. Plus âgée de trois ans que le roi, elle avait meilleure apparence. Son titre de dame d'atours de la Dauphine n'était qu'une sinécure, tandis que le roi mettait sa santé à l'épreuve par son travail et ses plaisirs : l'amour excepté, celui que lui témoignait Françoise lui suffisant. Il regardait encore voler autour de lui des papillons mais n'avait plus envie de les prendre dans son filet. Son épouse revenue à Dieu, il se trouvait comme devant le portail d'un parc hanté de visions lumineuses mais vaines, avec, au centre, une Minerve aux allures de Junon, qui lui tendait une main et tenait de l'autre une lance parfaitement verticale. Il la contemplait avec le regard de Pygmalion tombé amoureux de la statue d'Aphrodite.

Ces visions qui venaient de temps à autre le hanter laissaient le roi songeur.

Il était encore assez jeune pour envisager un remariage. Un monarque de son importance ne pouvait imaginer de demeurer célibataire jusqu'à la fin de ses jours, au risque de présenter de son règne une image boiteuse. Dans les Cours d'Europe on commençait à s'agiter. Qu'allait-il sortir de ce remue-ménage ? une triste infante ? une grosse princesse allemande ? une maigre Anglaise ? Il savait que tous les pays d'Europe, dans le secret des ambassades, mijotaient des propositions. Cela l'irritait et l'affligeait à l'avance. Recommencer une vie de couple, faire sentir à une nouvelle épouse dont il n'entendrait pas la langue son autorité le jour et sa vigueur la nuit, lui donnait des idées noires.

Minerve était là. Impavide, elle n'attendait que son bon plaisir. Ils se connaissaient. Ils se comprenaient. Les sentiments qu'il éprouvait pour elle n'étaient en rien comparables avec ceux qu'il avait témoignés à ses précédentes favorites. C'était un mélange complexe d'amour, d'affection, d'amitié, de confiance. Restait que l'inscription encore lisible sur le socle de la statue de Minerve : *Veuve Scarron*, l'indisposait. Il eût aimé l'effacer, mais elle semblait indélébile. Ses ministres le lui firent bien comprendre, Louvois notamment. Le roi le convoqua et lui dit :

— Mon ami, je ne suis pas encore un vieillard, et je dois songer à me remarier au plus tôt.

— Fort bien, sire ! Avez-vous quelque idée en tête ?

— Ma foi, pour tout dire...

— La princesse de Hanovre serait, il me semble, un bon parti. Elle est jeune et...

Le roi l'interrompit d'un geste.

— Mon ami, je ne veux pas d'une jeunesse. Mon choix me porte plutôt vers une personne d'âge mûr et que je connaisse bien. Je pensais...

Louvois sentit des sueurs froides lui venir au front. Il sortit son mouchoir et s'en essuya le visage en balbutiant :

— Et à qui donc pensez-vous, sire ?

— Ne faites pas la bête ! Vous le savez, comme tout le monde à la Cour. Il s'agit de Mme de Maintenon. Eh bien ! qu'avez-vous ? Vous êtes tout pâle. Dois-je faire appeler Fagon ?

— N'en faites rien, sire, et pardonnez à mon émotion. Ainsi, c'est la « veuve Scarron » que vous souhaitez épouser ? C'est bien de cette dame dont vous me parlez ?

Le roi frappa le parquet du bout de sa canne et répliqua avec humeur :

— Non, Louvois ! je parle de Mme de Maintenon.

Plus mort que vif, le ministre se laissa glisser aux genoux du roi en gémissant :

— Sire, cette décision est contraire aux traditions, aux convenances. Imaginez le scandale que cela soulèverait dans toutes les Cours d'Europe ! Ah ! sire, si vous persistez dans ce projet, je vous prie de me relever de mes fonctions ou même de me jeter à la Bastille afin de m'éviter de passer pour le complice d'une telle... d'une telle... indignité !

— Avez-vous perdu l'esprit ! s'écria le roi. Que signifient ces menaces ? En quoi ce mariage serait-il *indigne* ? Sachez qu'il ne fera pas de cette dame une reine de France ! Allons, relevez-vous !

Le ministre se releva et disparut précipitamment, comme talonné par la peste. Informée par le roi de cet entretien et de l'attitude insolente de Louvois à son égard, Françoise jura de ne jamais lui pardonner. Il allait devenir son ennemi mortel.

C'est ainsi que, par la volonté du roi et en vertu de ses seuls sentiments, le roi de France épousa Mme de Maintenon, à quelques mois de la mort de son épouse. Françoise devenait une reine sans trône, sans titre et sans couronne, une reine de cœur, une reine très chrétienne : le Saint Père allait lui décerner la Rose d'or, symbole de souveraineté. L'archevêque de Paris et toute sa hiérarchie se mirent à l'unisson pour lui rendre hommage.

Le mariage eut lieu dans l'intimité, à Versailles. Un seul des serviteurs de la maison du roi y fut convié : le fidèle Bontemps, son premier valet de chambre. L'archevêque de Paris unit les deux époux.

Françoise se montra discrète à mon égard au sujet de cette cérémonie. À la Cour, on la nommait « Mme de Maintenant ». Louis l'appelait « Ma Solidité ».

C'est en ce temps-là que débuta ma liaison avec une marquisette du Poitou : Paule de Lavoux.

J'avais cueilli cette fleurette, de vingt ans plus jeune que moi, dans les parterres de Versailles, alors qu'elle venait d'être désignée comme demoiselle d'honneur de Mme de Maintenon. Elle émergeait de sa province avec du noir sous les ongles, du gris sur la nuque et des odeurs *sui generis*. Il ne me fallut que quelques semaines pour la débourrer, comme on dit d'un cheval, lui apprendre à faire convenablement sa toilette, à user à bon escient des fards, des mouches et des parfums, l'initier aux convenances et à l'étiquette, lui éviter les pièges de la courtisanerie. Je lui fis même lire un *Manuel de civilités*.

Par sa timidité, ses maladresses, l'accent terriblement province, comme dirait la Sévigné, elle me rappelait la petite Marie-Angélique débarquant de son Limousin. Je me plus tout de suite en sa compagnie, de même, me semblait-il, qu'elle à la mienne. Je devins pour elle une sorte de mentor, attentif autant à enseigner qu'à séduire. Je mis de la conviction dans cette entreprise, et elle beaucoup du sien. Comme elle n'était pas sotte et qu'elle avait ses lettres, elle manifesta d'emblée les meilleures dispositions. Au fil des jours, elle me témoigna de la sympathie, de l'intérêt, de l'affection puis, j'ose le dire, de l'amour.

À quelques années près (dois-je répéter que j'ignore la date de ma naissance ?), j'avais l'âge du roi, mais me portais mieux que lui. Je n'avais pas, loin de là, sa majesté, sa prestance, mais ma tournure était plus agréable et ma santé moins précaire. Encore bien fait de ma personne, dans la force de l'âge comme on dit, doté d'une chevelure abondante, frisée, à peine teintée de gris, ce qui m'évitait le port de la perruque, je pouvais paraître auprès de ma marquisette sans que l'on me prît pour son père.

Paule était, quant à elle, plus jolie que belle, avec son minois coloré d'un air de printemps, ses lèvres en forme de cerise dont elles avaient la couleur, son teint légèrement mat et sa chevelure sombre et profonde. Ses seuls défauts : une tache lie-de-vin à la naissance du cou et des oreilles décollées par le vent du Poitou.

Lorsque Mme de Maintenon subodora ces premiers effluves d'amour, elle me dit :

— Nicolas, quel genre de sentiment éprouvez-vous pour ma protégée ? Ne vous en défendez pas, je vous prie ! On la voit rarement sans vous. Répondez-moi sincèrement, comme à l'amie que je suis toujours.

— Cela porte un nom qui nous est familier, madame : l'amour.

Loin de prendre ombrage de cet aveu, elle m'attira vers elle et m'embrassa. À quelques jours de là, elle me confia qu'elle avait parlé au roi de cette liaison. Il n'en fut pas choqué et lui demanda simplement si j'avais l'intention de régulariser cette union par un mariage.

Au comble de la confusion, je répondis à Françoise :

— Épouser Paule de Lavoux ? Cela me semble impossible. Elle a un titre de noblesse et je ne suis qu'un roturier.

— Le roi y a pensé. Il vous estime pour la fidélité que vous m'avez toujours témoignée et pour votre compétence à mon service. Il a prévu de vous offrir un domaine et un titre de noblesse en Périgord. Connaissez-vous cette province ?

Question superflue. Nul mieux que ma maîtresse ne savait que je n'avais pour ainsi dire jamais quitté l'Île-de-France et que le Périgord recelait pour moi autant de mystères que les déserts du Nouveau Monde.

Quelques semaines plus tard, le roi me convoqua dans son cabinet de Versailles.

— Monsieur Chabert, me dit-il, Mme de Maintenon m'a parlé de vous avec chaleur. Je souhaite vous être agréable. Un domaine du Périgord se trouve vacant, suite à l'extinction d'une famille. Vous agréerait-il d'en prendre possession pleine et entière, avec le titre et les privilèges afférents ?

Je bredouillai :

— Mon Dieu, sire... Un tel honneur...

Il se tourna vers son ministre.

— Louvois, rappelez-moi, je vous prie, le nom de cette seigneurie ?

— Il s'agit, sire, de la baronnie de Salvayrac.

— Salvayrac... Le baron Chabert de Salvayrac... Voilà qui sent la vieille noblesse de province. Compliments, mon ami ! Vous recevrez vos titres sans tarder. Veuillez présenter mes hommages à Mlle de Lavoux.

Je me retirai d'un pas chancelant, en multipliant les courbettes. Moi qui ne pouvais me prévaloir d'aucune origine avouable ou même décelable, moi le roturier sans avenir, je me voyais doté par faveur royale d'un titre nobiliaire. En me retrouvant sur la terrasse, je bredouillai : « Baron Chabert de Salvayrac... baron Chabert de Salvayrac... », au point d'en être étourdi. Trop ému pour me présenter à Mme de Maintenon, je lui témoignai ma gratitude par un billet maladroit qui, me dit-elle, l'avait fait rire aux larmes par son style plein d'emphase et de redondances. Je lui annonçai par la même voie mon intention de demander la main de ma maîtresse.

Mon mariage, dont je me réjouissais en dépit de la promesse que je m'étais faite de persister dans mon célibat, semblait en bonne voie. Réservée de nature, Paule avait accueilli ma décision, sinon avec une joie délirante, du moins avec une évidente satisfaction. Elle me sauta au cou et me mordilla l'oreille, ce qui était sa manière de me témoigner son affection. Ce projet avait le mérite de régulariser une situation qui ne pouvait s'éterniser en l'état. Paule n'aurait plus besoin, comme elle le faisait d'ordinaire, de se masquer pour pénétrer dans ma chambre.

M. de Lavoux agréa la demande que je lui présentai dans les règles les plus strictes de la civilité. Il le fit avec d'autant plus de grâce que l'initiative en venait du roi et de son épouse, et que j'étais nanti d'un titre de baron. Celui-ci, je dois le confesser, me gênait un peu aux entournures, comme un habit taillé trop serré, contrastant avec la roture qui perçait sous l'étoffe et la dentelle.

Paule fut richement dotée par le roi, M. de Lavoux n'ayant pas de fortune. Mme de Maintenon se chargea de lui faire confectionner un trousseau.

Cette union me comblait pour une autre raison, plus triviale : après avoir dégrossi la novice, je l'avais engrossée.

Notre enfant mâle, que nous prénommâmes Sébastien, naquit à cinq mois de notre mariage dans une petite chapelle de Fontainebleau qui plaisait davantage à Paule que celle de Versailles, trop luxueuse à son goût. Il eut pour parrain et marraine le roi et son épouse : un honneur d'autant plus apprécié qu'il était rare.

Paule fit ses couches chez son père, entre Poitiers et Châteauroux, dans cette opulente campagne que grignotent les étangs et les forêts de Sologne. Il habitait un antique manoir à deux étages, aux tours d'angle lézardées, qui perdaient leurs tuiles comme lui ses cheveux. Ce petit vieillard, voûté, laid comme une gargouille de Notre-Dame, vêtu d'un habit à la mode sous Louis XIII, vivait au rez-de-chaussée, avec une poignée de domestiques et une gouvernante dont la tâche essentielle consistait, la nuit, à réchauffer ses vieux os. Encore vif, du moins en apparence, son esprit battait la campagne. Au cours du bref séjour que je fis chez lui, il ne m'entretint que de la guerre et de la chasse, deux sujets qui m'étaient étrangers. Lorsque je somnolais, il me frappait le mollet avec sa canne.

J'obtins de Mme de Maintenon un congé d'un mois pour aller prendre possession de ma baronnie, en compagnie de mon épouse, mais sans Sébastien, que nous laissâmes en nourrice.

Située dans un domaine de vignobles et de noyeraies, sur la rive gauche de la Dordogne, entre Sarlat et Bergerac, terres de haute noblesse, ma gentilhommière était alors dans un tel état de délabrement qu'il eût fallu une fortune et dix ans de vie pour la rendre habitable. Le manoir de mon beau-père, par comparaison, était un palais. Tout était à reprendre, à commencer par les terres, pour la plupart en friches, dont un couple de vieux serviteurs avait renoncé à prendre soin.

En revanche, le site me plut, de même qu'à Paule. De la petite butte où se dressait la bâtisse, on dominait une large vallée où la Dordogne coulait en méandres paresseux, entre champs, prairies et falaises. Je passai ma première semaine de liberté à organiser notre vie comme si nous eussions renoncé à retourner à Paris. Des artisans de Lalinde et de La Force nous vinrent en aide pour les travaux les plus pressants : remettre la cheminée en état, reconstituer le carrelage de la cuisine, tapisser notre chambre du premier étage et la pièce qui me servirait, plus tard, si Dieu me prêtait vie, de cabinet de travail.

Je dus battre les environs et m'informer pour découvrir un régisseur. Un voisin, M. de Caumont, duc de La Force, m'y aida. C'est ainsi qu'avant de repartir pour Paris, je confiai à Louis Charpentier, fils d'un aubergiste de Creysse, moyennant un traitement convenable, l'avenir de mon domaine. Je n'eus jamais, je me hâte de le dire, à me plaindre de ses services.

Quant au couple de vieux serviteurs – elle paralytique, lui sourd – je me gardai de le renvoyer.

Paule se plaisait tant à Salvayrac qu'elle me proposa d'y demeurer. Je m'y refusai : Mme de Maintenon m'avait fait promettre de reprendre mes fonctions car je lui étais, disait-elle, indispensable. De surcroît, Sébastien nous manquait.

Mme de Maintenon était tout feu, tout flamme.

La mort de Colbert, la même année que la reine Marie-Thérèse, lui avait causé une impression de soulagement. Le ministre s'était toujours opposé à la conversion par la terreur des protestants, préconisée par Louvois, son ennemi intime ; il les protégeait même, dans la mesure de ses moyens, par simple humanité et par intérêt, conscient que ces *hérétiques* assuraient pour une bonne part la prospérité du royaume.

Ce grand ministre disparu, Mme de Maintenon avait trouvé en Louvois un interlocuteur complaisant, qui partageait ses convictions. Sa valeur était incontestable : il avait fait de l'armée française la plus puissante d'Europe, avait permis au roi d'assurer la défense de nos frontières et d'entreprendre des conquêtes, dans la Flandre, l'Alsace et le Roussillon.

Conséquence de la révocation de l'édit de Nantes : en quelques mois, deux cent mille protestants réfractaires à la conversion avaient passé la frontière. Ils emportaient dans leurs bagages trente millions de livres, laissaient à l'abandon des ateliers, des manufactures, des commerces... Dans la marine, des équipages entiers abandonnèrent leur vaisseau plutôt que d'abjurer. Ceux qui, du bout des lèvres, avaient consenti à se convertir devaient élever leur progéniture dans la religion d'État.

J'attendais qu'une chape de plomb, à la suite de cette saignée, tombât sur le pays ; c'est un débordement d'enthousiasme qui le parcourut. La population détestait les protestants, tout comme, naguère, elle avait honni et massacré les Juifs. Dans les Cévennes, l'armée restait sur pied de guerre.

Une seule voix s'éleva pour dénoncer la révocation et ses conséquences néfastes ; celle de Sébastien Le Prestre, seigneur de Vauban. Quelques années plus tard, quand on porta en terre Louvois, Bossuet, l'« Aigle de Meaux », prit le contrepied. J'ai conservé l'intégralité de l'oraison funèbre de cet illustre prédicateur. Ce court extrait en donnera le ton : *Vous avez affermi la foi, vous avez exterminé les hérétiques. C'est le digne ouvrage de votre règne. C'en est le propre caractère. Dieu seul a pu faire cette merveille...*

La seule « merveille » perceptible à brève échéance fut le regain d'autorité du roi. Il s'installait dans un absolutisme capable de triompher des hérésies, des complots, des révoltes, mais non, hélas ! de la misère qui sévissait dans tout le pays ni des orages qui, avec l'alliance des nations protestantes, montaient à l'horizon ni, enfin, des maux dont il souffrait.

Ces maux, il arrivait que Mme de Maintenon m'en parlât. Ils étaient en grande partie dus aux excès de table. Le roi souffrait des dents, bien qu'il lui en restât peu au point que des charlatans se proposèrent de lui fabriquer un dentier en bois des îles. Son estomac et ses entrailles le torturaient. Il avait aux pieds des abcès qui faisaient une torture de la moindre de ses promenades. Ses médecins lui avaient découvert une fistule à l'anus, qu'ils traitaient au fer rouge ou à la pierre brûlante ; le patient supportait ce supplice sans une plainte.

Lorsque, le soir venu, ma marquisette et moi nous penchions sur le berceau de Sébastien, je sentais une onde de bonheur parcourir ma tête et mon corps. Cet embryon humain, cet oisillon déplumé qui se prenait à gazouiller lorsque mes mains frottaient son ventre, était, avec l'amour de Paule, ma joie de vivre. Je me sentais comblé. Toutes les richesses du monde, la notoriété, la gloire n'auraient pu me procurer une telle félicité.

Paule avait quelque talent pour le pastel ; elle réalisa un portrait de notre enfant blotti contre le sein de sa nourrice, car elle-même manquait de lait. J'ai conservé cette œuvrette : elle figure dans mon cabinet de Salvayrac.

Au milieu de l'agitation permanente de Versailles où l'on procédait aux premières illuminations, je me disais que je perdais, avec mon temps, l'occasion d'être plus heureux encore dans ma baronnie des bords de la Dordogne. Mon régisseur faisait un excellent travail et m'en rendait compte avec une parfaite régularité. Il est vrai que je lui témoignais ma reconnaissance par des générosités et ne lésinais pas sur les dépenses nécessaires. Un an après sa venue, le domaine commençait à porter ses fruits.

Le jour où j'évoquai auprès de Mme de Maintenon, discrètement, l'éventualité d'une retraite, elle se rebella :

— Vous me quitteriez, Nicolas ? Y avez-vous vraiment songé ? Vous tarde-t-il tant de jouer les Pourceaugnac en Périgord, de patauger dans le fumier, de vous faire oublier ? Partez donc, et vous perdrez à la fois mon amitié et ma protection.

Je m'inclinai et n'en parlai plus. Après avoir songé elle-même à une retraite définitive à Salvayrac, Paule avait abandonné cette idée.

Reprise par la vie trépidante de Versailles, elle désertait souvent notre intimité pour se mêler aux fêtes et aux bals que j'abhorrais. « Bah..., me disais-je, ces divertissements sont de son âge et de sa condition... » Protégée de Mme de Maintenon, elle s'était fait accepter et aduler des courtisans et des dames. Elle avait appris à s'habiller suivant les canons de la mode, avec une coiffure « à la Fontanges ». Elle me revenait étourdie de plaisir, se blottissait dans mes bras en ronronnant comme une chatte, m'inondait d'un parfum que d'autres avaient respiré avant moi. Était-elle heureuse ? Il suffisait de la voir pour s'en convaincre. Son bonheur faisait le mien.

C'est un bonheur de même nature et de même qualité que, semblait-il, partageaient Louis et son épouse : un sentiment fait d'une confiance sans faille, d'affection et d'estime, plus que d'amour, du moins de la part de Mme de Maintenon. Un équilibre qui donnait le change.

Peu à peu, elle lui avait imposé un mode de vie différent de celui qui lui était familier.

Elle avait obtenu qu'il fît la chasse aux sodomites et les envoyât se faire tuer à la guerre. Elle lui avait fait réduire le faste des festivités, mettre un frein aux plaisirs de la table et à sa passion dangereuse pour la chasse. Elle lui tenait la bride longue pour ne pas l'irriter. Il feignait de ne pas en être importuné, mais c'était malgré tout une entrave. Il lui disait, en réponse à ses reproches :

— Mais oui, Ma Solidité, vous avez raison ! Comme toujours, d'ailleurs. Que deviendrais-je sans vous ?

Elle ne le quittait pour ainsi dire plus, de nuit comme de jour. S'absorbait-il dans ses tâches quotidiennes, au milieu des ministres, des secrétaires, des visiteurs, elle tenait à être présente. Elle s'installait près de la cheminée, calfeutrée dans une sorte de guérite d'osier capitonnée qui la protégeait des vents coulis et de l'air qui pénétrait dans le cabinet par les fenêtres que le roi tenait ouvertes par tous les temps. Elle se livrait, en prisant son tabac, à ses travaux d'aiguille, sans rien perdre des entretiens. S'il lui arrivait d'y mettre son grain de sel, il haussait les épaules, levait les yeux au ciel et soupirait : « Certes, ma mie, vous avez raison... », mais n'en faisait qu'à sa tête.

Il me souvient que, lors de ses rencontres avec le roi, à Vaugirard puis à Saint-Germain, Françoise souffrait de ce qu'il n'eût guère de conversation. Elle s'en plaignait à moi :

— Il faut lui arracher les mots de la bouche. On peut rester de longs moments en sa présence sans qu'il daigne rompre le silence, ce qui oblige à monologuer. C'est exaspérant !

À d'autres moments, il pouvait se montrer loquace, notamment au retour de la chasse ou d'une partie de plaisir. Du bout des lèvres, avec circonspection, il lui livrait des confidences sur ses amours et ses *vapeurs*. Parfois, comme il avait les larmes faciles, il en laissait échapper une.

Au début de l'année 1684, si ma mémoire m'est fidèle, l'idée vint à Mme de Maintenon de créer, avec l'assentiment et le secours de son époux, un établissement d'un genre particulier : une maison d'éducation destinée aux filles nobles et sans fortune, originaires, pour l'essentiel, de la province. Elles y recevraient une éducation et un enseignement propres à leur ouvrir les portes de la bonne société et de leur faire contracter un bon mariage. Pour installer cette « Maison royale de Saint-Denis », Mme de Maintenon chercha un lieu favorable. Elle le découvrit à l'ouest de Versailles, non loin du palais, à Saint-Cyr.

Il fallut attendre deux ans pour que ce projet prît corps. Mme de Maintenon m'en confia l'intendance. Je m'y consacrai avec la conviction que ce projet était au plus haut point digne d'intérêt. J'eus, par la même occasion, une mission délicate : demander au grand dramaturge Jean Racine d'écrire des pièces susceptibles d'être présentées aux pensionnaires. Il me donna son accord. C'est ainsi que naquirent deux de ses chefs-d'œuvre : *Esther* et *Athalie*.

Le roi inonda la maison de ses largesses, dota les filles d'un uniforme, leur rendit de fréquentes visites, parfois avec sa Petite Bande de violons.

Les fêtes royales jetaient encore de beaux éclats. J'assistai, à mon corps défendant, à celle que le roi donna à Marly, et n'eus pas à le regretter. J'en garde encore un souvenir ébloui, comme celui de ces crépuscules pathétiques de novembre que j'observe de temps à autre à Salvayrac.

Le clou de cette journée était une loterie d'un genre particulier.

On la tira à la nuit tombée, dans le grand salon, illuminé par des myriades de bougies, toutes portes et fenêtres ouvertes sur les frondaisons et les bassins. Des boutiques portant des noms de saison proposaient des étalages d'objets d'art, de pièces d'orfèvrerie, d'étoffes précieuses, de fourrures et de dentelles. Des proches du roi étaient chargés de distribuer les billets. Mme de Maintenon y tenait la boutique *Hiver*, en compagnie du duc du Maine, son favori parmi ses « petits chéris », qui venait d'avoir seize ans.

Les billets étaient offerts par le roi et tous étaient gagnants. Paule hérita d'une somptueuse étole de zibeline, et moi d'une bible reliée en maroquin du Levant.

Je ne pus éviter de songer, alors que l'on distribuait ces trésors, que le pain manquait à Paris et que, dans les Cévennes et le Languedoc, les dragonnades jetaient leurs derniers feux, en attendant la grande révolte que le chef des rebelles, Jean Cavalier, allait déclencher au début du siècle.

Paule fut appelée à assister, à quelques jours de la soirée de Marly, à un événement propre à lui démontrer l'estime dans laquelle la tenait le roi.

Il avait annoncé sa présence à l'office du Salut, à Versailles. À l'heure dite, la chapelle était comble. Lorsque le bruit courut que Sa Majesté serait absente, le sanctuaire se vida. Ce n'était qu'un retard. Lorsque le roi se présenta, la chapelle était quasiment déserte.

— J'en fus indignée, me dit Paule. J'ai laissé ces moutons de Panurge se précipiter dehors et suis restée, avec une poignée de fidèles. Le roi est venu, à la fin de l'office, nous complimenter.

Lorsque la nouvelle se répandit que le roi souffrait d'une fistule à l'anus, une épidémie se répandit parmi les courtisans. Chacun s'honora d'avoir la sienne, comme pour se mettre à l'unisson avec les souffrances du souverain. On affichait ce mal imaginaire comme une breloque, avec des grimaces et des propos apitoyés : « Je souffre le martyre, mais moins que Sa Majesté ! » Les fistuleux se multiplièrent, au point que les chirurgiens étaient assaillis. Ceux qu'ils négligeaient de soigner, et pour cause, protestaient et insistaient, persuadés qu'ils possédaient les stigmates les identifiant au demi-dieu.

Le roi, lui, souffrait vraiment. Chaque intervention, au bistouri ou à la lancette, lui était un supplice.

Lorsque l'on inaugura, place des Victoires, la statue équestre de Desjardins, le roi, souffrant des mauvais traitements que ses chirurgiens lui imposaient, se fit représenter par le Dauphin.

J'avais de bonnes raisons de détester ce personnage, Louis, dit « de France », qui venait d'avoir vingt-cinq ans. Il tenait sa majesté non de sa nature mais de l'imitation qu'il faisait de son père, jusque dans ses travers. En grattant ce vernis, on aurait découvert la grossièreté du grès. Subjugué par son géniteur, timide, dépourvu de caractère et de volonté, il vivotait dans la grande ombre en méditant des rancunes mesquines pour qui lui manquait de respect. Lorsque nos chemins se croisaient, ce qui, Dieu merci, se produisait rarement, il ne manquait pas de m'écraser de sa morgue.

Je me trouvai un soir en sa présence à Fontainebleau, où Mme de Maintenon m'avait prié de l'accompagner. Il disputait une partie de billard avec sa demi-sœur, Mlle de Blois, et quelques-uns de ses proches. Ma maîtresse m'avait chargé d'aller ranger son manteau dans la garde-robe quand, passant près du Dauphin, je lui effleurai le coude. Il poussa un juron de charretier, m'accrocha le bras pour me faire retourner et lui présenter des excuses. J'allais m'exécuter quand il jeta sa batte sur le tapis et, les poings au creux des hanches, me toisa en me lançant :

— Monsieur, vous m'avez fait manquer mon coup et perdre des points. J'exige des excuses !

— C'est ce que j'allais faire, monsieur, lui répondis-je, quand vous m'avez interrompu. Je vous les fais donc, de bonne grâce.

Il eut un rire grinçant en se tournant vers l'assistance et s'écria :

— Mes amis, la maladresse et l'insolence de la valetaille passent les bornes ! Bientôt c'est nous qui devrons lui présenter nos excuses !

— Monseigneur, dois-je vous demander pardon à genoux pour ce crime de lèse-majesté ? Alors, soyez satisfait !

Je mis un genou à terre sous les rires qui montaient derrière les éventails, non à mon adresse mais à celle de ce fat. J'aurais dû en rester là, me lever et partir sans demander mon reste. Profitant de l'avantage que me procuraient les rieurs, je fis un signe de croix en murmurant :

— Monseigneur, veuillez m'absoudre pour ma faute et daigner bénir l'humble créature qui vous a offensé...

Le ridicule de la situation dans laquelle il s'était emberlificoté lui fit monter le rouge aux joues. Il leva sa batte pour m'en frapper quand une main retint son geste : celle du duc du Maine qui lui murmura à l'oreille :

— Rompez là, monseigneur, je vous prie. Vous faites rire de vous. Laissez cet homme en paix, puisqu'il vous a présenté ses excuses. Il est au service de Mme de Maintenon.

— Eh bien ! s'écria le Dauphin, que ce valet aille au diable !

Par la suite, lorsque le hasard nous mit en présence, il y avait de la colère dans son regard et de l'ironie dans le mien. Eût-il été le roi, je ne coupais pas aux galères. L'idée que Louis, en disparaissant, laisserait son trône à cet hurluberlu me donnait la chair de poule.

Je plaignais son épouse, Marie-Anne, la petite princesse de Bavière, pour laquelle, par ailleurs, je n'éprouvais guère de sympathie, d'avoir à supporter quotidiennement la présence de ce butor.

Mal aimée en raison de sa laideur, de ses mauvaises manières, de son caractère acariâtre, rudoyée par son époux, elle n'était pas parvenue, comme la Palatine l'avait fait avant elle à coups de gueule et en jouant des épaules, à s'imposer. Elle ne manquait pourtant pas de qualités, se passionnait pour la lecture, la musique, et recherchait la compagnie des beaux esprits. On la trouvait au demeurant si ennuyeuse que ses réunions tournaient vite au tête-à-tête.

Marie-Anne a quitté ce monde l'année 1690, à la suite de couches à répétition, d'ostracisme et d'ennui. Elle avait donné naissance à trois ducs : Bourgogne, Anjou et Berry. Le Dauphin, son époux, la pleura, dit-on, avec « des cris d'enfant », mais se consola vite avec ses maîtresses : une demoiselle Raisin, qu'il faisait jeûner les jours maigres pour ne pas commettre deux péchés à la fois, et Mme Chouin, une matrone qui l'avait séduit par les « grosses cymbales » dont elle était affligée. Il allait l'épouser, en secret, après la mort de Marie-Anne.

Avec le Dauphin et la petite princesse de Bavière, nous avions navigué dans les eaux troubles d'un drame racinien ; avec le couple formé par Monsieur, Philippe, duc d'Orléans, frère cadet du roi, et Liselotte, la princesse Palatine, nous entrions de plain-pied dans une de ces comédies de Molière qui frisent la farce.

Le roi n'avait guère d'affection pour ce frère disgracié par la nature, mais il lui gardait son indulgence, en souvenir des jeux de leur enfance. Ce gnome ventru, ce « bourgmestre de Sodome », monté sur des cothurnes en raison de sa petite taille, constellé de bijoux et coiffé d'une énorme perruque à rubans, prêtait à rire à chacune de ses apparitions. On vantait ses qualités militaires, son courage au combat, mais je ne parvenais pas à l'imaginer chargeant l'ennemi à la tête d'un escadron.

Son épouse était son contraire. Avec ses traits lourds, sa carrure athlétique, la franchise et la rudesse de son verbe, elle s'était fait tant d'ennemis qu'elle jugeait prudent de n'apparaître que dans des circonstances exceptionnelles. Son passe-temps favori, outre son gynécée, était son courrier. Elle y consacrait ses journées et une partie de ses nuits, y laissait éclater ses *humeurs peccantes*, comme dirait Molière. Comment lui pardonner d'avoir, dans une lettre saisie par La Reynie, qualifié Mme de Maintenon de *vieille ordure* ? En revanche, je lui sais gré, alors que le roi faisait la guerre aux hérétiques, d'avoir protesté avec énergie et de leur avoir témoigné sa sympathie. N'ayant pas réussi à se faire à notre cuisine, elle se gavait de choucroute, de charcutaille et de bière, qu'elle faisait venir d'outre-Rhin.

Cette bavarde impénitente, cette langue de vipère n'épargnait personne. J'ai retrouvé la copie d'un court poème qu'elle adressa à je ne sais quelle vieille tante de Hanovre, à propos du mariage du roi avec Mme de Maintenon. Il n'est pas, comme on dit, piqué des vers :

Louis se retire à Marly
Et d'amant il devient mari.
Il fait ce qu'on doit à cet âge.
C'est du vieux soldat le destin
En se retirant au village,
D'épouser la vieille putain.

C'était le temps, il convient de le préciser, où poèmes et chansons de nature gaillarde et paillarde fleurissaient à la Cour. J'en ai gardé quelques florilèges. Cette mode outrancière avait un mérite : dire tout haut ce que chacun pensait tout bas, mais en général en s'abritant derrière l'anonymat. Le roi lui-même, comme son aïeul François, ne se privait pas de rimailler sur des airs connus que Mme de Maintenon le surprenait parfois à fredonner sur sa chaise percée. La propre fille du roi, la duchesse de Bourbon, donnait ses poèmes à dire dans les rues. On chansonna un temps la querelle entre la duchesse de Chartres et la princesse de Conti, qui se traitaient de *sac à vin* et de *vieille guenille*. Les mœurs de la Cour n'étaient pas toujours marquées du meilleur goût.

Avant mon accession à la Cour, j'allais parfois écouter un poète et chanteur qui ne manquait pas de talent si tout, dans son répertoire, n'était pas du dernier raffinement. Cet escogriffe aux cheveux en fagot sur les tempes, coiffé d'un chapeau rond qui lui mangeait la moitié du visage, était juché sur une moitié de futaille qui lui donnait la taille d'un géant. Il portait, sur un habit râpé devenu incolore, un joli rabat de dentelle qui devait dater du roi Louis XIII. Il débitait ses couplets d'une voix de basse-taille, en détachant chaque syllabe de manière que le public ne perdît rien de leur sens ni de leur sel. Chaque fois, je m'en souviens, que le nom du roi ou de la reine revenait, il le saluait d'une inflexion de tête. Il était assisté d'un crin-crin de violon et d'une femme chargée de vendre ses œuvres.

Ces œuvrettes, dont je garde tout un répertoire, témoignent d'une liberté qui, aujourd'hui, semble faire défaut, si j'en crois les gazettes et les courriers de plus en plus rares que je reçois de la Cour. On dit que Mme de Maintenon ne serait pas étrangère à ces restrictions, et même qu'il suffit que son regard croise celui du roi pour lui faire rentrer son rire dans la gorge. Que faut-il en croire ?

L'ambiance de jeunesse et de gaieté qui régnait de mon temps à la Cour, cette aimable alacrité dans laquelle le roi se plaisait, semblent n'être qu'un souvenir.

Il y a peu, un des fils de mon voisin, M. de Caumont de La Force, écrivait de Versailles à sa famille, pour lui dire combien il s'y ennuyait. Les temps avaient changé. Jadis, les Tuileries ou Saint-Germain étaient traversés en rafale par des groupes d'une jeunesse turbulente : on faisait éclater des pétards sous les jupes des dames, la famille du roi était réveillée en pleine nuit par des batteries de tambours et de trompettes, on répandait des seaux d'eau glacée dans le lit des rombières qu'on appelait des *gratte-culs*, on pissait d'un étage sur l'ombrelle d'une dame ou la perruque d'un barbon, on dansait jusqu'à l'aurore sur la pelouse et l'on faisait l'amour sans façon derrière des buissons de roses.

Ces divertissements étaient pour la plupart, j'en conviens, d'un goût douteux, mais ils témoignaient, sous l'œil bienveillant du roi, d'une insolence, d'une vitalité, d'un bonheur de vivre qui, peu à peu, ont sombré dans le marasme solennel entourant la sombre effigie de l'épouse royale. Cela dissipait les relents de corruption, d'intrigues et de mœurs dissolues qui faisaient de la Cour un somptueux cabinet d'aisances.

Mme de Maintenon a mis un terme à ce laisser-aller innocent. Elle a vidé les salles de jeu, de bal et de théâtre pour remplir les chapelles d'assemblées de fidèles somnolents soumis durant des heures à la sinistre éloquence de son prédicateur préféré. Le nom du père Bourdaloue avait fini par désigner le vase que les dames incontinentes plaçaient sous leur robe durant ces interminables sermons.

Un autre de nos voisins me disait, au retour de la capitale :

— Versailles est devenu synonyme d'ennui. J'avais obligation d'assister au lever du roi, à son coucher, à ses repas, selon une étiquette immuable et fastidieuse, de me faire remarquer de lui au cours de ses promenades. Il fallait patienter des heures, voire des journées entières, pour obtenir une audience, avant de s'entendre dire qu'elle était remise... Que me restait-il en fait de distraction ?

— Le jeu, je suppose. Vous vous y passionnez quand nous battons la carte, vous et moi, n'est-il pas vrai ? Et les salons ? Et les concerts ?

— Certes ! mais Salvayrac n'est point Versailles, je ne vous l'apprends pas. Le jeu ? Les *boutiques* sont achalandées de gens qui jouent gros, à l'aventure, ce qui n'est pas mon cas. Les salons ? Quelle plaie ! Rester des heures à écouter de prétendus beaux esprits ne parler que de la dernière pièce de Racine, de la vie des demoiselles de Saint-Cyr, du récent sermon du père Bourdaloue et de la mode, à jouer aux bouts-rimés et aux devinettes, en évitant toute allusion à la politique. Triste à bâiller, mon cher ! Les concerts ? Il se trouve que la musique me cause des migraines et m'ennuie. De même pour le théâtre : j'en ai par-dessus la tête des tragédies de Racine et de Corneille. Seules, les comédies de Molière, et encore...

— Restent les bals ?

— À mon âge, vous n'y pensez pas !

Je lui parlai de la Palatine, qui mettait un peu d'animation dans le palais, du moins de mon temps.

— On la voit peu, me répondit M. de Monteil. Dans le dernier salon où je la vis paraître, elle faillit provoquer un scandale par ses propos à l'emporte-pièce contre des proches du roi. Elle m'a dit un soir, en se retirant : « Quel supplice, monsieur, d'entreprendre d'amuser des gens qui ne sont pas amusables ! » Elle est la seule à s'exprimer en toute liberté dans ce marécage où même les grenouilles n'osent plus coasser...

— Vous aviez tout de même le spectacle permanent des jardins. Versailles a les plus beaux du monde.

— J'en conviens ! Mais, mon cher, ces lieux sont quasiment déserts, sauf en des occasions exceptionnelles, comme la réception de l'ambassadeur de Siam, qui n'était rien d'autre qu'un imposteur. Il faut suivre le roi autour du bassin de Neptune lorsqu'il s'y promène en chaise roulante à cause de ses abcès aux pieds. Il se garde de badiner avec les dames, comme jadis. Mme de Maintenon veille sur lui...

Jamais je n'ai moins regretté d'avoir quitté cet univers déprimant. Mon Versailles à moi est mon modeste domaine. On n'y trouve pas de jardins à la française, tirés au cordeau, de nature torturée, de statues, de bassins, de grottes de rocaille, mais des espaces libres de champs, de prairies et de forêts traversés par un fleuve capricieux qui me fait oublier la rigueur géométrique du Grand Canal.

J'y vis comme un prince, les pieds dans mes sabots, mon vieux chapeau verdâtre sur le chef. Lorsque, le soir, Mariette vient me rejoindre sur mon banc, qu'elle s'assied près de moi, sa tête sur mon épaule, face à la rivière où montent les premières brumes, je suis plus heureux qu'un roi.

J'aimerais dire que Paule me manque autant que notre petit Sébastien, mais ce serait mentir. Certes, je ne puis oublier les heureux moments de notre union, mais ils ne suscitent pas plus d'émotion que ces fleurs fanées que l'on retrouve entre les pages d'un livre de poèmes et qui ont le parfum des feuilles mortes.

Je goûtais un tel bonheur en sa présence que jamais, durant les quelques mois qui suivirent notre mariage et la naissance de notre fils, l'aveugle que j'étais n'eut le moindre soupçon de son inconduite. Elle vivait dans un tourbillon dont je ne ressentais que les rumeurs et les effluves et qui, un jour, allait l'emporter.

Ce qui me mit la puce à l'oreille, c'est le cadeau qu'elle rapporta un jour d'une fête à laquelle je m'étais abstenu d'assister : une broche de diamant incrustée d'un gros rubis.

— C'est un bijou magnifique, lui dis-je. De qui le tenez-vous ?

Elle rougit, détourna la tête et fit mine de réajuster sa coiffure « à la Fontanges » devant la psyché.

— De Mme de Maintenon, répondit-elle étourdiment, sans ajouter de commentaire.

— Voilà qui est étrange. Je la connais bien : elle est avare de cadeaux.

À quelques jours de là, lorsque Mme de Maintenon vint dans

son cabinet dicter quelques lettres, je crus bon de la remercier. Elle parut tomber de cent piques de haut.

— Un cadeau, Nicolas ? Je ne vois pas de quoi vous parlez.

Je m'excusai, prétextant une méprise. Le lendemain, elle me prit à part pour me dire, avec un air de gravité :

— Mon petit Nicolas, je vous aime trop pour vous laisser plus longtemps dans l'ignorance. Vous devriez mieux surveiller votre jeune épouse. Informez-vous sans tarder de l'origine de ce don.

Ce que je fis. Une enquête discrète me mit sur la piste du duc du Maine, fils adultérin du roi et de la Montespan, dont j'avais appris, sans y attacher d'importance qu'il avait quelque penchant pour elle. À cette époque, il approchait de ses vingt ans, le même âge que Paule et, en dépit de sa boiterie, il était la séduction même. Ils s'étaient rencontrés à plusieurs reprises dans une salle de jeu.

Paule appréciait particulièrement celui qu'on appelle le *hoca*. Originaire d'Italie, interdit dans la capitale, sous peine des galères, il était couramment pratiqué à la Cour, où des millions de livres dansaient comme feuilles mortes. Les joueurs déposaient leur mise sur l'une des trente cases. Quand le bon numéro sortait, le gagnant empochait vingt-huit fois sa mise et pouvait couler des jours heureux.

Paule s'était livrée au *reversis*, un jeu qui passionnait le roi, à l'*hombre*, originaire d'Espagne, celui que la reine Marie-Thérèse préférait, à la *bassette*, au *pharaon*, au *cul-bas* et même au *lansquenet*, un des plus redoutables. Le *hoca* était son préféré. Je ne m'en plaignais pas trop, car elle était favorisée par la chance.

Un soir où nous assistions à une partie de *hoca* dans le salon de Mme de Chartres, la chance abandonna mon épouse. En trois passes malheureuses, elle perdit dix mille livres : une somme que nous ne possédions pas, loin de là. Elle se leva, alla se réfugier à l'écart, fondit en larmes et chercha le mouchoir qu'elle avait oublié. Un gentilhomme de la compagnie, le duc du Maine justement, s'approcha d'elle et lui tendit le sien en lui disant :

— Votre chagrin, madame, me bouleverse. Je vous propose de vous l'acheter. Cela fera cher la larme, mais je ne puis supporter de voir pleurer une dame aussi charmante que vous. Dix mille livres, c'est beaucoup, mais je viens de gagner plus du double. Revenez donc au jeu et la chance reviendra, j'en ai la certitude.

Il se tint derrière elle pour la conseiller. Non seulement elle regagna ce qu'elle avait perdu, ce qui lui permit de rembourser le duc, mais elle empocha plus de six mille livres. Ivre de bonheur, elle sauta au cou de son sauveur, ce qui suscita sourires et murmures dans l'assistance, et du trouble chez moi.

C'est quelques jours après cette soirée qu'elle revint avec la broche accrochée à son corsage. Il faut dire qu'elle devenait frivole, cédait volontiers à l'attrait de la toilette et n'aimait rien tant que de plaire.

Au retour de ses divertissements, elle me tirait de ma lecture ou de mon sommeil et me disait en tourbillonnant autour de moi :

— Quelle soirée, mon ami ! J'en suis encore toute retournée. Le roi m'a parlé, figurez-vous, pour me faire compliment de ma bonne mine et de ma toilette... Le duc du Maine m'a choisie comme partenaire pour un menuet...

Et *tutti quanti* !

Je ne me préoccupais guère, à tort, je l'avoue, de l'origine des sommes qu'elle dissipait pour ses toilettes. Elle prétendait avec superbe que cet argent lui venait de ses gains au jeu, ce qui aurait dû éveiller en moi des soupçons, car la chance, comme on le sait et quoi qu'elle en pût dire, est capricieuse. Ce n'est qu'à la longue que je m'inquiétai du changement qui s'était produit en elle et qui l'éloignait de moi et de notre fils.

C'est Mme de Maintenon qui me mit en alerte en me faisant observer que Paule était réputée jouer à l'étourdie et que, sans les conseils et les secours de Mgr le duc, nous serions depuis longtemps sur la paille, peut-être celle d'un cachot.

Beaucoup auraient été honorés qu'un prince aussi fastueux que Louis Auguste, duc du Maine, s'intéressât à leur épouse. Je repoussais ce genre de complaisance.

Durant des mois, je souffris en silence, rongé non par la jalousie – un sentiment que j'abhore – mais par une obsession plus intime où n'entrait aucune trace de vindicte. J'aurais dû mieux prévoir les risques que j'encourais en épousant cette fille, et ce qu'elle-même risquait, lâchée dans les eaux troubles de Versailles, sans son mentor. Peut-être aurais-je dû la suivre dans son ascension, participer à ses caprices, la chaperonner. J'eus la faiblesse d'y renoncer, car je ne me sentais ni le goût ni la force de jouer les sigisbées et redoutais les réflexions narquoises que cette situation aurait provoquées. Jouer, *pour de vrai*, une comédie de Molière ne me tentait pas. La conscience de mon erreur atténua la portée des fautes commises par mon épouse.

J'appris de Mme de Maintenon des détails que j'eusse aimé ne pas connaître sur la nature des rapports de Mgr le duc et de ma femme.

Ils se retrouvaient une fois ou deux par semaine au Trianon de Marbre, que le roi avait commencé de faire aménager, à l'emplacement de celui dit « de Porcelaine », qui avait cessé de plaire. En outre, ils ne paraissaient plus l'un sans l'autre aux divertissements du palais. Sans l'amitié que me témoignait l'épouse du roi, j'aurais été le dernier informé, si je l'avais été.

Un billet anonyme que je trouvai un jour dans mon cabinet me révéla mon infortune sur un mode ordurier, et en vers :

Certain petit larron lâcha
En son pré la jolie chevrette.
Que pensez-vous qu'il arriva
Landerirette, landerira ?
Le grand loup la prit en levrette.

Sentant la colère monter en moi, je faillis déchirer ce billet mais décidai de le montrer à Paule. Elle le lut, le relut, protesta que cela ne la concernait pas, et s'écria :

— Croyez-vous que je sois visée ? Ce serait indigne de vous ! Voyez ce que je fais de cette ordure...

Elle s'apprêtait à jeter le billet au feu, quand je retins son geste. Sans me départir du calme glacé qui me possédait, je lui révélai ce que j'avais appris de ses rapports avec le duc du Maine. Au fur et à mesure que je lui assenais ces vérités, je voyais ses traits se défaire et des larmes couler sur ses joues. Accrochée à moi, elle me jura qu'elle ne m'aurait jamais trompé si elle n'avait été soumise à des pressions et à des menaces.

— Des menaces ? Voilà qui me surprend. Il faut croire que votre fidélité était précaire pour que vous n'ayez pu résister ! Que ne m'en avez-vous informé ? J'aurais demandé des comptes à monseigneur et aurais rossé ce canard boiteux !

— Vous m'aimez donc à ce point ? Vous auriez fait cela, sachant ce que vous risquiez ?

— Assurément ! quitte à finir mes jours aux galères !

Cette nuit-là et celles qui suivirent, j'eus l'impression de partager le lit d'une morte. Paule me proposa, en guise de repentir, de renoncer à son amant, mais je n'allais pas me satisfaire de cette promesse illusoire. L'évidence de nos rapports m'apparaissait dans toute sa clarté : elle était trop jeune ou j'étais trop vieux. Il fallait que le rideau tombât sur cette mauvaise comédie où je n'avais pas le beau rôle.

Ma décision de demander le divorce fut reçue avec des réserves par Mme de Maintenon, qui la jugeait contraire aux dogmes de l'Église. J'insistai tant qu'elle finit par se rendre à mes raisons. Pour moi, c'était un sacrifice, car j'aimais sincèrement l'infidèle, et je redoutais d'être séparé de Sébastien, mais je ne pouvais mettre ces réserves en balance avec ma notion de l'honneur. Informée de ce projet, Paule pleura convenablement, et les choses allèrent leur train.

Quelques mois plus tard, j'étais de nouveau un homme libre et, somme toute, heureux de retrouver les délices du célibat. Paule m'annonça sa décision de se retirer au couvent, mais je n'y crus guère et l'avenir me donna raison. Incapable de m'occuper de Sébastien, je lui en avais abandonné la garde. Elle s'empressa de le confier à une servante de son père, et je ne le revis plus.

Louis Auguste n'était pas, lui non plus, un modèle de fidélité, et Paule, si elle avait suscité son désir, n'avait pas allumé sa passion. Il allait d'ailleurs, peu de temps après cette liaison, épouser Louise Bénédicte de Bourbon-Condé, qui éclipsa en lui jusqu'au souvenir de la « marquisette ».

De tout le temps que je demeurai encore au service de Mme de Maintenon, je pus suivre la carrière de mon ancienne épouse. Abandonnée par son amant, déçue dans ses folles espérances de voir un mariage conclure cette liaison, elle jeta son bonnet par-dessus les moulins, se loua à bail à un vieux marquis et, pour quelques écus, soulevait ses jupes pour de brèves aventures galantes. Je la vis porter la robe battante pour cacher une enflure du ventre. Elle alla faire ses couches en Poitou, chez son père où grandissait Sébastien, et n'en revint jamais.

15

Le jeu des passions

La cinquantaine venue, Mme de Maintenon assumait sans faiblesse son métier de reine sans couronne.

Celle que la Montespan appelait la *vieille guenipe* et la Palatine un *Tartuffe en robe couleur feuille morte*, tenait avec autorité sa place auprès de son époux. Elle avait gardé son allure olympienne et sa nonchalance affectée. Sa toilette était à la fois modeste et prude. On ne lui voyait jamais les épaules nues, qu'elle avait pourtant très belles. Elle séduisait ses interlocuteurs par une amabilité jamais en défaut, une conversation agréable et spirituelle, et faisait bonne figure en toute occasion ; les ambassadeurs n'avaient pour elle que louanges. On disait qu'elle était bien « la dame à montrer aux ambassades » : celle dont le roi avait rêvé.

Avant de partir aux armées, il lui adressa un billet dont j'ai gardé une copie, et qui témoigne de l'intensité de ses sentiments :

Je dois attester d'une vérité qui me plaît trop pour me lasser de vous la dire : c'est que je vous chéris toujours et que je vous considère à un point que je ne puis exprimer, et qu'enfin, quelque amitié que vous ayez pour moi, j'en ai bien plus pour vous, étant, de tout cœur, tout à vous...

Écrit huit ans après leur mariage, ce billet est révélateur de la pérennité de leurs sentiments, dont certains se plaisent à contester la sincérité. Une réserve, pourtant, m'est apparue : Louis parle d'*amitié*, pas d'*amour*.

Il appréciait en son épouse l'attention qu'elle vouait aux pauvres. Lors de ses séjours à Fontainebleau, elle faisait étudier le catéchisme aux enfants du village d'Avron, rendait visite aux paysans, faisait soigner leurs malades et ne partait pas sans laisser quelques piécettes sur la table. Elle devait se souvenir du temps où, chez sa tante, elle gardait les troupeaux. On l'appelait la « mère des pauvres ». Peu aimée à Paris, elle était adorée en province.

J'eus à diverses reprises, pour des raisons de service, l'occasion de pénétrer dans ses appartements. Ils étaient proches de ceux du roi, qui venait chaque soir partager sa couche pour ne se retirer que tard dans la nuit.

Elle prenait la plupart de ses repas chez elle, en toute simplicité, servie par la vieille Nanon. Une partie de ces appartements était consacrée aux concerts et aux spectacles, sans faire figure de salon.

Elle ne s'en ouvrit jamais à moi, mais je devinais que ses rapports avec le roi la laissaient insatisfaite : elle eût aimé que leur mariage fût reconnu officiellement, ce qui eût fait d'elle une reine et n'eût plus prêté le flanc au scandale. Le Dauphin ne voulait pas en entendre parler ; les gens d'Église le déconseillaient. Cela engendra une petite guerre, la famille royale s'opposant même à ce qu'elle figurât près du roi durant les cérémonies ; elle supportait mal qu'on la reléguât à une place subalterne.

Quoi qu'il en fût et quoi qu'on en dît, elle faisait figure de souveraine. On se pressait dans son antichambre pour lui présenter des requêtes ; elle recevait les ambassadeurs, faisait, disait la Palatine, « la loi et les prophètes ». Elle ne se mêlait de politique ou de guerre que lorsque le roi faisait appel à Sa Solidité pour lui demander sinon des conseils, du moins des avis.

Lorsque je la voyais déambuler, vêtue d'étoffes noires ou feuille morte, semant autour d'elle sourires et amabilités, je ne parvenais pas à concevoir qu'elle pût inspirer à son époux les sévices contre les protestants et les vaudois, ces « hérétiques » qui préconisaient le retour à la simplicité des Évangiles. L'image que je me faisais d'elle en était altérée. Je ne lui faisais pas toujours bonne figure et ne lui ménageais pas mes critiques, mais en évitant de la heurter de front.

Qui était la véritable Françoise ? Celle que j'avais connue et aimée à ma manière ? Celle qui jouait à la reine ? Comment concilier ces deux aspects de sa nature et de son comportement ? Était-elle ange ou démon ? Une crise de conscience m'a souvent tourmenté : lui manifester de l'ingratitude alors que je lui devais tant me paraissait incongru ; lui cacher mes sentiments et mes opinions me semblait indigne d'elle et de moi.

On faisait la guerre aux frontières ; on célébrait des mariages à la Cour.

Françoise-Marie de Bourbon, dit Mlle de Blois II, fille du roi et de Mme de Montespan, légitimée par le souverain, épousait à Versailles Philippe d'Orléans, duc de Chartres, qui allait devenir, à la mort de Sa Majesté, le Régent de France. C'était une jeune fille d'apparence délicate, assez jolie.

Le prince qu'on lui avait destiné, aussi singulier que cela puisse paraître, était amoureux d'elle, ce qui la laissait indifférente. «Je me moque qu'il m'aime, disait-elle, pourvu qu'il m'épouse. »

Peu de temps après ce mariage eut lieu celui de Louis Auguste, duc du Maine, fils aîné de la Montespan, avec Louise Bénédicte, petite-fille du prince de Condé, plus connue sous le nom de Mlle de Charolais.

Je me suis laissé dire par Mme de Maintenon que Paule a mal accepté cette union, fatale à son ambition d'entrer dans la famille princière. Cela démontre sa naïveté. Elle a sombré dans le marasme et a fait au couvent une retraite de quelques mois avant de retourner dans sa famille avec Sébastien.

Une pieuvre monstrueuse enserrait nos frontières de ses tentacules, avec une lenteur hallucinante.

Jour après jour, la ligue d'Augsbourg, composée de la quasi-totalité des nations européennes, prenait corps. Défensive à l'origine, elle devenait de plus en plus menaçante.

Une querelle survenue entre le roi Louis et la Papauté allait aggraver la situation de notre pays, si bien qu'après les nations protestantes nous risquions de nous mettre à dos les catholiques.

Une question m'obsédait : étions-nous prêts à faire face à cette gigantesque coalition ? Nos forces armées comptaient environ quatre cent mille hommes, à la suite d'un enrôlement intensif. À la place de Turenne et de Condé, qui avaient disparu, on attendait de voir à l'œuvre Villeroi et Luxembourg.

Louis passa à l'attaque dans le Palatinat. Pauvre principauté... La guerre de Trente Ans avait anéanti sa population aux trois quarts ; nos armées achevèrent l'holocauste. Les campagnes furent ravagées, des villes comme Heidelberg, Mannheim, Worms, Spire, Bingen, pillées et incendiées. L'horreur fut ressentie à la Cour, au point que le roi entra dans une violente colère contre l'instigateur de ces exactions : Louvois, qui n'avait plus longtemps à vivre. Il l'avait violemment sermonné et l'avait menacé avec les pincettes de sa cheminée.

Une faible clarté dans cette nuit tragique : les princes électeurs, qui avaient réussi à préserver du pillage des portraits de la famille régnante, les offrirent à la Palatine...

Dans le même temps nous parvint la nouvelle du décès du connétable Lorenzo Onofrio Colonna, époux de Marie Mancini. Passionnément épris de cette fille qu'on ne lui avait pas livrée vierge, il fit, pour lui témoigner son amour, inonder à Rome la Piazza Navona, et l'y fit naviguer en gondole ! Cette passion parut tellement excessive à la dame qu'elle se sépara de cet époux trop empressé et exigeant, pour reprendre sa liberté et courir l'aventure en compagnie de sa sœur Hortense. On les vit, en habit d'homme, chevaucher de ville en ville à travers la Péninsule, puis passer en France. La fille de Mme de Sévigné les recueillit en Provence, sales et déguenillées, dans son château de Grignan, et constata qu'elles avaient « beaucoup de pierreries et peu de linge ».

Ce n'était, pour ces anciennes Mazarinettes que le début de leurs aventures. Elles prirent la route de Flandre, puis de l'Espagne. La vindicte du connétable rattrapa Marie à Ségovie. Elle résista ; on la traîna par les cheveux pour l'enfermer dans la citadelle, d'où elle ne sortit que pour entrer au couvent. La mort de Colonna lui rendant sa liberté, elle reprit ses pérégrinations pour retourner en France, avec l'intention d'y retrouver Louis, l'unique amour de sa jeunesse. Elle venait d'avoir cinquante ans. On disait que, malgré sa « démence vagabonde », elle n'avait jamais été aussi belle.

La duchesse de La Vallière avait pris le voile l'année 1674, aux carmélites du faubourg Saint-Jacques, à Paris, sous le nom de Louise de la Miséricorde. Elle y expiait ses péchés avec une telle conviction qu'elle passait pour une sainte. On venait la voir pour lui demander conseil ; elle ne se dérobait jamais. Son temps de pénitence, assorti de mortifications, allait durer trente-cinq ans.

Mme de Montespan, la belle Athénaïs, mit un terme, après le mariage du roi, à ses ambitions et à ses excentricités. Elle s'était rendue si insupportable à tous que son fils, le duc du Maine, l'avait jetée, avec son mobilier et sa garde-robe, à la porte de Versailles. Elle avait vécu quelques mois à Fontevraud, puis à Bourbon-l'Archambault pour y prendre les eaux. C'est là qu'elle était morte, dans des circonstances étranges, assistée par le marquis d'Antin, un fils qu'elle avait eu de son époux. Elle n'était pas encore froide quand il partit en emportant les bijoux de sa mère et le testament favorable aux domestiques, qu'il s'empressa de faire disparaître.

Durant son séjour à Fontevraud, elle vivait dans une exaltation perpétuelle, se livrait à des mortifications sévères et recevait dans son sommeil, disait-elle, la visite du diable.

La marquise avait souhaité que son cœur reposât au couvent de La Flèche, ses entrailles à Saint-Menoux, près de Bourbon, et son corps à Saint-Germain-des-Prés. Comme personne ne réclamait le cadavre, on le livra à des apprentis chirurgiens qui le disséquèrent, puis à un voiturier qui devait le conduire à Saint-Menoux mais qui, en cours de route, incommodé par l'odeur, s'en débarrassa en le jetant aux pourceaux.

Tandis que les troupes royales faisaient du Palatinat une terre brûlée et que l'on célébrait des mariages à Versailles, on jouait pour les pensionnaires de Saint-Cyr, en présence du roi, les tragédies de Jean Racine.

La ligue d'Augsbourg avait du plomb dans l'aile. L'assemblée que les souverains tinrent à La Haye fut traversée par des tempêtes, chacun ne défendant, dans la guerre qui se préparait, que ses propres intérêts. Le danger que courait l'Autriche : la menace des Turcs, imposait à l'Empereur le maintien de ses troupes sur le Danube. Le roi Guillaume d'Angleterre souhaitait que l'effort portât principalement sur la guerre maritime, dans l'intention d'envahir la France par ses côtes. Le duc de Savoie marchandait ses préférences. Il fallut user de diplomatie, puis de menace pour que le roi Charles d'Espagne rejoignît l'alliance.

Les troupes coalisées engagèrent les opérations durant l'été de l'année 1690, en forçant la frontière à Fleurus, entre Namur et Charleroi, en direction de la Champagne. Leurs forces comportaient des contingents hollandais, allemands et espagnols, sous le commandement du prince de Waldeck, avec une mission : effectuer sa jonction avec l'armée de Brandebourg, campée sur la Moselle. Luxembourg lui coupa la route, l'obligea à battre en retraite et envoya à Notre-Dame les étendards ravis à l'ennemi.

Sur mer, Anne de Tourville menait la vie rude aux Anglais. Il avait écrasé leur flotte devant New Haven, mais avait dû se replier. Peu de temps après, il pénétrait dans la Tamise et capturait des convois militaires.

Les armées françaises résistaient avec honneur à cette tempête déchaînée sur plusieurs fronts. Elles avaient pris la ville de Mons, livré Liège à l'incendie. Avec Luxembourg dans la Flandre, Lorges sur le Rhin, Catinat en Savoie et Noailles en Catalogne, elles tenaient la dragée haute aux alliés. Dans la seule bataille de Steinkerke, le roi Guillaume perdit des milliers de morts. Nos frontières étaient bien gardées.

Il n'en allait pas de même sur mer. L'envoi d'un corps expéditionnaire de Tourville en Angleterre – une dangereuse utopie ! – échoua piteusement. Notre marine essuya plusieurs revers dramatiques. Sur mer, la suprématie restait aux Anglais, malgré nos corsaires qui harcelaient leurs vaisseaux.

Que l'on n'attende pas de moi une description par le menu des sièges et des batailles. Il y faudrait des livres que je n'ai ni le goût ni le temps d'écrire : ma vie arrive à son terme et mes forces s'amenuisent.

À Saint-Cyr, les pensionnaires attendaient dans la fièvre la lecture, par Jean Racine, d'une autre de ses pièces : *Athalie*. Mme de Maintenon s'opposa à ce qu'on la présentât sur la petite scène. Elle avait constaté, à la suite de la représentation d'*Esther* par ses demoiselles, des troubles dans la communauté, comme si le diable se tenait en coulisses.

Le siècle tirait à sa fin dans la morosité et la misère.

La guerre sombrait dans l'incohérence. Vainqueur ici, on était battu ailleurs. Les alliés en étaient au même point que nous sur le terrain, et la misère de leurs peuples n'était pas moindre. Aucune victoire n'autorisait à prétendre à la victoire. Les batailles s'annulaient les unes les autres, et le compte des victimes n'apportait aucune certitude. Sur ce gigantesque échiquier, le jeu était d'avance faussé. On ne pouvait compter que sur l'épuisement pour y mettre fin.

L'argent manquait. Mon traitement ne m'était réglé qu'avec des retards importants, si bien que j'avais du mal à joindre les deux bouts, malgré l'existence de cénobite que je menais.

Compter sur les revenus de mon domaine eût été illusoire : quand les réquisitions avaient grevé nos récoltes, il ne restait pour ainsi dire rien, et mon régisseur, Louis Charpentier, n'avait à me présenter que des doléances et des regrets.

À Paris, les denrées s'étant raréfiées et ayant renchéri, le peuple entonnait sa chanson de misère, que je ne connaissais que trop. On pillait les convois qui convergeaient vers Paris par le fleuve ou la route, on assaillait les boulangeries et les marchés, on pillait les jardins et les champs des faubourgs. À Versailles, lorsque je retournais à mon domicile avec une miche de pain sous mon manteau, j'étais parfois agressé par des nuées de marmots efflanqués, au visage déjà marqué par les épreuves. Je devais m'armer d'un pistolet et d'un poignard dont, Dieu merci, je n'eus pas à faire usage.

On a écrit que, durant un terrible hiver, à la fin de l'année 1693, le vin gela sur la table du roi. Ce n'est pas une légende : j'en eus la preuve. Je n'avais ni bois ni charbon pour alimenter la cheminée de ma chambre, et je devais porter des mitaines pour travailler dans mon cabinet mal chauffé par un poêle où brûlaient de vieux meubles.

J'aurais tort de gémir à outrance. Dans le peuple, en province comme à Paris, la situation était bien pire. Les paysans faisaient du pain avec une mauvaise farine mêlée à des racines de fougère, des glands ou de la sciure de bois, de la bouillie mélangée à de la balle d'avoine. Dans les nouvelles que je recevais de Salvayrac, mon régisseur m'annonçait qu'il était parvenu à faire de la farine avec des coquilles de noix écrasées.

À Saint-Cyr, la lecture, le théâtre et les cours étaient devenus des préoccupations secondaires, au profit de la nourriture et du chauffage. Le froid fit des ravages parmi les pensionnaires, et des tombes s'ouvrirent dans le cimetière attenant. Durant les offices, dans la chapelle glaciale, les pensionnaires grelottaient et tombaient en syncope. L'infirmerie était la salle la plus fréquentée ; privés des soins les plus urgents, les malades mouraient comme des mouches.

Il fallut attendre l'année 1697 pour que l'épuisement amenât les nations belligérantes à la table des négociations. On signa la paix à Ryswick. La France perdit certains territoires et en gagna d'autres. Les victimes, dans les deux camps, se chiffraient par centaines de milliers. Des provinces entières avaient été dévastées et se trouvaient sans récoltes.

Une guerre pourquoi ? Une guerre pour rien. Je m'en plaignis à Mme de Maintenon. Elle répliqua :

— Certes, cette guerre fut cruelle, et j'en plains les victimes. Mais je ne puis oublier une grande victoire, que vous passez sous silence dans vos récriminations. Le traité qui met fin à ce conflit nous apporte une certitude qui me va droit au cœur : les alliés se sont engagés à respecter le culte catholique dans leurs États. Cette guerre avait des allures de croisade et nous l'avons gagnée !

— Est-ce l'avis de Sa Majesté ?

— En vérité, nous n'avons pas encore abordé ce sujet, mais je suis convaincue que son opinion rejoindra la mienne.

J'en étais moins sûr, et même pas convaincu du tout. Lorsque je le lui dis, elle riposta avec aigreur :

— Cette satisfaction que j'éprouve, vous vous en moquez, n'est-ce pas ? Cela ne me surprend pas. La religion est le moindre de vos soucis. Depuis combien de temps ne vous êtes-vous pas confessé et n'avez-vous pas communié ? Votre dernière présence aux offices remonte à quelle date ?

Autant de questions auxquelles je ne donnai pas de réponse. Je piquai du nez sur mes paperasses. Mme de Maintenon me tourna le dos avec un soupir d'irritation.

— N'empêche ! dis-je. Cette guerre a été inutile. Vous ne m'enlèverez pas ça de l'esprit.

Elle se retourna, le visage blême de colère.

— Que marmonnez-vous encore ?

— Je prétends que cette guerre a été un désastre, que nous avons signé une paix humiliante et que le royaume mettra des années à s'en remettre !

Elle frappa ma table avec sa canne, renversa mon encrier, dispersa mes plumes et mon sable, en s'écriant :

— Cessez, monsieur le rebelle, monsieur le mécréant ! Dites-vous bien qu'il suffirait que j'informe Sa Majesté de votre comportement pour qu'il vous envoie planter vos choux à Salvayrac !

C'était la première et la seule querelle sérieuse que j'eus avec ma bienfaitrice. J'en ai gardé un souvenir amer, moins par le risque que je courais de quitter la Cour, ce que j'aurais été contraint de faire de toute manière, que parce que j'avais deviné, sous ses propos empreints de violence, une trace de haine.

Le mariage qui eut lieu l'année 1697 me laissa un souvenir attendri, bien qu'il ne fût que la conclusion d'une stratégie diplomatique visant à détacher la Savoie de ses alliés. Quoi qu'il en fût, il me laissa une larme au coin des yeux.

Louis de France, duc de Bourgogne, fils du Grand Dauphin, avait en Marie-Adélaïde de Savoie, fille du duc Victor Amédée, et petite-fille du roi, une épouse à sa convenance. Il avait quinze ans, elle douze, et ils étaient cousins. Lorsqu'ils furent présentés à la Cour, main dans la main, comme des compagnons de jeu, ils suscitèrent des murmures d'admiration qui ne devaient rien à la flagornerie.

Ils ressemblaient à ces poupées couvertes de brocarts et de joyaux que l'on offrait aux ambassadeurs, ce qui donnait de ce jeune couple une image fragile et charmante. On eût dit qu'un souffle pouvait les emporter, et l'envie venait de les protéger. Leur union était pourtant le fruit d'une guerre qui avait duré neuf ans et avait fait de leurs familles des ennemies. Ces enfants de la guerre nous consolaient de nos épreuves.

Ils allaient s'aimer d'amour, un sentiment rare dans ce lieu corrompu qu'était la Cour. Le roi paraissait fondre de tendresse en les regardant, dans les jardins de Versailles, jouer au volant, elle, aussi légère que la balle, au point qu'elle semblait sur le point de s'envoler avec sa raquette. Lorsqu'elle courait dans une allée, avec son petit mari à ses trousses, elle rappelait un oiseau exotique échappé des cages dorées de Marly. C'était une joie que de les voir se bécoter comme des tourterelles, sur la margelle d'un bassin.

J'ai assisté à bien des mariages, mais aucun ne fut célébré avec une telle ferveur. Le roi s'était fait tailler pour l'occasion un habit de drap d'or. La Cour, désireuse d'être à l'unisson, pilla les boutiques des drapiers. Le jour venu, le vin coula des fontaines et le ciel s'illumina au-dessus de Versailles et de Paris.

Le coucher des jeunes époux fut toute une affaire. On les fit allonger en chemise sur le lit nuptial, puis on pria l'ambassadeur de Savoie de constater que ce mariage n'était pas une parodie, et d'en informer le duc. Lorsqu'il se fut retiré, le marié revint dans son lit. Il fallut attendre deux ans pour qu'ils se connussent comme mari et femme.

Un matin, ma porte s'ouvrit avec violence et Mme de Maintenon, un mouchoir sur son visage, affolée, traversa mon cabinet comme une tornade, avant de s'engouffrer dans sa guérite, où elle éclata en sanglots et en gémissements.

Le roi arriva, à son tour, quelques instants plus tard, boitillant en raison de ses abcès aux pieds, bras écartés, la canne en bataille et marmonnant je ne sais quoi. Je me levai de nouveau pour m'incliner mais il ignora mon salut. Il s'avança vers son épouse. Je l'entendis lui dire d'une voix forte :

— Madame, je vous en conjure, reprenez vos esprits. Il n'y a rien de vrai dans ce qu'on vous a raconté. Que diable ! vous connaissez cette diablesse de Liselotte aussi bien que moi, et vous savez qu'elle ne sait qu'inventer pour attirer l'attention.

Une voix suraiguë sortit de la guérite comme du fond d'une caverne.

— Je sais bien, moi, qu'elle a dit la vérité ! Mon Dieu, comment est-ce possible ? Il faudra vous informer auprès de La Reynie, lui demander de mener une enquête et sévir impitoyablement. Seigneur ! en quelle époque vivons-nous ? L'horreur n'a donc pas de limites ?

Le roi lui promit d'agir sur l'heure et se retira. Je dus attendre la fin de la journée pour que Mme de Maintenon daignât m'informer des motifs de sa colère.

Alors qu'elle disputait une partie de *biribi* ou de *bassette* avec quelques dames, Liselotte avait fait état d'une nouvelle effroyable dont elle venait d'être informée : à la suite de la famine, on avait découvert dans Paris un trafic de chair humaine. Plusieurs bouchers impliqués dans cette sombre affaire laissèrent entendre aux officiers de police qu'ils n'étaient pas les seuls. Ils achetaient des enfants en bas âge, souvent des nourrissons dont leur mère souhaitait se débarrasser, et les débitaient de manière que l'on ne pût en déceler l'origine.

— Une telle monstruosité, de nos jours... gémissait-elle. Comment est-ce possible ? Ces gens sont des monstres ! Il faut leur briser les os sur la roue, les écarteler, leur faire avaler du plomb fondu !

Jamais je ne l'avais vue dans un tel état. Je conviens qu'il y avait de quoi en avoir le cœur soulevé. Elle ajouta en frappant du plat de la main sur ma table :

— Cette guerre, cet hiver effroyable, ces pratiques barbares, ces insultes à la religion et à la morale du Christ... Qu'avons-nous fait pour mériter ces châtiments ? Quels péchés inexpiables ? Que nous réserve encore le Ciel ?

— Madame, répondis-je, on nous l'a enseigné : les desseins de Dieu sont impénétrables...

Elle me jeta un regard trouble, se retira en faisant voler sa canne et alla se réfugier dans son oratoire.

Le mariage de Louis de France et de Marie-Adélaïde transforma pour un temps la vie à Versailles.

Je fus témoin de scènes attendrissantes. Le roi était-il en audience avec un ministre, un membre du parlement ou un ambassadeur ? La porte s'ouvrait en coup de vent, livrant passage à un feu follet. La « Petite Princesse », comme on l'appelait, était partout comme dans sa chambre et semblait toujours chercher un genou où se poser. Celui de son grand-père, le roi, devait lui paraître des plus confortables. Elle s'y installait sans demander la permission, jouait avec sa perruque, lui arrachait des mains la lettre qu'il lisait, faisait le compte de ses boutons, dénouait et renouait ses rubans, lui barbouillait le visage de baisers et lui faisait des câlineries, sans qu'il parût s'en irriter. Il était aux anges. Lui eût-elle arraché sa perruque ou pissé sur les cuisses qu'il ne s'en fût pas offusqué.

Il n'en allait pas de même avec Mme de Maintenon, qu'elle appelait « ma tante ». Lorsqu'elle se permettait quelque innocente facétie, comme de marcher sur sa traîne, lui tirer la langue, imiter sa démarche cambrée, madame la rabrouait et la menaçait d'une fessée qui ne venait jamais.

Mme de Maintenon me disait :

— On s'extasie devant cette gamine. Moi, je la trouve délurée, insupportable et odieuse. À table, elle se conduit comme une harengère, mange avec ses doigts, lèche son assiette et rit bêtement. Vivement que notre petit Bourgogne la couche dans son lit, et qu'elle nous laisse en paix.

Je n'étais pas loin de partager cet avis. Lorsque cette enfant terrible pénétrait dans mon cabinet, je faisais mine d'avoir à faire ailleurs. Elle me rattrapait par le fond de mon habit, sautait sur mon genou et me glissait à l'oreille :

— Monsieur Nicolas, raconte-moi une histoire...

J'improvisais une baliverne ; elle l'écoutait avec attention, sans cesser de chantonner, sa tête contre ma poitrine, ses cheveux me chatouillant les narines. Ce bout de femme provoquait en moi, je l'avoue, un trouble que j'avais quelque peine à dissimuler.

Elle murmurait de sa voix d'avant le sommeil :

— Je t'aime bien, monsieur Nicolas. Tu me racontes de belles histoires et tu sens bon. Ce n'est pas comme mon grand-père...

Marie-Adélaïde de Savoie me préférait au roi ! J'aurais pu en manifester de l'orgueil, mais je redoutais qu'elle ne répandît mes propos à tort à travers, et que cela me causât quelque ennui.

— Et votre « tante », est-ce que vous l'aimez ?

Elle secouait la tête, balbutiait en dénouant ma cravate ou en jouant avec ma montre :

— Oh... elle... Oui, non, peut-être... Elle m'agace : elle ne fait que parler du bon Dieu et de Saint-Cyr. Elle m'y emmène parfois et je m'y ennuie. Et puis... et puis elle s'habille comme une nonne, sans bijoux ni rubans. Elle sent le catéchisme et le savon...

À la réflexion, cette gamine ne manquait ni d'odorat ni d'esprit. Il y avait du vrai dans ses jugements.

Marie-Adélaïde fut longue à se comporter en adulte et en princesse. Je ne saurais relater les innocentes facéties et les farces grossières auxquelles elle se livrait avec d'autres garnements. Son petit mari, plus mûr et raisonnable, traînait les pieds dans son sillage et restait en marge. Il donnait tous les signes d'une dévotion précoce. S'il aimait son épouse, il ne le lui témoignait guère. Une chanson insolente courut dans tout Versailles, disant qu'en amour comme à la guerre, il « portait les armes bas », ce qui ne l'empêcha pas de lui faire trois enfants.

Presque tous mes souvenirs de cette époque me ramènent à Versailles. Le Vau, Le Nôtre puis Mansart avaient réussi ce miracle, mais il était avant tout l'œuvre du roi, peut-être sa seule passion véritable, car il était le reflet de sa magnificence.

Je me souviens des propos que ce grand ministre, Colbert, tenait au roi, parlant des dépenses engendrées par ce gigantesque chantier sorti de rien.

— Sire, si nous avions consacré les millions que cela nous coûte à restaurer et à aménager le Louvre, vous n'auriez pas à le regretter. Quelle pitié que le plus grand de nos rois se mesure à l'aune de Versailles !

C'est le genre de reproches que le roi n'aimait pas entendre, et dont, d'ailleurs, il ne tenait aucun compte. Les pharaons avaient construit les pyramides, Darius les monuments de Persépolis, Sémiramis ceux de Babylone. Louis entrait avec eux dans l'histoire et la légende. Il se voulait de la race des monarques bâtisseurs. Pour les générations futures, ses exploits guerriers ne seront rien, comparés à cette œuvre de pierre.

Le roi a peuplé Versailles de statues, en a fait une Cité des Eaux, y a donné des fêtes et des spectacles dignes des fastes de Venise, pour son épouse et ses favorites. Croyait-on cette merveille achevée ? il y ajoutait d'autres constructions. Tel jardin ne lui convenait-il pas ? il le faisait bouleverser pour créer celui dont il avait rêvé.

Pour reprendre un mot du marquis d'Argençon, les caprices du roi étaient « le tombeau de la nation ». Mais quel tombeau !

Mme de Maintenon se méfiait-elle de moi ou avait-elle besoin, dans son intimité, d'un factotum susceptible de répondre dans l'instant à ses moindres requêtes ? Toujours est-il qu'elle fit appel, pour exercer cette mission, à une héritière d'une vieille famille de Lorraine, Mlle d'Aumale.

Cette grande dame n'était pas de la première fraîcheur, mais avait encore quelques beaux restes et une vitalité à toute épreuve. Dès notre première rencontre, nous éprouvâmes l'un pour l'autre de la méfiance puis de l'animosité. Nous nous regardions, comme on dit, en chiens de faïence, en évitant les occasions de nous trouver en tête à tête.

Il le fallait bien, pourtant. Mme de Maintenon n'eût pas supporté, au sein de son cabinet, des dissentiments et des querelles qui eussent perturbé le service. Après de discrètes escarmouches en coulisses, nous convînmes, elle et moi, d'un *modus vivendi.* Il ne marquait pas la fin d'un conflit latent, mais un armistice. De propos aigres-doux en moqueries anodines, nous en vînmes à des échanges plus cordiaux, persuadés qu'il y allait de notre intérêt et de celui de notre maîtresse.

Nous nous retrouvions parfois, dans son cabinet ou dans le mien, pour de libres entretiens et des collations. J'aimais sa vivacité d'esprit, sa sévérité pour les dames et demoiselles de la maison, qui en prenaient trop à leur aise. Elle se passionnait pour la géographie et m'entretenait des découvertes qu'elle faisait dans les livres. Sa culture, en cette matière, eût réjoui M. de Cabart.

Notre cohabitation dériva vers l'intimité le jour où, heureuse de voir Mme de Maintenon échapper à une fièvre tenace, elle posa ses mains sur mon épaule et m'embrassa. Cette bonne nouvelle et le geste qui la saluait et que je lui rendis me furent sensibles. Ce dernier m'éclairait sur la tournure que prenaient nos rapports et ce que je pouvais attendre de ce progrès.

Cet élan réciproque semblait ouvrir d'agréables perspectives dans nos relations. Nous nous y engageâmes résolument, en quinquagénaires alertes et libres de toute attache. Je ne lui parlai jamais de sa famille et elle ne m'en dit rien et pas plus de ce qui l'avait amenée à Versailles. Je ne lui révélai rien de mon passé, de Paule ni de Sébastien, dont je savais juste qu'ils se portaient bien. Nous n'allions pas encombrer cette idylle, qui promettait d'être brève, de considérations sur nos familles.

Nous profitâmes d'une absence de Mme de Maintenon, retenue pour une courte période à Saint-Cyr, afin d'éprouver la qualité de nos sentiments. Les premières nuits que nous passâmes ensemble, tantôt dans sa chambre, tantôt dans la mienne, nous révélèrent des ardeurs sous-jacentes qui ne laissaient rien à envier à celles de notre jeunesse. Elles me furent profitables sur un autre plan.

Mise en confiance par la tendresse que je lui témoignais, Élise m'avoua que notre maîtresse, en plus des menues tâches qu'elle lui confiait, l'avait priée de me surveiller (je n'ose dire de m'espionner), persuadée qu'elle était que je protégeais des familles de protestants et leur livrais des secrets de cabinet. J'éclatai :

— Ce sont des soupçons sans le moindre fondement ! Je ne connais aucune de ces familles et n'aurais ni le temps ni les moyens de leur apporter mon aide. D'ailleurs, je puis bien vous le révéler : madame m'a confié la même mission pour ce qui vous concerne. J'ai failli lui rire au nez et lui dire que, si elle avait besoin de « mouches », elle en trouverait chez M. de La Reynie.

Confondus par ces révélations qui dessinaient un nouveau visage de notre maîtresse, nous gardâmes le silence, puis nous éclatâmes de rire. Un esprit de confiance et de complicité venait de naître entre nous.

Au cours de la dernière nuit que nous passâmes ensemble, nous tombâmes d'accord sur plusieurs points : l'épouse du roi ne suscitait guère de sympathie autour d'elle ; certains la détestaient, d'autres, méprisaient la « veuve Scarron » ; quant aux dames qui la jalousaient, elles étaient légion. Elle rencontrait peu d'échos à son désir de se voir intégrée par la famille royale et répondait à ce dédain par le mépris. Sa hantise était le poison ; elle n'avait plus rien à craindre de la Montespan, après des années de méfiance, mais elle redoutait encore que l'on versât du sang de crapaud dans sa panade.

Élise et moi filions, sinon le parfait amour, du moins une relation amoureuse et charnelle paisible et un peu mélancolique, comme une belle journée d'automne.

Nous eussions pu comparer nos rapports à ceux du roi et de son épouse. Ils menaient une existence bourgeoise, sans conflits majeurs comme sans éclat. Si madame se plaignait parfois à ma compagne des assiduités de son époux, qui l'importunaient, Élise ne me faisait pas ce reproche. Nous vivions dans une telle communion d'idées et de sentiments que nous envisageâmes de quitter Versailles et notre service, pour mener une vie commune en faisant alterner notre présence dans l'une et l'autre de nos résidences.

Je répugnais à l'idée, somme toute logique, d'un mariage, libres, l'un et l'autre, de toute contrainte familiale. J'avais gardé de trop mauvais souvenirs du précédent et tenais trop à ma liberté retrouvée pour la compromettre. Élise quant à elle, je n'avais pas tardé à le deviner, ne pourrait consentir à une mésalliance.

Avec le début du siècle, on commença à parler d'un problème épineux : la succession d'Espagne, et à ressentir les risques de conflit qu'elle pourrait entraîner.

Depuis des années, la santé du roi Charles, le dernier des Habsbourg régnant dans ce pays, donnait des alarmes. À quarante ans, marié à Marie-Louise d'Orléans, nièce du roi Louis, puis à Marie-Anne de Neubourg, il se trouvait de nouveau veuf et sans descendance.

Il avait désigné, pour lui succéder, Philippe d'Anjou, petit-fils de Louis. L'héritage était immense et pesant : la péninsule Ibérique, les Pays-Bas, l'Amérique, les royaumes de Naples et de Sicile... Ce choix allait peser dans le destin de l'Europe et du monde. Louis avait un concurrent sérieux : l'empereur d'Autriche, Léopold Ier, qui avait avec le roi Charles le même lien de parenté que Philippe.

Cette puissance colossale entre les mains de l'un ou de l'autre de ces compétiteurs risquait d'engendrer un nouveau conflit, alors que ces nations, épuisées par une guerre de neuf ans, n'y étaient pas préparées. Cette situation présentait un tel imbroglio que l'on revint au premier choix fait par le roi d'Espagne. En cas de refus de Louis, l'archiduc d'Autriche deviendrait l'héritier de Charles.

C'est ainsi que le duc d'Anjou devint roi d'Espagne sous le nom de Philippe V. Les nations d'Europe se plièrent à ce choix ; l'empereur le bouda.

Les choses auraient pu en rester là et le spectre de la guerre se dissiper, si des maladresses du roi Louis, comme le maintien des droits de Philippe au trône de France, ce qui pouvait créer une hégémonie redoutable, n'avaient irrité nos voisins.

Une nouvelle ligue, comparable à celle d'Augsbourg, qui avait mis l'Europe à feu et à sang, se dessina dans le secret des ambassades. Au printemps de l'année 1702, l'Angleterre, la Hollande, l'Autriche, le Danemark, suivis par une kyrielle de principautés allemandes, déclarèrent la guerre à la France, l'Espagne de Philippe restant hors du conflit.

Vieilli, fatigué, Louis regardait monter l'orage, comme si le ciel allait lui tomber sur la tête et la terre s'ouvrir sous ses pas. Que pouvait-il opposer à cette conjuration ? Notre armée comptait moins de deux cent mille combattants armés à la diable et mal équipés, livrée à elle-même après le décès de Louvois. Certains généraux, comme Villeroi et Luxembourg, avaient administré la preuve de leur compétence et de leur courage, mais d'autres n'avaient à proposer que leur médiocrité et leur inexpérience. Notre marine était à l'avenant : une centaine de navires seulement en état de mettre à la voile après la désertion des équipages protestants, à opposer à une flotte anglo-hollandaise deux fois supérieure.

Mme de Maintenon, Élise et quelques personnes de nos proches me reprochèrent ce qu'ils appelaient mon *défaitisme.* Je dus bientôt, sinon m'en repentir, du moins regretter la franchise de mes propos, la guerre ayant débuté sur terre par des victoires foudroyantes de nos armes. Durant près d'un an, les victoires se succédèrent, apportant à Notre-Dame les étendards pris sur les champs de bataille.

À dater de l'automne de l'année 1703, sans que je m'en réjouisse, il fallut déchanter. Les Anglais avaient pris position à Gibraltar et contrôlaient la Méditerranée. Assaillies de toutes parts, nos armées battaient en retraite. Deux ans plus tard, la marine anglaise assiégeait Barcelone. C'était, comme on dit, le commencement de la fin. Lille ayant capitulé, la route de l'invasion était ouverte. Nos troupes ne menaient que des combats d'arrière-garde.

Acculé à une situation désespérée, Louis demanda à négocier. L'entretien eut lieu à La Haye. L'une des exigences des alliés se révéla inacceptable : aider à chasser le roi Philippe, qui opposait à l'ennemi une résistance tenace en Aragon et dans les provinces du Levant espagnol. Le refus hautain de Sa Majesté décida de la rupture des négociations et de la poursuite de la guerre.

On confia à Villeroi de nouvelles troupes levées dans les milices urbaines. Elles battirent, à Malplaquet, en septembre de l'année 1709, les armées de l'alliance. En Espagne, dans les Asturies, près de Villaviciosa, M. de Vendôme infligea une défaite sans appel aux Anglais et aux Impériaux.

En Angleterre, l'arrivée au pouvoir des tories, adversaires de la guerre, décida Londres à engager de nouvelles négociations. La paix fut signée à Utrecht, en avril de l'année 1713. L'Autriche refusa de mettre l'arme au pied, mais les victoires de Villars vinrent à bout de son obstination.

Philippe resta sur son trône. Nous retrouvions nos frontières initiales, mais nous nous engagions à garantir l'indépendance des deux couronnes et à livrer à l'Angleterre une partie de nos possessions d'Amérique du Nord, avec des avantages commerciaux importants.

Ces années tragiques, placées sous le signe de la guerre et de la misère, nous faisaient passer par une alternative déprimante d'espoir, d'inquiétude et de désarroi.

Chaque jour apportait à Versailles le lot de dépêches, tantôt rassurantes, tantôt affligeantes, dont une noria incessante d'émissaires nous abreuvait. Lorsque je voyais passer le roi, boitillant et traînant la jambe, je me disais que, si ses épaules s'étaient voûtées et que son teint avait viré au gris, la guerre n'y était pas étrangère.

L'ambiance de Versailles était devenue sinistre. Plus de bals, plus de fêtes, plus de festins. On jouait encore aux cartes, mais pour rompre l'ennui.

Pour moi, plus d'amour.

La nièce à la mode de Bretagne de Mme de Maintenon, Mme de Caylus, nous avait joué, à Élise et à moi, un mauvais tour. Par jalousie peut-être ; par animosité sûrement. En fait, j'ignore les raisons qui l'ont poussée à informer sa « tante » de nos rapports. Convoqués par l'épouse du roi, nous fûmes contraints de nous expliquer. Élise choisit de nier, mais c'était ajouter un mensonge à la faute qu'on nous reprochait : malgré nos précautions, bien des témoins auraient pu prouver la nature de nos relations, à commencer par la valetaille.

Nous étions, devant notre maîtresse, pareils à deux enfants pris en faute. Madame contint mal sa colère, nous reprochant d'avoir « comploté dans son dos », « trahi notre mission », et ainsi « perdu sa confiance ».

— Mademoiselle d'Aumale, dit-elle à Élise, vous comprendrez que je ne puisse vous garder à mon service. Vous avez de la famille en Lorraine ? Allez donc la rejoindre. Je vais m'efforcer de trouver un parti conforme à votre condition, à moins que vous ne préfériez le couvent. Quant à vous, monsieur de Salvayrac, je n'ai pas encore statué sur votre sort. Vous serez avisé sans tarder de ma décision.

La semonce de madame rendait aléatoire notre rendez-vous du soir. J'attendis Élise sans conviction dans la chambre jouxtant mon cabinet. Elle ne vint pas.

Le lendemain, interrompant mon travail, je me rendis chez Mme de Maintenon, à l'heure où elle s'apprêtait pour la promenade du roi. Elle était déjà partie. C'est Nanon Balbien qui me reçut. J'appris d'elle, avec stupeur, qu'Élise avait pris, à la première heure, la route pour la Lorraine. Cette maritorne jugea bon de me faire la leçon.

— Voilà, me dit-elle d'un ton de précepteur, ce qu'il en coûte de trahir sa maîtresse ! Quant à vous, monsieur Nicolas, je vous conseille de vous confesser. Vous êtes plus chargé de péchés qu'un mulet ne pourrait en porter !

Je ne sais ce qui me retint de clouer le bec à cette matrone aux allures de tribade, qui confondait la ruelle de sa maîtresse avec celles de Lesbos, sans se départir de ses mines de cul-bénit. Riposter eût été lourd de conséquences. Je me tus, cédant ainsi à une de ces lâchetés coutumières aux courtisans et nécessaires au maintien des grâces royales.

Je réprimai ma première intention, qui était de rattraper la calèche d'Élise et de lui faire rebrousser chemin. Outre que cette décision m'aurait condamné aux yeux de Mme de Maintenon, elle eût été inutile : à l'évidence, Élise s'était soumise trop facilement pour que je me fasse des illusions sur la pérennité de nos relations. Elle n'avait pas même daigné glisser un billet sous ma porte pour m'annoncer son départ et me faire part de ses regrets. Tenter de la rattraper était comme courir après le vent.

Je dus faire mon deuil de cet amour, avec d'autant plus de regrets et d'amertume que je devinais qu'il marquait le terme de ma vie sentimentale.

Durant quelques semaines, Mme de Maintenon me montra froideur et mépris. Puis nos rapports reprirent comme devant, sans chaleur mais sans animosité : des rapports de maîtresse à serviteur. Je n'avais pour elle guère plus d'importance qu'un laquais.

16

Le temps des feuilles mortes

Dans ces dernières années du siècle, marquées par un conflit interminable, Mme de Maintenon était trop accablée de soucis divers pour me faire l'honneur de prendre mes modestes problèmes en considération. Elle avait tranché. Point final.

Une affaire d'une autre importance retenait son attention et celle du roi, et les affligeait profondément.

On parlait d'une nouvelle affaire des Poisons. C'était beaucoup dire. Il n'empêche : plusieurs morts suspectes, survenues à la Cour, avaient de quoi susciter l'inquiétude et faire planer des soupçons. Elles étaient d'autant plus singulières qu'elles touchaient des créatures jeunes pour la plupart, sans le moindre symptôme de maladie grave. Les autopsies ne révélaient rien d'équivoque, à moins que des consignes n'eussent interdit d'en publier les résultats.

Durant l'année 1709, à quelques semaines d'intervalle, le prince de Conti et le prince de Condé, fils du général célèbre, mouraient mystérieusement. En avril de l'année suivante, le survivant des six enfants légitimes du roi, le Grand Dauphin Louis, mourait d'une petite vérole à cinquante ans. Le roi le pleura et Mme de Maintenon versa quelques larmes de convenance.

Louis fut plus affligé encore lorsque, peu de temps après, une maladie à laquelle les médecins ne purent donner de nom, emporta, à vingt-six ans, la duchesse de Bourgogne, Marie-Adélaïde qui, dans sa jeunesse, le charmait par ses facéties. Une semaine plus tard, son mari le Dauphin la suivait dans la tombe.

Au comble du chagrin, le roi confia à l'un de ses proches qu'après cette hécatombe, « la vie ne lui était plus rien et qu'il ne désirait rien tant que de mourir lui-même ».

La fatalité s'acharnait sur la famille royale. Moins d'un mois plus tard, disparaissait le fils orphelin de Marie-Adélaïde et du Dauphin. Cette fois-ci, la maladie avait un nom : la rougeole. Il avait cinq ans.

Des héritiers directs de la couronne, il ne restait qu'un autre enfant, frère du précédent. Ce garçon souffreteux avait deux ans à la mort de ses parents et de son frère. Il aurait été hasardeux de miser sur sa survie.

Il y avait belle lurette que les cendres des sorciers et des sorcières s'étaient dispersées au vent. Il en restait pourtant des relents à Versailles où l'origine de ces morts demeurait mystérieuse. On évitait d'en parler, sinon par allusion.

Qui accuser, et de quoi précisément ? Les soupçons se portèrent, à tort ou à raison, sur la famille d'Orléans. Il n'y eut pas d'enquête, et La Reynie était mort. On se contenta de porter le deuil, de verser des larmes et d'accuser le sort ou le diable.

On aurait pu croire que ces épreuves, s'ajoutant aux soucis de la guerre, auraient raison de la santé du roi. À la surprise générale, comme le roseau de La Fontaine, il pliait mais ne rompait pas. Jamais autant qu'en ces passes tragiques, la présence de son épouse ne lui fut plus précieuse. À soixante-quinze ans, il souhaitait donner à la France et au monde l'image d'un souverain sur lequel le temps et les épreuves n'avaient pas de prise. Son épouse lui avait fait comprendre qu'il ne faisait qu'expier ses péchés et que le Seigneur lui en tiendrait compte.

Changer ses habitudes, renoncer, même en partie, à l'étiquette qui faisait l'admiration des ambassadeurs, eût été un signe attentatoire à sa majesté. Il veillait en permanence à ce qu'on ne puisse douter de son courage, de sa dignité et de son autorité. J'en étais fort impressionné. Lorsqu'il me faisait l'honneur de m'adresser la parole, mes yeux se mouillaient et j'avais, en lui répondant, des caillots d'émotion dans la gorge.

Un matin d'hiver, Mme de Maintenon me parut plus agitée qu'à son ordinaire. Je lui demandai ce qui la troublait ainsi ; elle gémit d'une voix hoquetante, les mains sur son visage :

— Le roi... Dieu me pardonne, je crois qu'il perd la tête ! Il vient de partir chasser le cerf à Vincennes... avec cette neige et ce froid... sans prendre la moindre nourriture. Il semble... il semble qu'il ait pris la résolution de mourir à cheval, peut-être pour se consoler de ne plus pouvoir suivre ses armées !

Le roi revint à la tombée de la nuit, frais et gaillard. Il passa à table du meilleur appétit, et, en dépit des anathèmes de son épouse, avala un poulet entier, une caille aux raisins, une énorme tranche de fromage d'Auvergne, la totalité d'une tarte aux pommes, et vida à lui seul une bouteille de bourgogne. Si la fantaisie l'avait pris, après ce balthazar, d'aller danser une courante, nul n'aurait pu l'en dissuader.

À quelques jours de là, il se délecta d'une chasse aux faisans. On lui en présenta trente-quatre ; il n'en manqua que deux.

Cette admirable santé faisait paravent à une sourde inquiétude dont son épouse m'informa, un jour où elle était encline à la confidence : le roi redoutait les méfaits du poison. Il avait tort. On le devinait proche de sa fin. Cette manœuvre eût été superflue.

La mort ? le roi y songeait. Cette perspective ne le troublait pas outre mesure, car il ne se savait pas éternel, mais il s'inquiétait pour sa succession.

Après la mort du dernier de ses petits-fils, le duc de Berry, l'année 1714, et devant l'incertitude d'une continuité directe dans sa descendance, Louis, son arrière-petit-fils, étant âgé seulement de quatre ans et de santé précaire, il fit habiliter ses bâtards, préalablement légitimés, à lui succéder. On vit dans ces dispositions l'influence de Mme de Maintenon et de son

« petit chéri », le duc du Maine, ainsi que certaines manœuvres propres à discréditer l'ambitieux duc d'Orléans. Avec Louis, la politique prenait le pas sur la morale. C'était le geste d'un grand roi.

Un matin, après son lever solennel, Louis convoqua dans son cabinet quelques messieurs du parlement. Il leur confia un coffret scellé de sept cachets en leur disant :

— Messieurs, ceci est mon testament. Je vous en donne la garde. C'est de ma part un signe de confiance et d'estime. Je sais ce qu'il en fut de ceux des rois qui m'ont précédé. Celui-ci deviendra ce qu'il pourra, mais, par ce geste, j'achète mon repos, après que l'on m'eut causé beaucoup de tourments. Ainsi, l'affaire est close...

D'une raide inclinaison de tête, il leur signifia la fin de cette audience. Les parlementaires se retirèrent, dit-on, stupéfaits, figés « comme des statues ». Il semble que Sa Majesté n'eût pas nourri la moindre illusion sur le sort que l'on réserverait, après sa mort, à ce document qu'*on* lui avait peut-être dicté ou du moins suggéré. Je n'avais aucune peine à deviner qui. Cependant, rien ne pouvait empêcher le parlement de casser ce testament, comme il l'avait fait de celui de son père.

Le roi, dans ce document, instituait un Conseil de régence présidé par le duc Philippe d'Orléans. Il stipulait qu'à la mort du souverain le maréchal de Villeroi serait chargé de conduire à Vincennes le jeune souverain, par mesure de sécurité plus que pour lui faire respirer l'air de la campagne, plus salubre que celui de Versailles.

Le roi s'ennuyait. Mme de Maintenon s'ennuyait.

Les deux époux en étaient au point où leurs chamailleries quotidiennes devenaient un exutoire et, pour leurs proches, un divertissement.

Lorsque Louis entrait dans une pièce où son épouse se trouvait, il faisait, quel que soit le temps, ouvrir les fenêtres, sachant que celle que la Sévigné appelait « l'Enrhumée » supportait mal l'air du dehors et, plus que tout, courants d'air et vents coulis. Il mangeait goulûment en sa présence, comme pour la narguer. Décidait-il d'une partie de chasse ? il la lui annonçait la veille, afin de troubler son sommeil.

Louis était plus malade qu'il n'y paraissait. Sa fistule à l'anus le torturait de nouveau, de même que la goutte et les rhumatismes qui lui interdisaient les longues promenades à pied. Lorsque, se croyant seul, il se laissait aller à soupirer et à grimacer de douleur, il avait l'aspect du vieillard qu'il était. En public, pour paraître à son avantage, il faisait des efforts pitoyables.

Mme de Maintenon n'était guère moins à plaindre, mais, à l'opposé, elle jouait souvent les malades imaginaires, ce qui prêtait à sourire. Combien de fois l'ai-je entendue gémir sur de menues indispositions, comme les rhumes fréquents qui transformaient ses narines en fontaines, ou ses maux de gorge qui lui donnaient une voix de rogomme.

Au cours des collations qu'elle partageait avec ses dames de compagnie, elle faisait étalage de son martyre. Elle était intarissable sur le résultat de ses purgations et l'analyse de ses urines, les effets de l'huile de Saint-François qui lui soulageait le ventre, la pommade dont elle usait pour ses rhumatismes... Elle semblait souhaiter que le monde entier partageât ses souffrances.

Elle se trémoussait dans son fauteuil en bougonnant :

— Il y a un courant d'air ! Je le sens ! Mademoiselle de Caylus, trouvez d'où cela vient et débarrassez-m'en, sinon je meurs !

S'extraire de son fauteuil était toute une comédie. Elle faisait appel à sa chère Nanon.

— Aide-moi à me lever, je te prie. Je suis tout ankylosée. Aïe ! plus doucement... On dirait que tu soulèves un quintal de raves...

Lorsqu'ils étaient appelés à voyager, par exemple de Versailles à Fontainebleau, les deux époux empruntaient des carrosses différents. Louis roulait vitres ouvertes ; celles de son épouse restaient closes et rideaux tirés. Quand elle se déplaçait en chaise, elle s'emmitouflait dans des fourrures comme une momie dans ses bandelettes. Elle ne se sentait vraiment hors d'atteinte des diablotins déguisés en courants d'air, venus gratter à sa porte et à ses fenêtres, que lorsqu'elle se tenait dans sa guérite, au coin de sa cheminée, ou dans son lit, sous un édredon.

Le moindre déplacement était devenu une épreuve. Elle disait au médecin Fagon :

— Le roi manifeste l'intention de se rendre demain à la chasse. Tâchez de l'en dissuader.

— Mais, madame, protestait le praticien, vous savez bien que Sa Majesté ne m'écoute pas plus que vous !

— Insistez ! Dites-lui... que sais-je ? Que son pouls est au plus bas, qu'il a mauvaise mine, qu'il doit prendre ses médecines et s'aliter, qu'aller chasser par ce temps pourrait lui être fatal. Que diable ! vous ne manquez pas d'arguments...

Parfois le roi se laissait convaincre par ces bonnes raisons. Parfois il s'en moquait et, flairant la manœuvre de Sa Solidité, s'en irritait.

Chaque soir, pour le coucher de l'épouse royale, c'était le même cérémonial. Il m'arrivait d'y assister, comme d'autres courtisans, vieilles momies solennelles et somnolentes, appuyées à leur canne. J'observais qu'elle tolérait mal cette coutume imposée par l'étiquette. Sa chambre était encombrée et, toutes les pièces communiquant entre elles, animée d'un va-et-vient constant. C'est de même en public qu'elle soupait, que l'on procédait à sa toilette, qu'on la préparait pour la nuit, qu'on lui présentait sa chaise percée et qu'on lui faisait prendre ses médecines.

Après avoir donné congé à ses interlocuteurs, le roi venait souhaiter le bonsoir à son épouse et se retirait pour souper et disputer une partie de cartes, histoire de soulager sa bourse de quelques poignées d'écus ou de plumer quelques partenaires malchanceux.

Françoise détestait son appartement de Fontainebleau. Il donnait sur la perspective sublime de la loggia de la porte Dorée, mais était exposé aux intempéries. Lorsqu'elle pria le roi de faire poser des contrevents aux fenêtres, il s'y opposa avec un mouvement d'humeur : cette précaution romprait l'harmonie des façades.

— Madame, dit-il, il faut savoir souffrir pour la beauté.

— Certes, mais doit-on accepter de mourir pour elle ?

Elle écrivit à une dame de ses amies :

Avec Sa Majesté, il n'y a que grandeur, magnificence et symétrie qui vaillent. On doit supporter les vents coulis au risque d'y laisser sa santé. Il faut périr pour la symétrie...

Elle ne se plaisait nulle part autant qu'à Saint-Cyr, où elle passait la moitié de son temps, ce dont le roi prenait ombrage. Il supportait mal la présence de son épouse, mais plus encore son absence. Il lui reprochait cette assiduité.

— Vous avez votre seigneurie de Maintenon, vos appartements à Versailles, Marly, Fontainebleau, Saint-Germain, mais il n'y a qu'à Saint-Cyr que vous vous sentiez à l'aise, semble-t-il ! Je sais bien ce qui vous attire et vous plaît ! C'est de jouer les pédagogues, de faire la reine au milieu de vos pensionnaires !

Elle protestait.

— Sire, j'en conviens : cette institution m'est chère. Elle me coûte beaucoup de peine, de soucis, me prend un temps que je pourrais consacrer aux affaires du royaume, si vous ne vous en chargiez sans moi. Oui, sire, Saint-Cyr nous demande beaucoup de sacrifices, mais c'est notre œuvre commune et je dois la défendre !

— Croyez-vous que je l'ignore, madame ? Vous me rebattez les oreilles avec votre Saint-Cyr, alors que j'en sais sur lui plus que vous-même.

— Je sais, sire, que vous avez des « mouches » partout, mais cela ne me dérange pas. Nous n'avons rien à cacher ni à nous reprocher.

Le roi, en effet, se tenait informé au jour le jour de ce qui se passait dans cette maison où, malgré la proximité de Versailles, il se rendait de moins en moins souvent. Il admirait l'activité déployée par son épouse dans ce petit royaume où elle trouvait en réduction les soucis du grand, mais semblait s'y complaire. Elle y régnait en souveraine absolue, n'ayant de comptes à rendre qu'à Dieu et au roi. Cette situation la consolait des mesquineries de la Cour à son égard.

À Saint-Cyr, des demoiselles partaient ou mouraient ; d'autres débarquaient de leur province, petites nobliaudes frustes qui sentaient le fumier plus que la rose, ne parlaient que le patois et négligeaient leurs devoirs religieux. Il fallait modeler cette matière brute, en faire des images présentables en vue du mariage ou du couvent.

L'exploitation et l'organisation du domaine qui comportait fermes, champs, vergers et potagers, nécessaires à faire vivre deux cent cinquante pensionnaires et une cinquantaine de religieuses, demandaient des soins constants. Mme de Maintenon y apportait une attention étroite et tatillonne de ménagère. En ces circonstances et en ces lieux, elle était Françoise Scarron plus qu'épouse du roi.

Le roi, à juste titre, la tenait écartée des grandes décisions. S'il avait écouté ses conseils au cours de la guerre de Succession d'Espagne, il aurait arrêté le conflit dès nos premières victoires et accordé à l'ennemi tout ce qu'il désirait, au risque de faire rire de nous. À la signature du traité d'Utrecht, elle avait adhéré à l'opinion de Fénelon, qui préconisait de raser les forteresses de Vauban, sous prétexte qu'elles constituaient une provocation. Le roi se contentait de hausser les épaules...

Elle mûrissait l'ambition de faire de son époux un moine couronné. Il se rebiffait. Tout ce qu'il acceptait, c'est de sacrifier un peu de son temps pour assister aux offices, d'aller faire ses complies à Saint-Cyr, de mettre un frein aux festivités de Versailles. Il regimba lorsqu'elle lui suggéra de ne plus faire jouer à ses chers violons des musiques profanes.

— Madame, la Cour de France ne sera jamais l'antichambre d'un monastère ! Je fais en sorte que l'on y respecte le Seigneur, mais elle ne doit avoir qu'un maître. Ce ne sera jamais un père supérieur, mais votre serviteur, madame.

Vouloir imposer un répertoire religieux aux violons du roi était une idée absurde et maladroite. Mme de Maintenon ne pouvait ignorer la passion que le roi vouait à la musique de Lulli, de Rameau, de Couperin. Sa Grande Bande de vingt-quatre violons ou la Petite Bande le suivait partout, jusque dans sa chambre de courtoisie. Où qu'il se trouvât, dans ses palais ou ses jardins, des flonflons discrets résonnaient à proximité. Lui supprimer ce plaisir ou faire en sorte qu'il lui rappelât en permanence ses devoirs religieux, eût été comme l'empêcher de respirer.

— Est-ce cela que vous voulez, madame ?

— Je ne veux que votre salut, vous le savez...

Je suis redevable à Mme de Maintenon de trop de bienfaits pour la juger avec sévérité, mais il faut convenir qu'elle avait, en certains domaines, la vue courte. Il m'arrivait souvent de la reprendre sans la heurter de front, d'oublier sciemment certains ordres que je jugeais abusifs ou dangereux. Je crois qu'elle avait découvert ces précautions et qu'elle les appréciait, sinon elle me l'eût fait comprendre à sa manière, qui était souvent brutale.

Mme de Maintenon avait de fréquentes querelles avec le roi au sujet de Versailles. Un jour qu'il revenait d'un entretien avec un architecte pour envisager une extension à je ne sais quel pavillon, il entra dans notre cabinet, ouvrit une fenêtre et s'y accouda avec nonchalance, dans le soleil, les yeux mi-clos, pour écouter la Petite Bande jouer sur la terrasse une pastorale de Cambert.

— Mon ami, lui dit-elle, quand cesserez-vous de bâtir ? Auriez-vous décidé de couvrir de châteaux et de palais toute l'Île-de- France ? Alors que la guerre a épuisé nos ressources, où allez-vous trouver l'argent ?

Il lui répondit, avec un geste de la main :

— Taisez-vous, madame, et écoutez. Cette musique sent le paradis...

Il se détacha de la fenêtre pour lui dire :

— Je regrette que vous ne soyez pas plus sensible à la beauté. Hier, en passant devant une nouvelle statue, celle d'une Vénus anadyomène, vous n'avez pas eu un regard pour elle, alors que c'est une pure merveille. Vous ferait-on visiter les jardins de Babylone, vous jugeriez la promenade longue et ennuyeuse !

— Je vous trouve bien sévère, sire. Je suis autant que vous sensible à la beauté, qui est l'œuvre de Dieu plus que des hommes. À travers elle, c'est le Créateur que je loue. L'artiste n'est que l'instrument de la toute-puissance divine.

Le roi se tut pour revenir vers la fenêtre. La Petite Bande jouait un extrait du *Triomphe de l'amour*, de Lulli, avec de jolis pizzicati qui semblaient danser sur le bord de la fenêtre avant de s'envoler dans l'azur. Je me disais qu'en cet instant, refermé sur lui-même, il devait sonder l'abîme qui le séparait de son épouse, et que leur affection mutuelle ne parviendrait jamais à combler.

17

Leçons de ténèbres

Au risque de me rompre le cou, j'ai escaladé l'échelle branlante de ma bibliothèque pour accéder aux rayons où sont rangés les documents relatifs aux derniers jours du roi. J'ai dérangé de paisibles araignées et fait voler un peu de poussière mais j'ai fini par trouver ce que je cherchais.

Je me suis souvenu qu'à l'époque dont je parlais précédemment je tenais une sorte de journal dans lequel je faisais figurer grands et petits événements de la Cour, ceux dont j'avais été témoin et ceux que des personnes fiables me rapportaient. Ils figurent sur mes calepins et sur des feuilles réservées au courrier. Lors de mon retour à Salvayrac, j'ai pris soin de classer tous ces documents, de manière à les retrouver pour le travail que j'avais en tête.

Tout est là, dans cette liasse énorme, disparate, confuse, sans le moindre souci de cohérence. Un chantier pour lequel, me disais-je, il me faudrait des années de travail. J'y ai mis tout ce qui me restait d'énergie.

La scène que je viens d'évoquer remonte à l'année 1715, celle où le roi Louis a quitté ce monde. Le feuillet sur lequel elle est relatée est maculé d'une trace verdâtre de tisane, qui me rappelle que je l'écrivis dans mon lit, à la suite d'une chute dans un escalier, qui m'avait meurtri un genou. J'ai passé plusieurs jours alité mais recevant suffisamment de visites pour ne pas me sentir isolé.

Cette année 1715 fut lourde d'événements. Je viens d'en retrouver le récit sous forme de journal.

15 avril : Je viens d'être informé par Ninon Balbien de la colère de Mme de Maintenon apprenant d'un courrier de Hollande que des lords anglais se livrent à des paris éhontés sur la mort du roi Louis. Les moins pessimistes lui donnent trois mois à vivre ! Ces vautours à perruque changeraient leur mise s'ils voyaient le comportement de Sa Majesté à table ou à la chasse. À soixante-dix-sept ans, il surprend encore son monde.

(Au bas de la page, quelques notes que je ne puis déchiffrer.)

20 juillet : Je relève de la crise de rhumatisme, qui accompagna ma chute. Le temps est superbe, quoique un peu chaud. Muni de ma canne, je me suis hasardé avec Mlle de Caylus autour du bassin de Neptune où des enfants font naviguer des esquifs munis de petites voiles de couleur. Des adolescentes jouent au volant, au croquet et font des rondes dans les allées. Un jour ordinaire à Versailles. L'air sent le miel et le buis. Pas la moindre musique de violon ne vient contrarier le chant des oiseaux : le roi est parti ce matin pour Marly, où il se plaît de plus en plus à mesure que sa fin approche. Il se doit d'habiter Versailles, mais c'est à Marly qu'il respire l'air de liberté qui lui est nécessaire.

22 juillet : Sa Majesté est revenue précipitamment, sa santé s'étant dégradée. Mme de Maintenon s'est entretenue avec le premier chirurgien du roi, Mareschal. Ils avaient tous les deux leur mine des mauvais jours et hochaient la tête. Madame m'a confié quelques heures plus tard :

— Mon pauvre Nicolas, le roi est moins raisonnable que jamais. Au cours d'un souper dans le jardin, il a dévoré comme un ogre. Dans la nuit, il a été pris de si violents maux d'estomac que j'ai fait appeler Mareschal. Ce matin, il se porte un peu mieux. En se réveillant, il a demandé du vin...

27 juillet : Malgré ses indispositions et ses maux, le roi s'est rendu en carrosse au château de Petit-Bourg, entre Versailles et Fontainebleau, après avoir passé sa garde en revue. Il se rend peu souvent en ce lieu, Dieu sait pourquoi. Il y trouverait la paix du corps et de l'âme qu'il chercherait en vain à Versailles.

Mon cœur s'est serré, hier, en reconnaissant, à la sortie de la messe, celle que je croyais ne plus revoir : Mlle d'Aumale, mon Élise. Apprenant que la santé du roi donnait des inquiétudes, elle a sollicité sa grâce, avec la permission de retourner à la Cour. Mme de Maintenon n'a pu la lui refuser : Élise n'a commis aucun crime.

Je l'ai trouvée changée : taille plus épaisse, visage coloré par la couperose, l'air absent et maussade. Encore séduisante, à moins qu'il ne s'agisse d'une illusion de ma part, au souvenir de notre liaison. Pourtant sa présence n'a réveillé en moi aucune nostalgie sentimentale ni aucun désir. Je puis souffrir d'une rupture durant une journée ou une semaine, guère plus. Quand j'oublie, c'est pour de bon, et sans espoir de retour. La seule qui eût laissé en ma mémoire un souvenir poignant et durable a été Dorine, mon premier et mon seul amour qui mérite ce nom. Peut-être du fait qu'on me l'ait enlevée pour la jeter dans un bateau pour les Amériques, sans que nous eussions le temps de nous dire adieu.

28 juillet : Mme de Maintenon m'a entretenu ce matin, avec émotion, de son cher Fénelon, évêque de Cambrai, dont la mort, au mois de janvier, l'avait laissée comme orpheline. Le roi l'avait consigné dans son diocèse, à la fois pour les opinions jugées subversives sous-jacentes dans son *Télémaque*, et pour l'influence néfaste exercée sur son élève, le duc de Bourgogne, et sur Mme de Maintenon. L'Église l'avait condamné pour son soutien à la secte quiétiste, qui prônait un retour à la simplicité des Évangiles. On l'appelait le « Cygne de Cambrai ».

Je n'avais eu aucun mal à déceler, en lisant son *Télémaque*, les rapports que l'on pouvait établir entre ses personnages et ceux de la Cour : Idoménée était le roi, Calypso Mme de Montespan, Eucharis Mlle de Fontanges... Il n'y avait pas de quoi fouetter un chat, mais Sa Majesté en avait été profondément irritée.

Sautant du coq à l'âne, madame m'annonça une nouvelle surprenante : un pasteur de la religion réformée, Antoine Court, s'apprêtait à réunir en synode, à Nîmes : ce qu'on appelait l'« Église du Désert ».

— Il faut en convenir, madame, objectai-je : les huguenots ont la vie dure. Je crains bien que vous n'en veniez jamais à bout.

C'est une véritable guerre qui se déroulait et se poursuit encore de nos jours dans ces provinces du Sud, mêlée à des scènes de massacre qui font froid dans le dos. Les nouvelles qui nous parvenaient ne parlaient que des victoires des dragons de Montrevel et de Villars, en des endroits dont nul, avant, n'avait entendu parler. Elles ne mentionnaient jamais des guet-apens qui faisaient de nombreuses victimes dans les troupes du roi *(MMJS)*. On ne peut rien contre un peuple qui lutte pour sa liberté de conscience. Qu'il en reste un seul et tout est remis en question. C'est comme une graine enfouie dans le sol. Il en naît un épi ou un arbre, et tout est à reprendre.

La mention *MMJS* signifie en abrégé : *Mais moi, je sais.* J'étais placé mieux que quiconque, à Versailles, pour savoir ce que cette guerre avait d'atroce : les camisards capturés étaient torturés, des innocents massacrés à la suite d'une embuscade, des femmes et des enfants violés. Jamais Mme de Maintenon ne m'en souffla mot. L'ignorait-elle ? J'en doute, car cette guerre était *sa guerre.* Je tenais ces informations d'un officier des gardes qui cachait bien ses opinions religieuses subversives. J'en tairai le nom car il vit encore.

30 juillet : On m'a rapporté un mot du duc du Maine, fils du roi et de Mme de Montespan. Il aurait déclaré, évoquant sa situation de concurrence avec le fils du duc d'Orléans, Louis, en matière de succession : «Je suis comme un pou entre deux ongles »...

1er août : Ce matin, en accompagnant ma maîtresse à l'office, j'ai rencontré de nouveau Élise. Nous cheminions derrière son groupe quand elle s'est retournée. Elle a paru surprise, son regard s'est attaché au mien durant un bref moment, mais elle n'a pas esquissé le moindre signe à mon adresse. Madame m'a pincé le bras et a soufflé, derrière son éventail :

— Eh bien, Nicolas, il semble qu'on vous ait oublié. Vous-même, avez-vous quelque regret de cette rupture ?

— Aucun, madame. Nos rapports étaient condamnés à l'avance. Vous n'avez fait qu'en hâter la conclusion.

— En effet. Cette femme n'était pas pour vous. En revanche, que dites-vous de cette veuve un peu mûre, mais encore appétissante, qui tient un cierge à la main et porte un voile gris ? Elle cherche un parti. Ne seriez-vous pas tenté ?

— Nullement ! Je suis trop âgé pour refaire ma vie.

— Allons donc ! Âgé, vous l'êtes sans conteste, mais encore plein de ressources et vous avez belle allure...

J'ai pris la liberté de lui pincer le bras à mon tour pour la faire taire.

Elle a éclaté de rire.

3 août : Madame m'a rapporté un propos du camériste du pape, lors de sa visite à Versailles. Il a dit, parlant de la santé du roi : « Lorsque je révélerai à Sa Sainteté que le roi, à soixante-seize ans, se promène malgré la canicule et va chasser dans la forêt, il ne me croira pas ! »

Madame m'a dicté une lettre à la princesse des Ursins, qui a élu domicile à la Cour de Madrid où elle joue un rôle occulte d'ambassadrice. Elle lui disait, parlant de la santé de son époux : « Il est vrai que la vigueur, la vue, l'adresse à la chasse, rien ne diminue chez lui... »

Je l'ai regardée d'un air stupéfait, ma plume suspendue.

— Eh bien quoi ? me dit-elle. Je ne vais pas donner à l'étranger l'image d'un roi à l'agonie...

5 août : Une dame de la *cabale* de ma maîtresse (pour dire ses « dames familières »), Mlle de Noailles, m'a annoncé ce matin, au cours d'une promenade le long du Grand Canal, sous un magnifique ciel d'orage, la mort de Marie Mancini, en Italie, à Pise. Elle avait, à peu d'années près, l'âge de Sa Majesté.

— Je me souviens, me dit-elle, de son retour en France, il y a dix ans environ, au terme d'une extravagante randonnée à travers l'Europe, en compagnie de sa sœur, Hortense. Ces deux femmes étaient folles, le saviez-vous ?

J'ai gagné cent louis à la table de la marquise de Dangeau, grande amie de Mme de Maintenon.

8 août : J'ai joué de nouveau et j'ai perdu quinze livres à la table de la comtesse de Guiche, en jouant contre un vieux gentilhomme qui est, dit-on, le « protecteur » d'Élise.

Une nouvelle crise de rhumatisme m'a tenu alité toute une matinée. J'en ai profité pour lire, comme me l'a suggéré madame, *Les dialogues des morts*, de Fénelon, et m'y suis ennuyé à mourir.

Il est des jours où le sort semble s'acharner contre nous...

9 août : Madame a bien raison de dire que le roi fait preuve d'imprudence. Malgré la chaleur torride et une nouvelle menace d'orage, il s'est fait conduire à Marly pour une partie de chasse. Il en est revenu épuisé par une longue chevauchée.

— C'est la dernière fois qu'il se permet cette fantaisie ! s'est exclamée madame. J'y veillerai.

La dernière fois ? Ce serait mal connaître Louis que de l'affirmer. Le soir, il a retrouvé sa place aux cartes et a mené un jeu d'enfer qui a laissé quelques-uns de ses partenaires sur le flanc.

Au soleil couchant, en flânant sous une tiède pluie d'orage autour du bassin de Latone où s'ébattaient des enfants nus, j'ai croisé Élise au bras de son vieux gentilhomme. Ils pressaient le pas pour se mettre à l'abri. Elle a redressé son buste en me voyant, m'a dévisagé d'un air provocant, comme si j'avais été responsable de son éviction. J'ai souri et me suis incliné. Son « protecteur » semble sorti, avec ses genoux cagneux et son dos voûté, de ces comédies de Molière, où l'on voit de vieilles badernes porter les cornes.

10 août : À la suite de sa partie de cartes endiablée, Sa Majesté a dû garder la chambre toute la journée, entourée de ses médecins. Sur le tard, elle a réclamé sa chaise roulante pour une promenade à Trianon. L'orage du matin, qui avait adouci l'atmosphère, faisait chanter les grillons et les criquets, composant un fond sonore aux violons qui accompagnaient le roi. Il ne restait tout au fond du parc, au-dessus de l'Étoile royale, qu'une barre de nuages violâtres.

Le roi avait souhaité que son épouse lui tînt compagnie. On lui répondit qu'elle se trouvait à Saint-Cyr. Il bougonna :

— Saint-Cyr... Toujours Saint-Cyr... Que n'y reste-t-elle tout à fait, puisque cet endroit lui plaît tant ?

Il n'alla pas au-delà de la pépinière qu'il traversa en diagonale, en faisant ici et là arrêter sa chaise pour se faire expliquer la flore à laquelle il semblait prendre un réel intérêt.

11 août : Le cabinet du roi a retenti ce matin d'une violente altercation entre Sa Majesté et le procureur général, M. d'Aguesseau. On ne sait qui criait le plus fort. Les proches de Louis auraient pu redouter que cet accès d'humeur lui fût fatal. M. le procureur est bien connu pour son indépendance d'esprit, sa liberté de parole et son farouche gallicanisme.

Le roi est sorti ragaillardi de cet esclandre dont j'ignore le motif. On l'a même entendu fredonner, en sortant de son cabinet sur sa chaise, le *Laudate pueri* de François Couperin.

14 août : Le roi était, m'a-t-on dit, de la meilleure humeur à son lever. La Cour s'en félicite ; elle est pour lui tout sourire et compliments. On se salue, on se congratule, on commente ses analyses d'excréments et d'urine qui sont de bon aloi.

Passé la messe, suivie sans son épouse (elle se trouve où l'on sait), au cours de laquelle il a somnolé, Louis a présidé le Conseil d'État avec son autorité habituelle. Il a ensuite reçu l'ambassadeur du roi de Perse, a mangé avec appétit et s'est fait donner un concert dans sa chambre, où son épouse (revenue d'où l'on sait) l'a rejoint. La Cour a pu le voir à son souper au petit couvert donné dans sa chambre et constaté son fier appétit. M. de Crescent, l'un de ses médecins, m'a assuré ce matin qu'il avait dormi toute la nuit ; le vieux Fagon m'a dit qu'il avait été, au contraire, très agité. Diafoirus, pas mort...

15 août, jour de l'Assomption de la Vierge Marie : Le roi était trop faible, ce matin, pour se rendre à la messe. On la lui a fait dire dans sa chambre, et il a communié dans son lit. Dans la journée, il a eu des entretiens avec le comte Jérôme de Pontchartrain, secrétaire d'État à la Marine, le financier Nicolas Desmarets, seigneur de Maillebois, et M. d'Aguesseau, qui semblait dans de meilleures dispositions.

Le soir, il s'est posté à sa fenêtre, dans un fauteuil, pour écouter tomber la pluie sur les terrasses et respirer les prémices de l'automne. La journée avait été éprouvante.

J'admire qu'il puisse poursuivre avec une telle aisance sa tâche de roi. Il a congédié les robes noires des médecins et les soutanes des prêtres confesseurs dont l'entoure son épouse, pour aller à la rencontre de ses ministres et parler avec eux des affaires du royaume. Il semble avoir gravé dans sa mémoire la parole de saint Jean : « Tant qu'il fait jour, je dois travailler aux œuvres de Celui qui m'a envoyé... »

20 août : Le roi, ce matin, n'était pas au mieux de son état. Il a somnolé sur sa chaise percée en fredonnant une variation sur *La Follia*, d'Arcangelo Corelli, que ses violons lui avaient jouée la veille, à son coucher.

Il est, m'a dit M. Bontemps, son valet de chambre, d'une

maigreur effrayante. Pour comble, une mauvaise fièvre s'est emparée de lui. Les médecins lui prennent le pouls plusieurs fois par jour et dissertent de la nature de ses urines et de ses selles, avec des hochements de tête et des regards inquiets.

J'ai entendu pour la première fois, dans la bouche de Bontemps, un mot qui m'a fait frémir : gangrène...

21 août : Nous avons eu, ce matin, de mauvaises nouvelles du roi. Ses jambes se sont boursouflées et couvertes de rougeurs insolites. Ses médecins sont une dizaine à l'entourer et bourdonnent comme un essaim de mouches sur un cadavre. Tout ce qu'ils ont trouvé pour soigner la gangrène, ce sont des bains de lait d'ânesse, des frictions, des emplâtres d'herbes médicinales macérées dans du vin.

Un coup de lancette du vieux Fagon dans une jambe a confirmé ce que l'on redoutait et dont on parlait à mots couverts, comme de la peste, avec une certitude : contre ce mal, point de remède ; il ronge la chair fibre après fibre, inexorablement.

On prononce autour de moi, dans une sorte de halètement, des phrases courtes, qui me troublent : « Le roi n'a que quelques jours à vivre... » « Seul un miracle pourrait le sauver... » « Mme de Maintenon va lui faire porter les derniers sacrements... »

J'ai demandé à madame s'il ne serait pas plus simple et plus radical de procéder à une amputation, comme on en faisait sur les champs de bataille. Elle m'a répondu que Sa Majesté n'y survivrait pas.

Le roi a pu se lever quelques minutes pour assister, de sa fenêtre, à la revue de la Gendarmerie royale par le duc du Maine. De temps en temps il portait son mouchoir à ses yeux. Il était aisé de deviner que cette fanfare, ces uniformes éblouissants, ces cavalcades dans le soleil d'été lui brisaient le cœur.

Lorsques madame lui a proposé de faire venir un prêtre, il a soupiré :

— C'est encore bien tôt. Je me sens mieux, mais vous avez raison : il faut se préparer.

Le duc d'Orléans a les faveurs de la Cour. On se presse dans ses appartements, on s'incline sur son passage, on le donne gagnant dans la course, sinon au trône, du moins à la régence. Je ne suis pas loin de croire qu'on en est venu aux paris, comme en Angleterre.

25 août : Ce matin, après s'être confessé au père Le Tellier, le roi a ajouté, d'une main hésitante, un codicille à son testament. J'ai pu me procurer une copie de ces quelques lignes. Elles témoignent de l'état physique et mental du souverain :

Je nome pour presseur... prooepter (précepteur) *du dauphin, le sr fleury ancien évêque de fregeous* (Fréjus), *et pour confesseur le pere le tellier. - Louis.*

La date qui suit : 23 août, n'est pas la bonne ; c'est 25 qu'il faut lire.

Le 25 août est la fête de Saint Louis. Comme chaque année, une fanfare est venue donner l'aubade. Sa Majesté a fait distribuer un louis à chaque musicien. Lorsqu'il a émis l'idée de paraître en public pour le dîner, Mme de Maintenon a protesté que ce serait un suicide. Il a répliqué d'une voix chevrotante :

— Madame, j'ai toujours vécu parmi mes gens et je tiens à mourir de même. Ils ont suivi le cours de ma vie, il est juste qu'ils m'accompagnent jusqu'à ma mort.

— Mais, sire, qui vous dit que vous êtes à l'article de la mort ?

— Je sais ce que je dis, mon amie.

Une heure plus tard, il s'est attablé en compagnie de quelques proches mais n'a fait honneur aux plats que du bout des lèvres et n'est pas resté jusqu'à la fin. Il ne peut consommer qu'une alimentation liquide : panades, bouillies et laitages. Il a dit, avant de se retirer :

— Mes amis, il ne serait pas juste qu'en renonçant à cette table je vous prive de dîner. Restez donc et achevez votre repas. Quant à moi, je vous dis adieu.

Au soir de cette journée, à la suite d'une défaillance, il a accepté de recevoir les sacrements. Le cardinal de Rohan lui a présenté le viatique et les saintes huiles, à la lumière des flambeaux.

M. Dangeau, que j'ai rencontré une heure plus tard, m'a déclaré d'une voix brisée :

— Je viens d'assister au plus grand, au plus touchant, au plus héroïque spectacle que l'on puisse voir.

26 août : Ce matin, conscient de son état, le roi a demandé à Mareschal combien de temps il lui restait à vivre. « Trois jours, sire », lui a répondu le chirurgien.

Au cours de l'entretien qu'il a eu dans sa chambre avec des sommités de l'Église, il n'a pas eu un mot de repentir pour ses erreurs et ses fautes : la révocation de l'édit de Nantes, le massacre des camisards, la dispersion des nonnes de Port-Royal, et pour ses guerres. En revanche, il a assuré ses interlocuteurs de ses sentiments chrétiens, disant qu'il n'avait eu que de bonnes intentions envers l'Église et qu'il était heureux de finir ses jours en son sein.

Quelques heures plus tard, il lui restait assez de forces pour s'entretenir avec son arrière-petit-fils, le Dauphin Louis, que lui a amené sa gouvernante, Mme de Ventadour. Le roi l'a fait asseoir à son chevet, a regardé longuement ce garçon de cinq ans, chétif, pâle, timide, qui grimaçait comme s'il allait fondre en larmes.

Ce que le roi dit à celui qui va être appelé à lui succéder après la régence, si Dieu le veut, plusieurs ont pu l'entendre, dont je n'étais pas. On peut résumer en quelques mots le discours digne d'une séance de l'Académie, que Louis n'eût pas été capable de prononcer, dans l'état où il était, et alors qu'il commençait à délirer.

Il aurait demandé à celui qui allait être « le plus grand roi du monde », de ne jamais manquer à ses devoirs religieux, de ne pas partager son goût pour la guerre, de faire le bonheur de son peuple... Des conseils que tous les rois de la terre doivent adresser, dans les mêmes circonstances, à leurs successeurs, lesquels se hâtent de les oublier.

Je suis tenté de croire, en revanche, à la réalité des quelques mots qu'il a prononcés par la suite à l'intention de son entourage, avant de donner congé au Dauphin. Ils sonnent plus vrai :

— Je sens que je me laisse gagner par l'émotion et que vous-mêmes y cédez. Je vous en demande pardon. Adieu donc, messieurs. Je souhaite que vous vous souveniez parfois de moi.

27 août : Ce matin, le roi s'est fait porter ses cassettes. Il en a retiré des documents qu'il a fait jeter au feu, de même que les papiers qui restaient dans ses poches, comme s'il voulait faire place nette avant de disparaître. Lettres d'amour, documents politiques secrets, reliquat de l'affaire des Poisons ? Autant de pièces, en tout cas, dont j'aurais aimé avoir eu connaissance et dont l'histoire sera privée à jamais, ce qui la rendra plus aléatoire encore qu'elle ne l'est.

À son lever, ses médecins se sont livrés, sur ses jambes pourries jusqu'à l'os, à des scarifications profondes. Le patient n'a pas sursauté ni proféré une plainte.

À madame, venue l'assister, il a déclaré :

— On prétend que la venue de la mort est pénible. Je puis vous assurer qu'il n'en est rien pour moi. D'ailleurs je partirai avec une consolation : nous nous retrouverons bientôt.

Aux valets venus lui porter ses tisanes et son quinquina, il a dit, en leur voyant des larmes sur les joues :

— Pourquoi pleurez-vous ? Vous m'avez donc cru immortel ?

28 août : Ceux qui croient encore aux miracles ont pensé que l'un d'eux allait se réaliser. On a fait venir auprès du roi un médecin de Provence dont on a dit que c'était « un ange envoyé par le Ciel ». Le mystère n'a pas filtré sur le traitement que ce thaumaturge a imposé au roi. Ce qui a paru miraculeux, c'est que le roi s'est senti mieux. Il a entendu la messe dans sa chambre sans montrer le moindre signe de faiblesse et a mangé avec appétit des biscuits trempés dans du vin. On osa un mot résurrection...

— Ces gens sont fous ! s'écria madame. Le roi souffre d'un mal inguérissable : la vieillesse. Même Dieu n'y pourrait rien. Aucune créature ne peut échapper à son destin.

Je lui ai demandé ce qu'elle comptait faire après la mort du roi.

— Sa Majesté a souhaité que je quitte Versailles avant son heure dernière. C'est ce que je vais faire, pour me retirer à Saint-Cyr. Vous conviendrez, Nicolas, que ma place n'est plus ici. Certains penseraient que je souhaite tirer encore quelques faveurs de la mort de mon époux...

Avant de quitter le palais, alors que le roi était encore lucide, malgré quelques brefs accès de délire, elle lui a demandé de s'assurer qu'on la respecterait et qu'elle ne serait pas rejetée comme une intrigante. Il lui a promis qu'elle serait honorée de tous.

L'heure de la séparation a été pénible pour moi, sachant que nous ne nous reverrions jamais, que plus d'un demi-siècle de présence constante et, j'ose le dire, d'amitié allait sombrer dans la nuit des temps.

Lorsque l'on eut abaissé le marchepied du carrosse qui la conduisait à sa dernière retraite, elle m'a pressé contre elle et m'a dit :

— Mon bon, mon fidèle ami, qu'allez-vous devenir ?

— N'ayez aucune inquiétude pour moi, madame. Je ne souhaite pas demeurer à Versailles. Sans votre présence, ces lieux me seraient insupportables. Le domaine de Salvayrac, que je dois à votre bonté, attend ma venue. J'y partirai dès que possible pour y finir mes jours.

— Dieu vous protège, mon ami. Prenez soin de votre âme. Si nous nous revoyons, au Paradis je l'espère, vous aurez des comptes à me rendre.

Elle sourit à travers ses larmes, m'embrassa et s'engouffra dans son carrosse. Alors qu'il s'ébranlait, elle me fit un signe par la portière avec son mouchoir. On y eût dit un papillon qui battait des ailes.

Avant son départ, madame a légué ses attelages et son mobilier à ses domestiques et m'a laissé un pécule généreux. Le carrosse qui l'avait emportée n'était pas le sien : elle avait emprunté celui de M. de Villeroi pour éviter, si elle avait été reconnue, de susciter des réactions hostiles. Précaution superflue : elle était aimée des paysans. Il n'en eût pas été de même si elle avait décidé de passer par Paris...

Je n'ai pas à juger le comportement de ma bienfaitrice, mais je regrette qu'elle ait accédé à la requête de son époux, qu'elle ait, pour ainsi dire, déserté. S'y est-elle résolue pour ne pas contrarier la volonté de son époux, pour éviter les scènes pénibles de l'agonie ou pour ne pas subir, après sa mort, une éviction humiliante ? Je n'ai pas de réponse à ces questions.

Autre événement, qui m'a ému dans de moindres proportions : le départ d'Élise. Elle est partie ce matin avec son « fiancé », sans me faire ses adieux, cela va sans dire. Je l'ai vue de ma fenêtre au moment où elle montait dans sa calèche et j'ai senti un vide se creuser dans mon cœur.

31 août : Ce soir, au chevet du roi, on a dit la prière des agonisants. Il a fait ses oraisons à voix haute et calme, ce qui a surpris son entourage. Il s'est déclaré sensible aux « dernières grâces de l'Église » et a répété à trois reprises : *Nunc et in hora mortis*, en demandant la protection du Seigneur.

Ce furent ses dernières paroles.

1er septembre : Ce dimanche marque à la fois une grande date dans l'histoire et une borne dans ma modeste existence. Ce matin, les médecins ont constaté la mort du roi. Il était dans la soixante-douzième année d'un règne qui fut et restera peut-être le plus long de l'histoire.

Le protocole a été respecté avec toute la rigueur requise. Le duc de Bouillon, grand chambellan, est apparu au balcon de la cour de Marbre, coiffé d'un chapeau à plume noire et a lancé à la foule :

— Le roi Louis quatorze est mort !

Il s'est retiré durant quelques instants avant de reparaître avec un chapeau à plume blanche et s'est écrié par trois fois :

— Vive le roi Louis quinze !

(On s'est empressé d'arrêter horloges et pendules dans tout le palais, et l'on a préparé le départ du petit roi pour Vincennes. Il a pleuré en montant dans le carrosse de son père.

C'est alors que médecins et chirurgiens se sont penchés sur le cadavre du roi. Ils ont extrait le cœur pour le confier aux jésuites, selon sa volonté. Les entrailles ont été prélevées, pour être déposées à Notre-Dame. Ce qui restait du corps a été transporté de nuit, à la lumière des torches, en la basilique de Saint-Denis.

C'est la dernière fois que j'eus l'honneur d'accompagner le roi, mais ce n'était pas pour une partie de plaisir, comme à Marly, un feu d'artifice sur le grand bassin de Fontainebleau ou une chasse à Vincennes. J'avais, en suivant le cortège funèbre, le cœur en berne. Cette fois-ci, le roi n'était pas accompagné de ses chers violons. Les seuls bruits étaient le cliquetis des sabots des attelages et la rumeur montant de la foule.

La Palatine m'ayant refusé l'entrée de son carrosse, je trouvai place dans celui de Mlle de Noailles, avec laquelle j'avais de bonnes relations. À aucun moment de cette interminable randonnée nocturne, il ne fut question de Mme de Maintenon, soit pour marquer la surprise de son absence, critiquer sa décision ou l'approuver. Installée à Saint-Cyr, je présumais qu'elle n'en sortirait plus.

Parti de Versailles à huit heures du soir, l'immense cortège n'est arrivé à Saint-Denis qu'à sept heures du matin. Tout le monde dormait dans le carrosse. De temps à autre, des lamentations, des cris hostiles, des chocs de pierres contre les vitres nous faisaient sursauter.

Pour une grande partie de la population, la mort du roi mettait un terme à des années de conflits sanglants et de misère.

Un souffle de liberté avait balayé la capitale. En certains endroits, l'on avait dressé des tables où, à la lumière des lanternes, l'on buvait et chantait. Un énergumène se hissa jusqu'à ma portière pour hurler des menaces, disant qu'il faudrait mettre le feu à la maison des jésuites où reposait le cœur du roi. Les lamentations se mêlaient aux vociférations. J'imagine sa peine si, du fond de sa nuit et de son silence, Sa Majesté avait pu percevoir ce déferlement de haine et ce souffle d'espoir.

Ces quelques jours de tension permanente, cette alternative d'angoisse et d'espoir autour de l'agonisant, m'ont mis sur le flanc. De l'angoisse ? Je savais bien que les jeux étaient faits, que les prières célébrées dans tous les lieux saints n'éviteraient pas au roi de rendre son âme à Dieu, d'autant qu'il ne se faisait aucune illusion. L'espoir ? Il s'était volatilisé du jour où la gangrène avait commencé à lui pourrir les jambes.

La randonnée funèbre m'avait brisé. En voyant ma mine décomposée, Mlle de Noailles m'a pris en pitié.

— Monsieur Nicolas (c'est ainsi qu'on m'appelait à la Cour), il est déraisonnable, à votre âge, d'affronter de telles épreuves. Vous n'auriez pas dû bouger de Versailles. Personne ne vous en aurait tenu rigueur.

Je lui répondis que je me devais d'être présent, autant pour le roi que pour Mme de Maintenon. Ce devoir de fidélité, je ne pouvais m'y soustraire.

J'étais attaché au roi plus que quiconque, et même plus que ma maîtresse n'aurait pu le supposer. Depuis que je vivais, sinon dans son intimité, du moins dans son entourage, j'avais vu cette statue prendre vie au fil des années. J'avais appris à discerner, sous les afféteries, les attitudes composées, la rigueur du protocole, une créature humaine dans toute sa simplicité. Devant moi, le roi était nu.

S'il fit bâtir cette merveille qu'est Marly, c'était moins pour la dédier à l'une de ses favorites et y donner des fêtes que pour y trouver des plaisirs simples qui le changeaient des fastes de Versailles. Il y donnait libre cours à sa nature : celle d'un homme épris de plaisirs, certes, passionné par la guerre, j'en conviens, mais soucieux d'instaurer un équilibre dans sa vie. Il eût aimé que l'on pût dire de lui, mettant en balance ses défauts et ses qualités : il était ceci, mais il était aussi cela.

Cette simplicité qui constituait le fond de sa nature dévoyée par l'attirance du pouvoir est peut-être à rechercher dans une enfance en proie aux orages de la Fronde, aux affres de l'exil, à une jeunesse placée sous la férule d'une reine autoritaire et de son amant, le ministre Mazarin.

À ce propos, trois vers de la *Bérénice* de Jean Racine me reviennent en mémoire. Ils éclairent d'un jour singulier sa destinée :

Parle : peut-on le voir sans penser, comme moi,
Qu'en quelque obscurité que le sort l'eût fait naître
Le monde, en le voyant, eût reconnu son maître ?

Il a dû se dire, en accédant au trône, qu'il aurait à exercer un *métier* : celui de roi, et à assumer une mission : le destin de la France. Pour y parvenir, il eût fallu qu'il trouvât en face de lui une Europe assagie, une Église tolérante, des mœurs moins corrompues et des ministres plus intègres. Ces conditions réunies, il aurait fait de la France un parc à la Le Nôtre, mais quel souverain fut maître des forces occultes qui gouvernent le monde ?

Que l'on ne s'y trompe pas ! Ce roi, je ne l'ai pas aimé aveuglément. Comment oublier les fautes qui ont marqué son règne, et que l'on enseignera sans doute, plus tard, dans les écoles, pour les stigmatiser ?

Dire que les guerres qui ont marqué son règne lui furent imposées n'est vrai qu'en partie : il a montré qu'il était fort capable de susciter des *casus belli*. Il n'a rien fait pour éviter la révocation de l'édit de Nantes inspirée par l'Église et son épouse, pour arrêter les massacres des huguenots, l'éviction des religieuses de Port-Royal... Il a trop écouté les avis de ses proches et pas assez son cœur.

En revanche, prétendre que son goût pour les constructions fastueuses et les fêtes ont ruiné le pays est exagéré. Les guerres, la corruption généralisée, les intempéries y sont pour beaucoup. Dire qu'il fut un monarque absolu (certains disent même un tyran) donnerait une fausse image de lui. Sur sa fin, il a dit et répété qu'il avait toujours eu le souci de la justice et du bien du peuple. C'est plutôt dans son entourage gavé de ses libéralités que l'on se plaignait de son caractère oppressif.

C'est dans les recommandations qu'il fit, à l'article de la mort, au futur roi, malgré le caractère apprêté du texte qu'on en a donné, qu'on le retrouve dans la vérité de ses sentiments. Il savait qu'au moment de paraître devant Dieu on ne triche pas avec soi-même. *Nunc et in hora mortis.* Maintenant, il est temps de mourir.

Louis ne s'est pas fait d'illusion sur le sort de son testament. J'ai relaté la scène où il le confia aux messieurs du parlement, en leur disant d'un ton désabusé, que « cela ferait ce qu'on en voudrait ». Il avait vu juste : à peine l'avait-on inhumé, ce document, comme l'avait été celui de son père, fut cassé par le parlement, à l'instigation du duc d'Orléans que Louis avait fait régent du royaume.

Dans les Cours d'Europe, on a pris le deuil.

Au cours de son long règne, Louis avait pourtant inspiré la peur, le ressentiment et parfois la haine, plus que le respect, mais il comptait parmi ses adversaires peu d'ennemis irréductibles. Les rancunes s'effaçaient devant sa grandeur. Si la dévastation du Palatinat par ses armées avait été l'épisode le plus odieux de sa carrière militaire, c'est à son ministre, Louvois, qui avait outrepassé les ordres, qu'il faut le reprocher.

L'ingratitude des courtisans se manifesta à l'occasion des funérailles. Nombre de personnages qu'il avait comblés de bienfaits et associés à sa gloire s'abstinrent de l'accompagner jusqu'au tombeau des rois. Ils avaient moins de respect pour lui que les domestiques de sa maison.

À quelques mois de cet événement, deux commentaires me reviennent en mémoire.

Le premier est dû à Jean-Baptiste Massillon, un prédicateur presque aussi célèbre pour ses sermons que Bossuet ou Bourdaloue. Il a lancé durant un office, à la Cour, cette apostrophe qui jeta un froid dans les rangs des fidèles : *Dieu seul est grand, mes frères, et surtout dans ces derniers moments où il préside à la mort des rois de la terre...*

Le second dû au prince Eugène de Savoie m'a ému par sa poésie : *La mort du roi Louis me fait le même effet que de voir un vieux chêne déraciné et couché à terre par l'ouragan...*

Je garde encore dans l'oreille le fracas retentissant des pierres jetées contre le convoi funèbre et des vociférations qui les accompagnaient. Sans la présence de la garde, qui sait où et comment cette émeute aurait pris fin ?

Le roi, me disais-je, est-il devenu si impopulaire que l'on ne respectât pas sa dépouille ? Enfermé dans mon cocon de Versailles, je n'avais que de vagues échos de ces mouvements d'hostilité, que j'attribuais, sans y attacher beaucoup de crédit, à des personnages de la Cour, suspects de malveillance envers Sa Majesté. Le mal était réel, et plus profond que je l'imaginais. Cela explique que, pour voyager autour de Paris, le carrosse royal évitât les villes et empruntât des itinéraires détournés.

Ce qui me navre, c'est le déferlement de liesse qui s'empara de la capitale à l'annonce de la mort du roi. Les gazetiers se firent l'écho des conflits sous-jacents entre Versailles et Paris, entre le luxe et la pauvreté. J'en suis peiné plus que je ne saurais le dire. En cherchant les raisons profondes de cette fêlure, j'aboutissais à une évidence : le peuple déteste les monarques qui font trop ostensiblement étalage de leur magnificence ; il vénère des souverains comme Saint Louis pour la simplicité de leurs mœurs ; il déteste le Roi-Soleil pour le luxe insolent qu'il étalait.

Le roi à Saint-Denis, Mme de Maintenon à Saint-Cyr, je me retrouvai à Versailles comme une âme en peine, incertain sur mon sort.

Il ne se passait guère de jour où l'on ne me fît comprendre que je n'avais plus rien à y faire. C'était d'ailleurs une évidence. J'objectais que j'avais à effectuer du rangement dans les papiers de ma maîtresse, que je n'avais pas reçu mon congé et que je devais garder avec elle un contact quotidien pour lui adresser son courrier, attendre ses réponses et y donner suite.

Une quinzaine après la mort du roi, elle m'écrivit pour me donner mon congé. À tout prendre, cette décision me convenait, la Cour étant devenue pour moi inconfortable. Dans les jours qui suivirent, je fis un paquet des documents qui me restaient à traiter ou à classer, et les lui fis parvenir avec un billet lui exprimant le regret que j'avais de renoncer à mon service.

Il me tardait de quitter Versailles pour Salvayrac et d'y profiter du temps qu'il me restait à vivre. J'aurais aimé aussi retrouver mon petit Sébastien, que je n'avais pas revu depuis que Paule de Lavoux l'avait emmené avec elle lors de notre séparation. Il devait avoir six ou sept ans. Je me demandais s'il me ressemblait et quel avenir on lui préparait. Cet enfant, j'en ai bien conscience, et je m'en repens, je ne l'ai pas aimé comme je l'aurais dû. Nous nous sommes quittés trop tôt ; il est maintenant trop tard et je me sens trop détaché de lui pour tenter de renouer des liens familiaux.

Je fis le compte de mes biens, qui étaient plus que modestes et dont un fripier me donna un bon prix. Avec le pécule que m'avait attribué ma maîtresse et les revenus aléatoires de mon domaine, j'étais à l'abri du besoin.

Mes adieux à mon entourage furent brefs et dépourvus de la moindre émotion. Les domestiques de Mme de Maintenon s'apprêtaient à servir de nouveaux maîtres. Ils ne partiraient pas les mains vides : ce qui restait des biens de madame fut mis au pillage.

Un matin d'octobre froid et pluvieux, je jetai de ma fenêtre un dernier regard sur les terrasses et le parc. Des jardiniers ratissaient les feuilles mortes qui jonchaient les allées et les pelouses. Une brume épaisse voilait la perspective du Grand Canal sur lequel tournoyaient des pigeons et des corneilles. J'aimais ce calme des jours d'automne, l'odeur montant des buis et des parterres humides, le murmure des eaux retombant dans les bassins et, à ma droite, le village de Trianon, avec son réseau d'allées, ses massifs de fleurs ternis par la saison, ses pelouses comme découpées au couteau. Il ne manquait que la musique des violons, mais on ne les entendait plus depuis la mort du roi.

C'était l'heure, à peu près, où l'on emmenait le petit roi, revenu de Vincennes, en promenade. Monté sur un poney, il suivait le bord gauche du Grand Canal, puis le chemin menant à la ferme. Il revenait par le même chemin avec, par beau temps, un crochet dans les pépinières.

Assis sur une marche, au-dessus du Parterre d'eau, je décidai d'attendre sa venue, la poste ne partant que dans une heure.

Il sortit des Petites Écuries et traversa l'Orangerie. Je l'aperçus de loin. Un manteau de pluie sur les épaules, coiffé d'un large chapeau, il était accompagné du duc d'Orléans et de dames abritées sous des parapluies, qui faisaient un ballet multicolore sur le sable humide des allées. Le régent Philippe était ce gros homme de quarante ans, à la démarche pesante, qui sautillait au-dessus des flaques et parlait avec animation aux suivantes. Malgré les qualités qu'on lui prête : courage, culture, esprit, je ne l'aime guère. On le dit libertin, débauché et d'une dévotion aléatoire. Je ne puis oublier qu'on l'a soupçonné d'avoir empoisonné quelques personnages dans l'entourage du roi. Il n'allait pas tarder à quitter Versailles pour s'installer au Palais-Royal dont il allait faire un lupanar.

Le gros nuage chargé de pluie passant au-dessus du parc interrompit la promenade. Tous rebroussèrent chemin sous l'averse.

Je me levai moi-même pour partir, les joues humides moins de pluie que de larmes.

18

Retour à Salvayrac

De tous les personnages qui ont traversé ma longue mais modeste existence, Mme de Maintenon est – ai-je besoin de le préciser ? – celui qui m'a le plus marqué.

Depuis le soir où je suis entré dans sa demeure et celle de Paul Scarron, nous ne nous sommes pour ainsi dire jamais quittés. De sa part comme de la mienne, c'est un signe d'affinités, de complicités et d'une fidélité à toute épreuve. Dans cette nature pétrie de secrets, qui ne se livrait qu'avec réticence, j'étais parvenu à déceler un tissu serré, complexe, où l'humilité côtoyait l'ambition, sans la moindre trace de faiblesse.

Notre séparation m'a laissé un goût d'amertume, mais non de désespoir. Je me disais, contre toute logique, que nos liens n'étaient pas rompus par l'absence, qu'elle devait penser à moi comme je pensais à elle.

Elle avait promis de m'écrire et tint parole, du moins quelque temps, la lassitude ou l'approche de sa fin lui interdisant de poursuivre. Je commençais d'ailleurs à me lasser moi-même d'une correspondance où elle ne me disait rien qui pût retenir mon attention. Elle ne s'attachait qu'au récit de la vie dans sa communauté et aux maux de sa vieillesse : son catarrhe et ses hémorroïdes. Je n'avais moi-même que des événements sans importance à lui raconter.

Lors de notre dernière entrevue, elle m'avait dit :

— Rassurez-vous, mon ami, je n'entre pas au couvent, et je ne porterai pas la discipline comme Mlle de La Vallière ou Mme de Montespan. Si Dieu m'a fait cadeau de ce corps, ce n'est pas pour que je le mutile. Je pars avec deux ambitions : enseigner les autres et prier pour mon salut. Pensez au vôtre, Nicolas ! Venez donc me rendre visite à Saint-Cyr. Vous savez que j'ai toujours apprécié votre conversation et votre bon sens, même si, parfois... Bref ! vous êtes pour moi plus qu'un ami : un frère.

Je le lui promis, mais, alors qu'elle se déclarait, quelques mois plus tard, prête à me recevoir, j'étais, moi, prêt à prendre la poste pour Salvayrac.

Dans une de ses premières lettres, elle me parlait d'une visite qui lui avait été agréable : celle du régent Philippe d'Orléans. Il avait débarqué avec tout son train, pour ne rester qu'une heure. Elle semblait avoir oublié les mauvais rapports qu'elle avait eus avec ce personnage douteux, au temps où elle avait pris contre lui le parti du duc du Maine. Leur entretien avait eu d'emblée l'allure d'une confession réciproque et d'une absolution mutuelle. Elle le remercia de s'en tenir aux consignes du roi concernant ses revenus ; il lui sut gré des prières qu'elle ferait pour lui. En se quittant, ils se promirent de ne plus chercher à se nuire.

Même la Palatine, qui n'avait pas épargné l'épouse du roi (la *vieille guenipe*), y alla de sa visite de condoléances, et fit résonner dans le parloir envahi par d'autre visiteuses les caquets de la Cour. On y voyait fréquemment Mmes Dangeau, d'O, de Caylus, de Noailles, de Lévis, et même Élise d'Aumale, veuve depuis peu et de retour à Versailles. Mme de Maintenon me disait, dans ses premières lettres, que cette affluence la tuait, mais, en lisant entre les lignes, je devinais qu'elle lui était précieuse.

Pourtant, le mot *ennui* revenait fréquemment sous sa plume. De toute évidence, elle gardait la nostalgie de Versailles et des festivités qu'elle faisait mine de réprouver. Elle avait ressenti, dans les dernières années de sa présence auprès du roi, des désirs de retraite, et la retraite lui était à présent – disait-elle – insupportable. Il y avait un peu de maniérisme dans ce comportement. La retraite au milieu de ses cent cinquante pensionnaires, des religieuses et des visites qui venaient l'assaillir chaque jour ? Allons donc !

Elle ajoutait que ses filles, souvent, l'importunaient par leurs jeux, leurs rondes, leurs chants, et, l'âge de la puberté venu, par les troubles qui les tourmentaient et qu'il fallait, tant bien que mal, juguler. Les exercices répétés de la foi étaient devenus pour elle une habitude et un pensum. Sa foi sincère et profonde s'y usait. Elle avait rêvé de s'y abîmer ; elle ne faisait que l'effleurer. Elle souhaitait, sans y croire, j'en ai la conviction, se faire oublier ; en fait elle s'accrochait à son courrier, à ses visites, à ses filles, comme à une bouée de sauvetage.

Une des dernières missives que je reçus d'elle me laissa penser qu'elle commençait à divaguer. Elle m'y parlait de voyages, rêvait des îles de sa jeunesse, de Constantinople... Pourquoi cette ville ? Réminiscence, peut-être, des nostalgies de Gabriel de Cabart ? Obsessions séniles ?

Sur la fin de nos échanges épistolaires, j'avoue que j'ouvrais ses lettres sans plaisir et les lisais sans intérêt, pour ainsi dire par devoir d'amitié. Elles couvraient plusieurs feuillets d'une écriture haute, nerveuse, pressée : une vraie bousculade de mots abondant en détails fastidieux.

Il est un événement dont elle se garda de m'entretenir, et pour cause : il concernait son petit boiteux, le duc du Maine si cher à son cœur de mère sans enfant.

Ce personnage brouillon, cet intrigant dangereux, s'était lancé dans une étrange aventure. Acoquiné avec un diplomate, Antonio del Giudice, duc de Cellamare, il avait fomenté un complot pour se débarrasser du Régent et le remplacer par le roi d'Espagne, en vue de déclencher un conflit contre l'Angleterre et l'Empire. Le pot aux roses découvert, le diplomate expulsé, M. le duc, son épouse et leurs complices avaient été jetés au cachot.

Je fus informé de cette sombre histoire par un des rares amis que je conservais encore à Versailles. Elle se produisit l'année 1718, trois ans après la mort du roi. Ce dut être, pour Mme de Maintenon, le dernier chagrin de sa vie.

Depuis quelques jours, ma santé s'est détériorée. Hier, j'ai passé la journée entière au lit. Il est vrai que la température glaciale de cette fin d'hiver et la neige qui s'est mise à tomber ne m'incitaient guère à me lever.

Le régime de Versailles, les horaires insolites de mes repas comme, je le confesse, l'abus du vin et des liqueurs fortes, ont été défavorables à ma santé, malgré ma solide constitution. Je peine à me déplacer, même en m'aidant de ma canne ; tous les dix pas, je dois m'arrêter pour souffler. Une humiliante incontinence urinaire me met au supplice.

Pour le reste, je n'ai guère de motif à me plaindre : j'ai encore les idées claires et suffisamment d'autorité pour me permettre de rabrouer, à l'occasion, mon régisseur, Louis Charpentier : il se fait vieux, lui aussi, et il lui arrive fréquemment de négliger ses fonctions ou de se prendre pour le maître.

À la mort de Paule de Lavoux, ma maîtresse des temps heureux, j'ai demandé et obtenu de faire venir à moi mon petit Sébastien. Ce garçon de huit ans est vif, intelligent mais indocile. Je dois user des verges, en dépit de ma répugnance pour ce châtiment, afin de lui faire payer ses fautes. On dit qu'il me ressemble, et pas seulement pour le physique : cette démarche aisée que j'avais jadis, ces épaules un peu lourdes, ce visage aux traits réguliers malgré le nez un peu fort, ces yeux rapprochés sous un front large...

Une bonne harmonie règne dans mon domaine. Sans rouler sur l'or, nous sommes à l'aise, en dépit des réquisitions et des impôts qui pleuvent sur nous. J'envisage de refaire la toiture qui prend l'eau, de ravaler une façade qui montre ses lézardes comme moi mes rides, et de construire pour nos serviteurs des communs convenables. Je veux que Sébastien, quand il sera le maître, n'ait pas honte de son domaine familial.

Aujourd'hui, la neige a envahi la vallée d'une couche épaisse. La glace a commencé à prendre sur les rives de la Dordogne. Nous sommes réunis dans la grande salle, face à la cheminée monumentale qui engloutit de vieilles souches. Mariette est à son rouet ; elle chantonne à mi-voix quelque landerirette du pays en surveillant le feu. Louis, ses lunettes sur le nez, sa pipe au bec, compulse ses registres, une bouteille de notre vin et un verre à sa portée. Il ressemble à un notaire. De temps à autre il se lève pour se dégourdir bras et jambes et, debout contre le fenestron de la bassière, regarde la neige tomber dans un silence d'éternité.

J'ai pris place dans mon fauteuil d'osier acheté à ces bohémiens de passage, qu'on appelle dans le pays des *boumians*. Sébastien, debout près de moi, le nez sur une feuille, peine à traduire un poème des *Métamorphoses*, d'Ovide, livre II. Achoppant sur des locutions compliquées, il s'énerve, gémit :

— Père, je n'y arrive pas ! Comment traduire : *Si potes hic saltem monitis parare paternis* ?

— C'est simple : *Maintenant du moins, que tu peux suivre les conseils d'un père...*

Il suce le bout de sa plume, me remercie d'un grommellement de marcassin, torche son nez d'un revers de poignet. Malgré quelques réticences, j'en ai fait un élève convenable sans être brillant. Il doit entrer au printemps chez les jésuites de Sarlat qui compléteront son instruction et son éducation. Ils lui mèneront la vie dure, mais leur enseignement, la question religieuse mise à part, est d'une rigueur exemplaire. Mon espoir est que, dans quelques années, muni d'un solide bagage, le baron Sébastien Chabert de Salvayrac aille se frotter à la Cour. Non à Versailles, mais au Palais-Royal où le Dauphin de France qui a le même âge que lui, à peu de chose près, poursuit son éducation de roi sous l'œil vigilant de Mme de Ventadour, de l'abbé Dubois et du Régent.

Mariette a un peu forci, la cinquantaine proche, mais elle a gardé des séductions auxquelles je suis encore sensible. Nous dormons dans le même lit. Elle me réchauffe et je lui raconte la légende et l'histoire de la Cour. Elle s'endort, la tête sur ma poitrine, en rêvant aux salles immenses décorées de tapisseries et de statues, illuminées par des myriades de bougies, aux courtisanes, épaules nues et seins découverts, constellées de pierreries, aux grandes allées qui contournent les bassins hantés par des personnages de la Fable...

À mon retour à Salvayrac, discrètement comme à son habitude, elle a émis le souhait de devenir mon épouse légitime. Cette requête ne m'a pas choqué. Un mois plus tard, je l'ai conduite devant le curé. Âgé comme je suis, le sacrifice de mon célibat ne me pesait guère.

Hier, par une lettre de Mlle de Noailles, j'ai appris la mort, à Saint-Cyr, de Mme de Maintenon. Elle est passée de vie à trépas, me dit-elle, « comme s'éteint une bougie, sans souffrir, dans la paix du Seigneur ». Je n'en avais pas de nouvelles depuis des années mais ne l'ai pas oubliée et j'ai pour elle une pensée chaque jour, avec la constance d'une prière. J'en eus le cœur serré, comme si cette nouvelle m'annonçait ma propre mort.

Pour cacher mon émotion, je me suis planté devant la porte ouverte sur l'air frais du matin, alors que tombait sur la campagne morte un duvet de neige. Et j'ai pleuré.

Je n'oublierai pas ce jour où mourut le personnage qui a le plus compté dans ma vie : c'était le 14 avril de l'année 1719, à l'heure de minuit...

Table

Ouvrages de Michel Peyramaure (suite)

Le Beau Monde, Laffont ; France-Loisirs et Presses Pocket.
Pacifique-Sud, Presses de la Cité, France-Loisirs et Presses Pocket.
Les Demoiselles des Écoles, Laffont ; France-Loisirs et Presses Pocket.
Martial Chabannes gardien des ruines, Laffont, prix du Printemps du livre de Montaigut ; France-Loisirs.
Louisiana, Presses de la Cité, France-Loisirs et Presses Pocket.
Un monde à sauver, Bartillat, prix Jules-Sandeau.
Henri IV :
  1. *L'Enfant roi de Navarre*, Laffont.
  2. *Ralliez-vous à mon panache blanc !, Laffont.*
  3. *Les Amours, les passions et la gloire*, Laffont.
Lavalette grenadier d'Égypte, Laffont ; France-Loisirs.
La Tour des Anges, France-Loisirs ; Laffont.
Suzanne Valadon :
  1. *Les Escaliers de Montmartre*, Laffont ; Grand livre du mois.
  2. *Le Temps des ivresses*, Laffont ; Grand livre du mois.
Jeanne d'Arc :
  1. *Et Dieu donnera la victoire*, Laffont.
  2. *La Couronne de feu*, Laffont.
Les Chiens sauvages, Laffont.
Vu du clocher, Bartillat.
La Cabane aux fées, Le Rocher.
Soupes d'orties, nouvelles Anne-Carrière.
Le Roman des Croisades :
  1. *La Croix et le Royaume*, Laffont.
  2. *Les Étendards du Temple*, Laffont..
Le Roman de Catherine de Médicis, Presses de la Cité.
La Divine. Le roman de Sarah Bernhardt, Laffont.
Le Bonheur des charmettes, Table Ronde.
Fille de la colère. Le roman de Louise Michel, Laffont.
Les Grandes Falaises, Presses de la Cité.

POUR LA JEUNESSE

La Vallée des mammouths Grand Prix des Treize, Laffont, collection « Plein Vent » ; Folio-junior.
Les Colosses de Carthage, Laffont, collection « Plein Vent ».
Cordillère interdite, Laffont, collection « Plein Vent ».
Nous irons décrocher les nuages, Laffont, collection « Plein Vent ».
Je suis Napoléon Bonaparte, Belfond Jeunesse.

ÉDITIONS DE LUXE

Amour du Limousin (illustrations de J.-B. Valadié), Plaisir du Livre, Paris. Réédition (1986) aux éditions Fanlac, à Périgueux.
Èves du monde (illustrations de J.-B. Valadié), Art Média.
Valadié (album, Terre des Arts).

TOURISME

Le Limousin (Larousse).
La Corrèze (Ch. Bonneton).
Le Limousin (Ouest-France).
Brive (commentaire sur des gravures de Pierre Courtois), R. Moreau, Brive.
La Vie en Limousin (texte pour des photos de Pierre Batillot), « Les Monédières ».
Balade en Corrèze (photos de Sylvain Marchou), Les Trois-Épis, Brive.
Brive (Casterman).
Les Montagnes du jour, éd. « Les Monédières ». Préface de Daniel Borzeix.
Sentiers du Limousin, Fayard.

Cet ouvrage a été imprimé par

FIRMIN DIDOT

GROUPE CPI

Mesnil-sur-l'Estrée

pour le compte des Éditions Robert Laffont
24, avenue Marceau, 75008 Paris
en février 2004

Composition réalisée par PCA
44400 Rezé

Dépôt légal : novembre 2003
N° d'édition : 45011/04 - N° d'impression : 67293
Imprimé en France